会　社　法

加藤勝郎 編

加藤勝郎　　髙橋公忠　　菊池和彦
若色敦子　　真智伸一郎　　三森敏正

不磨書房

編者 加藤　勝郎（かとう　かつお）専修大学名誉教授・弁護士

〔執筆分担〕

加藤　勝郎（かとう かつお）	（専修大学名誉教授・弁護士）	第Ⅰ編序章，第Ⅱ編第1章，第Ⅲ編第1章，第2章
髙橋　公忠（たかはし きみただ）	（九州産業大学教授）	第Ⅱ編第7章
菊池　和彦（きくち かずひこ）	（浜松大学助教授）	第Ⅱ編第3章§1，§3・§4，第6章§1・§2
若色　敦子（わかいろ あつこ）	（九州共立大学助教授）	第Ⅱ編第3章§2，第4章§2，第6章§3
真智伸一郎（まち しんいちろう）	（新潟産業大学専任講師）	第Ⅱ編第2章，第5章
三森　敏正（みつもり としまさ）	（新潟経営大学専任講師）	第Ⅱ編第4章§1，§3〜§5

はしがき

　近時，会社法，とくに株式会社法は頻繁に改正され，また新しい制度も導入されているため，教科書は一般に説明も詳しくなってきている。そのため，講義の受け手である学生は，会社法の巨大な構造の全容を把握することにエネルギーをとられ，会社法の基本的に大事な条文や制度はどれか，どう解釈すればよいかなどを理解することに目を向ける余裕がなく，会社法は今日の経済生活に重要であると感じながらも，無味乾燥なものという印象をもつ学生が多い。そこで講義する側が，個々の規定の内容や理論の結論だけを，単に字面を追って抽象的に述べ立てるのではなく，会社法の制度や規定を成り立たせている考え方やそれらを生み出した事情，会社法が社会で果している機能・効用などについても学生の目線に立って説明して，はじめて会社法はわかりやすく興味のもてるものになるとの考えから，この教科書を刊行することにした。

　本書は，執筆者がそれぞれ得意とする分野を担当し，用語や項目立てなど全体については加藤が調整を図った。文体に差異があるのは，血の通った実のある講義にしたいとの執筆者それぞれの熱意のあらわれである。本書は平成12年改正法までをとり入れており，会社法全体を概観したい法学部の学生はもちろん，法律学を体系的に学ぶことのない他学部学生，各種の国家試験受験者をも対象としている。

　本書の成るについては，不磨書房の稲葉文彦氏の絶大な御尽力を頂いた。執筆者一同から厚くお礼申し上げる。

　2001年4月

編者　加藤勝郎

目　次

はしがき

第Ⅰ編　会社法総論

序　章　会社とは何か……………………………………………………2
　§1　会社の形態…………………………………………………………2
　　1　個人企業と共同企業………………………………………………2
　　2　各種共同事業の経済形態と法的形態……………………………2
　§2　会社の種類…………………………………………………………5
　　1　人的会社と物的会社………………………………………………5
　　2　会社の規模に応じた区分規制……………………………………7
　§3　会社の法律上の意義………………………………………………10
　　1　営利性………………………………………………………………10
　　　 コラム　八幡製鉄政治献金事件……………………………………11
　　2　社団性………………………………………………………………11
　　3　法人性………………………………………………………………12
　§4　会社の活動の範囲（会社の権利能力）…………………………14
　　1　会社の性質による制限・法令による制限………………………14
　　2　権利能力の目的による制限………………………………………14
　　3　会社による寄付と権利能力………………………………………15

第Ⅱ編　株式会社

第1章　株式会社総説……………………………………………………18
　§1　現代における株式会社の地位……………………………………18
　　1　株式会社の社会的・経済的機能と地位…………………………18
　　2　株式会社に対する社会的要請……………………………………18
　　　 コラム　経営者革命・経営者支配…………………………………19

コラム 社会的責任論の社会的背景 …………………………………20
　　　コラム コーポレート・ガバナンス ……………………………………21
　　3　コーポレート・ガバナンスとは何か ……………………………21
　　4　コーポレート・ガバナンスから見た会社法上の諸問題 ………22
　　　コラム アメリカにおける機関投資家 ……………………………23
　　5　企業情報の開示の拡大 ……………………………………………24
§2　株式会社の機構 …………………………………………………………24
　　1　最高の企業形態 ……………………………………………………24
　　2　経営的機構 …………………………………………………………25
　　3　資本的機構 …………………………………………………………26
§3　株式会社法の沿革 ………………………………………………………28
§4　株式会社法の起源と立法の変遷 ………………………………………30

第2章　株式会社はどのようにして設立するか …………………………32
§1　設立手続の概要（設立行為のプロセス）……………………………32
　　1　会社の実体形成手続と法人格の取得 ……………………………32
　　　コラム 特殊会社・営業の免許 ……………………………………32
　　2　準則主義 ……………………………………………………………33
§2　発起人と発起人組合 ……………………………………………………33
　　1　発起人とは …………………………………………………………33
　　　コラム 一人会社 …………………………………………………33
　　2　発起人組合 …………………………………………………………34
§3　定款の作成（会社の根本規則は誰が作成するか）…………………34
　　1　定款の意義 …………………………………………………………34
　　2　定款の記載事項 ……………………………………………………34
　　3　株式発行事項の決定 ………………………………………………37
§4　設立の過程 ………………………………………………………………38
　　1　発起設立 ……………………………………………………………39
　　2　募集設立 ……………………………………………………………40
§5　資本充実のための法規制 ………………………………………………43

　　　　1　株式の仮装払込 …………………………………………………… *43*
　　　　2　現物出資 …………………………………………………………… *44*
　　　　3　財産引受・事後設立 ……………………………………………… *45*
　　　　4　その他の変態設立事項 …………………………………………… *45*
　　§6　設立登記 ………………………………………………………………… *46*
　　　　1　登記手続 …………………………………………………………… *46*
　　　　2　登記の効果 ………………………………………………………… *46*
　　§7　設立中の会社と発起人の権限 ………………………………………… *47*
　　　　1　設立中の会社 ……………………………………………………… *47*
　　　　2　発起人の権限 ……………………………………………………… *48*
　　　　3　発起人の取得した権利義務の設立後の会社への帰属の範囲 …… *49*
　　§8　設立関与者の責任 ……………………………………………………… *49*
　　　　1　会社に対する責任 ………………………………………………… *50*
　　　　2　第三者に対する責任 ……………………………………………… *51*
　　　　3　会社の不成立の場合の責任 ……………………………………… *51*
　　　　4　疑似発起人の責任 ………………………………………………… *51*
　　§9　違法な設立（設立無効）と会社の不存在 …………………………… *52*
　　　　1　設立の無効 ………………………………………………………… *52*
　　　　2　会社の不存在 ……………………………………………………… *53*

第3章　株式とは何か，その譲渡はどのようになされるか ……………… *54*
　　§1　総　説 …………………………………………………………………… *54*
　　　　1　株式とは …………………………………………………………… *54*
　　　　2　株式と資本 ………………………………………………………… *56*
　　§2　株　主 …………………………………………………………………… *66*
　　　　1　株主の地位 ………………………………………………………… *66*
　　　　2　株主の権利 ………………………………………………………… *68*
　　§3　株　券 …………………………………………………………………… *74*
　　　　1　有価証券としての株券 …………………………………………… *74*
　　　　2　株券の発行（作成）……………………………………………… *75*

viii　目　次

　　§4　株式の移転 …………………………………………………………… 77
　　　　1　株式の取得・喪失の態様 ………………………………………… 77
　　　　2　株主の投資回収の方法としての株式譲渡 …………………… 78
　　　　3　株式譲渡の制限 ………………………………………………… 82
　　　　　（コラム）　従業員持株会による自己株式取得 ………………… 90
　　　　4　株式の担保化 …………………………………………………… 95

第4章　株式会社とはどのように運営されるか ……………………… 97
　　§1　総　説 ………………………………………………………………… 97
　　§2　株主総会 ……………………………………………………………… 99
　　　　1　株主総会の意義と権限 ………………………………………… 99
　　　　2　株主総会の招集 ………………………………………………… 100
　　　　　（コラム）　招集手続なしに開催される株主総会 ……………… 102
　　　　3　株主総会の運営 ………………………………………………… 104
　　　　　（コラム）　一株株主運動 ………………………………………… 105
　　　　4　株主総会の決議 ………………………………………………… 107
　　　　5　株主総会決議に対するクレーム ……………………………… 112
　　§3　取締役および取締役会 …………………………………………… 114
　　　　1　業務執行機関の分化と権限 …………………………………… 114
　　　　　（コラム）　常務会 ………………………………………………… 114
　　　　2　取締役 …………………………………………………………… 115
　　　　　（コラム）　損害と商法266条ノ3の適用範囲 ………………… 122
　　　　3　取締役会 ………………………………………………………… 124
　　　　4　代表取締役 ……………………………………………………… 128
　　§4　監査役 ………………………………………………………………… 131
　　　　1　監査役の意義 …………………………………………………… 131
　　　　2　監査役の資格と独立性 ………………………………………… 132
　　　　3　監査役の選任・任期・終任 …………………………………… 132
　　　　4　報酬と監査費用 ………………………………………………… 133
　　　　5　権限，義務および責任 ………………………………………… 134

　　　　6　大会社における監査 ……………………………………………… *136*
　　　　7　小会社における監査 ……………………………………………… *140*
　§5　検査役 …………………………………………………………………… *141*

第5章　株式会社の決算と利益配当はどのようにしてなされているか … *142*
　§1　会社の計算・計算規定とは ……………………………………………… *142*
　　　　1　企業会計法 ……………………………………………………………… *142*
　　　　　コラム　商業帳簿と会計帳簿 ………………………………………… *143*
　　　　2　会計処理の基本的考え方 …………………………………………… *143*
　§2　計算書類および附属明細書の作成・監査・公示・承認 ……………… *144*
　　　　1　計算書類および附属明細書の作成 ………………………………… *145*
　　　　　コラム　財務諸表 ……………………………………………………… *146*
　　　　2　計算書類の監査の手続 ……………………………………………… *146*
　　　　3　計算書類の公示 ……………………………………………………… *148*
　　　　4　計算書類の承認・公告 ……………………………………………… *148*
　§3　各種の計算書類および附属明細書 ……………………………………… *149*
　　　　1　貸借対照表 …………………………………………………………… *149*
　　　　2　損益計算書 …………………………………………………………… *155*
　　　　3　営業報告書 …………………………………………………………… *157*
　　　　4　利益処分案（損失処理案） ………………………………………… *157*
　　　　5　附属明細書 …………………………………………………………… *157*
　§4　資本および準備金 ………………………………………………………… *158*
　　　　1　資本・準備金の意義と機能 ………………………………………… *158*
　　　　2　資本額の算定 ………………………………………………………… *159*
　　　　　コラム　資本と会社財産 ……………………………………………… *159*
　　　　3　準備金 ………………………………………………………………… *160*
　§5　配当 ………………………………………………………………………… *162*
　　　　1　利益配当 ……………………………………………………………… *162*
　　　　2　違法配当の効果 ……………………………………………………… *164*
　　　　3　配当可能利益の資本組入（株式配当） …………………………… *165*

　　　　　4　中間配当……………………………………………………………………166
　　　　　5　建設利益の配当……………………………………………………………167
　　　§6　株主の経理検査権………………………………………………………………167
　　　　　1　帳簿閲覧権…………………………………………………………………167
　　　　　2　業務・財産の検査権………………………………………………………168

第6章　株式会社はどのようにして資金を調達しているか ……………169
　　　§1　総説（資金需要と資金調達）…………………………………………………169
　　　　　1　外部資金と内部資金………………………………………………………169
　　　　　2　他人資本と自己資本………………………………………………………169
　　　　　3　資本減少……………………………………………………………………170
　　　§2　新株発行による資金調達………………………………………………………174
　　　　　1　新株の発行…………………………………………………………………174
　　　　　2　新株発行進行の過程………………………………………………………176
　　　　　3　新株引受権…………………………………………………………………182
　　　　　4　不公正な新株発行の救済…………………………………………………186
　　　　　5　新株発行の無効……………………………………………………………189
　　　　　6　新株発行不存在確認の訴え………………………………………………190
　　　§3　社債発行による資金調達………………………………………………………191
　　　　　1　社債の意義…………………………………………………………………191
　　　　　2　社債と担保…………………………………………………………………191
　　　　　3　社債の種類…………………………………………………………………192
　　　　　4　社債発行の手続……………………………………………………………193
　　　　　5　社債の管理…………………………………………………………………196
　　　　　6　利払と償還…………………………………………………………………197
　　　　　7　社債の流通…………………………………………………………………198

第7章　会社の基本構造の変更はどのような手続によるか ……………199
　　　§1　定款の変更………………………………………………………………………199
　　　　　1　定款変更の意義……………………………………………………………199

2　定款変更の手続 ································· 199
　　　3　定款変更の効力 ································· 200
　§2　企業結合 ··· 200
　　　1　総　説 ··· 200
　　　2　合　併 ··· 201
　　　　コラム　債務超過会社の合併 ················· 202
　　　3　その他の企業結合規制 ······················· 207
　　　4　会社分割 ·· 214
　§3　組織変更および会社の解散 ··················· 217
　　　1　組織変更 ·· 217
　　　2　解　散 ··· 218
　　　3　清　算 ··· 219
　§4　会社の倒産処理 ································· 220
　　　1　総　説 ··· 220
　　　2　清算型処理 ····································· 221
　　　3　再建型処理 ····································· 222

第Ⅲ編　株式会社以外の会社の組織内容

第1章　有限会社 ·· 228
　§1　有限会社制度 ······································ 228
　　　1　有限会社の起源 ································· 228
　　　2　有限会社法 ······································ 228
　§2　有限会社法の諸規定 ···························· 229
　　　1　設　立 ·· 229
　　　2　有限会社の運営方法と管理 ················· 230
　　　3　有限会社の計算 ································ 231
　　　4　資本調達 ·· 232
　　　5　有限会社の基本構造の変更 ················· 233

第2章　合名会社・合資会社 ······························ 235

§1　人的会社の起源 ………………………………………………… *235*
§2　合名会社 ………………………………………………………… *236*
　　1　合名会社の基本的特色 ……………………………………… *236*
　　2　設立手続と社員の個性の重視 ……………………………… *236*
　　3　社員の責任と会社財産 ……………………………………… *236*
　　4　所有と経営の合一 …………………………………………… *237*
　　5　社員の変動・持分の譲渡 …………………………………… *238*
§3　合資会社 ………………………………………………………… *238*

事項索引 ……………………………………………………………… *239*

第Ⅰ編
会社法総論

序　章　会社とは何か

§1　会社の形態

1　個人企業と共同企業
1.1　個　人　企　業
　個人企業は，事業主が自己の個人財産を資本とし，自己の権限と責任で事業上の決定をして企業を経営する。経営学的にいえば，企業の「所有」（出資）・「経営」（運営管理）・「支配」（基本的事項の決定）は企業主たる個人が行う。その法的形態は「個人商人」である。この場合，得た利益はすべて個人のものになる代わりに，損失も自分1人でかぶらねばならない。家計と営業用財産を区分していても，債務は個人財産全部でもって全額を弁済する責任（無限責任）を負わなければならず，企業危険の分散を図りえないし，個人の資本と労力には限度がある。企業主死亡などの個人的な事情は，企業の存続に直接影響を及ぼし，企業の永続性も維持できない。
1.2　共　同　企　業
　そこで，個人企業の短所を克服するため，多数人の資本と労力を結合して大規模な事業を営み，失敗しても損失を分ちあえる（企業危険を分配できる）共同企業形態の利用が考えられる。その小規模なものとしては組合（民667条以下），匿名組合（商535条以下）がある。この共同企業体に法律上独立の法人格が与えられると，出資者の家計から独立してその影響を受けない独自の企業主体となる。さらに，出資者（構成員）は対外的に企業の債務につき一定限度以上の責任を負わない（有限責任）とするならば，共同企業は個人企業よりも企業目的に適した形態となる。

2　各種共同事業の経済形態と法的形態
　共同企業は，資本の集中の発展に伴い，以下のような各段階に進展する。各

種企業が合理的にそれぞれの企業活動を行うためには，その経済的実質に最も適応した法的外衣（法的形態）をとらざるをえない。換言すれば，多様な法的形態は各種企業の資本集中の各段階に相応して設けられたものであって，「会社（合名会社・合資会社・株式会社・有限会社）」のほか，「民法上の組合」，「匿名組合」，「企業組合（中小企業共同組合法9条の10）」などがある。各企業は自己にふさわしいものをこれら法的諸形態の中から選択しうるのである。

2.1 人的共同企業

少数の出資者からなり，企業の所有・経営・支配が合一し，企業所有者たる出資者は共同して経営に当り，共同で支配する。法的形態としては合名会社，組合が利用される。

2.2 混合的共同企業

出資者が少数である点は1.1と同様であるが，所有と経営とはある程度分離し（出資者の一部は経営に参加しない），企業の支配はなお企業所有者が保持する。法的形態は合資会社，匿名組合である。

2.3 資本的（物的）共同企業

出資者が多数となるため，原則として出資者は直接経営に参加できず，他方，企業規模の増大に伴い経営管理機能が専門化するので，経営は専門的経営者に委託され，出資者は出資者の総会（株主総会・社員総会）を通じて，出資額に応じた企業支配を自己に保留する（資本的共同支配）にとどまる。ここに「所有と経営の分離」が成立する。この段階では，企業所有者は機能資本家（みずから経営に当り資本利潤を獲得しようとするもの）から持分資本家（みずからは経営に当らないで，他の機能資本家に出資して，その資本利潤の分配にあずかるもの。無機能資本家ともいう）に転化するが，企業支配はなお依然として企業所有者が保持する。企業の基本的事項の決定・変更や企業経営者の任免はすべて総会の決定事項として企業所有者の意思にかかっている。

法的形態は，本来，株式会社である。有限会社も相当広く用いられる。

2.4 高度企業

①資本集中が進展して資本が高度化（巨大化）すると，株式は地域的に，数量的に分散（多数の少額出資者が全国的に分散）し，企業所有者の企業支配力を形式化・無力化せしめ，当該企業の経営は企業所有者の支配から実質的に離

脱するに至る。②近代的企業経営の複雑化・高度の技術化は一般出資者の経営に対する批判力を奪い，企業支配についての関心を希薄にする。③株式が証券化されていることと証券市場の発達は，株式譲渡（投資の回復）を容易にした結果，利回り計算で他企業を選ぶことが多くなり，特定の企業に対する支配の熱意も冷えてしまうことになる。

このようにして，「所有と経営の分離」は高度企業では資本（株式）の分散によって「所有と支配の分離」にまですすむ。企業所有者から分離した企業支配は，議決権の白紙委任状などを通じて，企業経営者の手中に収められ，ここにいわゆる「経営者支配」という状態が生ずる。そこには経営管理を専ら自己の判断で遂行する新しい管理者階層（経営者階級）が発生する。こうして，企業の資本集中は究極的には「支配なき所有」と「所有なき支配」を現出せしめる。

法的形態はすべて株式会社である。高度企業の段階にいたって，個別企業の形態によって資本の量的な集中を図る方法は完成し，つぎに個別企業を集中した「複合企業形態」として独占企業形態が登場する。これは資本集中から企業集中への質的転換である。

2.5 独占企業

株式会社の巨大化した高度企業間の競争は，必然的に利潤の低下をもたらし，終局的には企業没落のおそれもないではない。高度企業間における自由競争による共倒れの危険を避けるため，企業は相互に提携を図り，さらには独占へと進展するにいたる。資本集中の究極的段階としての高度企業がさらに集中して独占体を構成する場合，これは「企業集中」と呼ばれる（詳細は第Ⅱ編第7章§2 企業結合 参照）。

(1) 企業集中（独占体）の形態　①カルテル　同業種の企業が販売価格・生産量・販路等について協定する契約結合体（加盟企業が株主となって共同販売（生産）会社を作り，全販売（生産）量を決め，一定率によって各加盟企業に割当てる場合は「シンジケート」と呼ばれる）。②トラスト　単一の産業部門（たとえば鉄鋼業）に属する企業を結合した独占体。異業種間の多角的・混合的合併により形成された独占体は「コングロマリット」とよばれる。法的には，持株会社による資本参加方法で各企業は経済的に一体性を形成する

場合と，合併・買収合併（営業全部の譲渡）により法的にも一体性を形成し，1個の巨大な企業として現われる場合とがある。③利益共同体　利益共通契約〔第Ⅱ編第7章§2，3.3(3)参照〕により形成される企業集中形態（コンツェルンの系統に属する）。法的形態は，民法上の組合，株式相互保有，役員兼任などが利用される。④コンツェルン　数個の企業が法的独立性を保ちながら経済的に一体となり，支配会社の統一的指揮に服する企業集団。法的形式としては，持株会社による資本参加，経営の賃貸借，経営の委任，利益共通契約，取締役派遣などの方法およびそれらの併用の場合がある。

　(2)　独占企業については，「私的独占の禁止および公正取引の確保に関する法律」がその成立を厳格に抑制している。

§2　会社の種類

1　人的会社と物的会社

　商法上の会社は，合名会社・合資会社・株式会社・有限会社の4種がある（53条，有89条）。主な違いは社員（構成員）の責任の負い方にある。

　1.1　社員の責任

　(1)　無限責任と有限責任　　会社債務について社員が弁済義務を負うことを社員の責任という。個人債務については当然その個人が弁済義務を負うが，会社が当事者となって債務を負っている場合は，その債務者は会社だから，その債務は当然会社財産をもって弁済されることになる。しかし，会社財産で弁済できない場合は，二次的に社員が自分の個人財産で弁済しなければならない義務を負う（人的責任）。社員の責任に限度がない場合を「無限責任」といい，社員が一定額（出資額）を限度としてのみ義務を負っている場合を「有限責任」という（出資が履行されている限り，会社債務についてそれ以上の責任は負わない）。合名会社のように無限責任社員によって構成されている会社では，取引の相手方も会社自体よりも誰が社員であるか（社員の個性）を重視する。このような会社を「人的会社」と呼ぶ。他方，株式会社のように有限責任社員のみによって構成されている会社では，相手方は誰が社員であるかよりも会社財産の充実を重視する。このような会社を「物的会社」と呼ぶ。

(2) 直接責任と間接責任　社員が直接に会社債権者に対して会社の債務を弁済する責任を負う場合を「直接責任」，そのような責任を負わずに会社に対してのみ責任を負う場合を「間接責任」という。間接責任の場合，社員は形式的には会社債権者に対し全然責任を負わないが，その者の出資義務の履行によって会社に提供された財産が会社財産として会社債権者に対する財源となるから，その者は会社債権者に対して会社を通じて間接に責任を負っていることになる。

社員の責任は，(a)直接無限責任，(b)直接有限責任，(c)間接有限責任の3種であって，間接無限責任という型はない。

1.2　人的会社（合名会社・合資会社）

(1) 合名会社と合資会社　合名会社は無限責任社員のみで構成される一元的組織の会社で，合資会社は無限責任社員と有限責任社員とで構成される二元的組織の会社である。合名会社では全社員，合資会社では無限責任社員が企業所有者であり同時に経営者で，企業支配も共同支配である。企業の所有・支配・経営の一致が見られる。有限責任社員は出資をするだけで経営には参加しない。

(2) 社員の個性の重視　会社債権者にとっても，また社員相互間でも，誰が社員であるかが重視される。というのは，①会社財産がそれほど保有されていなくとも，無限責任社員に弁済資力があれば，会社債権者は債権の満足を受けることができるし，②社員ことに無限責任社員は業務執行（経営）のやり方いかんによっては会社債権者に直接弁済しなければならなくなるということも生ずるし，③無限責任社員には業務執行権（70条・151条），業務執行監視権（153条）が与えられる結果，社員相互間でも誰と共に業務執行することになるかという観点から，誰が社員であるかが重要な意味をもつからである。このように社員の個性に対する信頼が基礎なので，社員の交代は自由でなく合名会社では社員の地位（これを「持分」という）の譲渡は他の社員の承諾が必要であり（73条），合資会社では無限責任社員の地位の譲渡には他の社員の承諾が（147条・73条），有限責任社員の地位の譲渡には無限責任社員全員の承諾があればよい（154条）。会社債権者との関係では社員が退社しまたはその地位を譲渡した後も，そのものは退社，譲渡の登記前に生じた会社債務について責任を負

う (93条・147条)。したがって，社員の数も相互に信頼し合った少数に限られた会社形態である。

1.3 物的会社（株式会社・有限会社）

(1) 株式会社と有限会社　これらは，いずれも出資額を限度として間接有限責任を負う社員のみで構成される一元的組織の会社である（200条1項，有17条）。多数の人から資本を集めるには，責任に限度を設け事業危険を限定しておかないと見ず知らずの人にまで会社への参加を呼びかけるわけにはいかない。株主（株式会社の社員）・社員は会社に出資義務を負うだけで会社債権者に対しては責任を負わない。そのため株主・社員は業務執行権や会社代表権を有しない。企業の所有と経営とが原則的に分離している。

(2) 会社財産の重視　間接有限責任だから，会社債権者にとっては，株主・社員に弁済資力があろうとなかろうと，会社に財産がどの程度保有されているかが重要な意味をもつ。重視されるのは会社財産であって，誰が株主・社員であるかその個性ではない（資本という制度も，商法上は会社債権者のために会社財産を確保する目的で設けられたものである）。株主・社員はその地位に基づいて業務執行権が与えられることはないので，株主・社員相互間でもその個性が重視されることはない。したがって，社員数も多数であることができる。投資回収が容易なら，より広い範囲の人が参加しやすい。したがって，株式会社では株主の地位（「株式」という）は自由に譲渡できるものとされている（204条1項本文）。これは大規模の公開的企業が対象とされていることによる。これに対し，中小規模の非公開的企業を対象としている有限会社法では，社員の地位の譲渡は当然制限され，その持分を社員に譲渡すること自由であるが（有19条1項），社員以外の者に譲渡するには社員総会の承認を要するものとされている（同条2項）。

有限会社は物的会社であるが，人的会社的要素を多分に有するというのは上述のようなことからである。

2　会社の規模に応じた区分規制

2.1　大会社と小会社

昭和49年および昭和56年の商法改正により，株式会社は主に監査制度について3つに区分されることになった。株式会社の監査等に関する商法の特例に関

する法律（＝以下商法特例法と呼ぶ）によれば，次のように区分される。
(a) 大会社　資本金5億円以上または負債総額200億円以上（商特2条）
(b) 小会社　資本金1億円以下で，かつ負債総額200億円未満（商特22条1項）
(c) 中会社　大会社・小会社以外の会社（資本金が1億円を超え5億円未満で，かつ負債総額200億円未満）

　大会社には，①計算書類・附属明細書について監査役のほか会計監査人（公認会計士または監査法人）の監査を義務づけ（商特2条・4条1項），②会計監査人の監査報告書に貸借対照表・損益計算書が法令定款に従い会社の財産・損益の状況を正しく示している旨の記載があり，かつ監査役会の監査報告書に会計監査人の監査の結果を不相当と認めた旨の記載がないときは，定時総会の承認を経ないでその貸借対照表・損益計算書は確定するものとし（商特16条1項），③監査役3名以上（最小限1名の社外監査役と常勤監査役）を置き，監査役会を必置とし（商特18条），④議決権を有する株主が1,000人以上の場合，株主総会の招集通知に議決権行使の参考書類の添付を求め（商特21条の2），株主の書面による議決権行使（いわゆる書面投票）を認めている（商特21の3）。
　小会社については，監査役は会計監査のみ行うものとし，その権限を会計監査に必要な範囲に限定している（商特22条・25条）。
　したがって，監査役が商法に定めるように業務監査と会計監査の権限を有し，かつ計算書類と附属明細書について監査役の監査だけで足りる株式会社は中会社だけということになる。

2.2　公開会社と閉鎖会社

　(a)一般に上場会社（その発行する株式などの証券が証券取引所で売買されている会社）または(b)証券取引法の適用を受ける会社を公開会社，それ以外の会社を閉鎖会社というが，(c)定款による株式の譲渡制限（商204条1項但書）を適用している会社を閉鎖会社，それ以外の会社を公開会社という場合もある。
　この区別は多義的であるが，上場会社は商法によっても特別の取扱いを受けている（単位株制度の採用の義務づけ〔昭56年改正商法附則15条1項1号〕，書面による議決権行使の不適用（同26条））。
　投資家保護のため，証券取引法の適用を受ける店頭株券〔店頭市場〔証券取引所市場ほどに組織化されていないが，証券業協会が管理する〕〕で売買され

ている株券）などの証券の発行会社は，公開会社に含めてもよいと思われる。

2.3 親会社と子会社

(1) 一般には，資本参加，役員の兼任・派遣，継続的契約などを通じて他の会社を支配する会社を親会社（支配会社），支配される会社を子会社というが，日本商法は過半数の資本参加があるときに親子関係を認めている（211条ノ2）。

(2) 商法上の親子会社

(a) 定義　甲会社が乙社株式（乙が有限会社のときは出資口数）の50％超を有すれば，甲を親会社，乙を子会社という（211条ノ2第1項）。乙会社の子会社（甲会社からみれば孫会社に当る）丙会社も，甲会社の子会社とみなされる（同条3項後文）。甲会社の持株と乙会社の持株とを合わせると50％超になるような丁会社も，甲会社の子会社とみなされる（同条3項前文）。

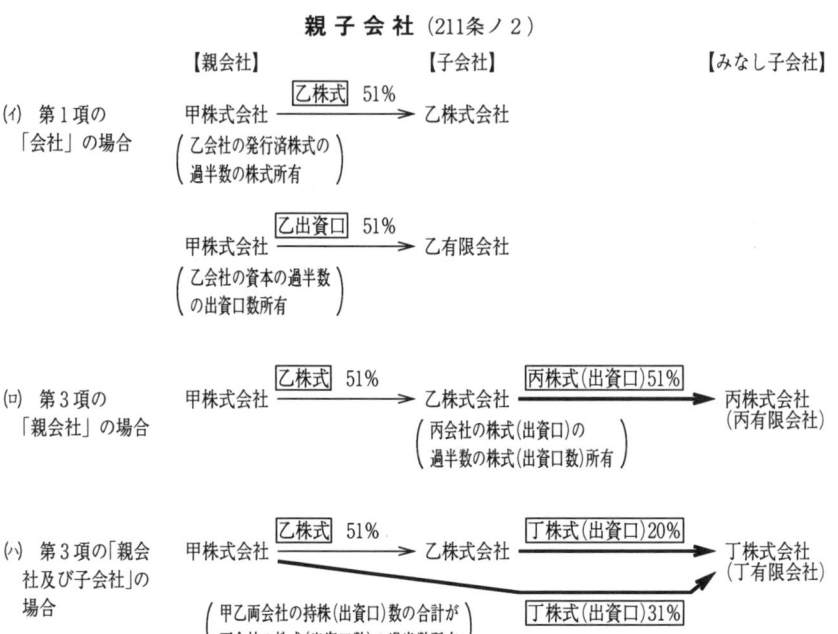

親子会社（211条ノ2）

(b) 商法の規制　子会社による親会社株式の取得を禁止し（211条ノ2），相互保有株式の議決権排除については，所有株式数の算定は親子会社所有株式を一体とみなし（241条3項），取締役会議事録の閲覧許可については親子会社

関係を考慮し（260条ノ4第5項），親会社監査役に子会社に対する営業報告の要求権限および子会社の業務・財産状況の調査権限を与え（274条ノ3，商特7条3項・4項），子会社の取締役・使用人の兼任を禁止し（276条，商特4条2項2号），親会社の有する子会社株式の評価は低価法を禁止している（285条ノ6第2項）。

§3　会社の法律上の意義

商法上の会社の共通点は，営利を目的とする社団であり，法人である（52条・54条1項，有1条）。

1　営利性

1.1　営利法人

会社は営利を目的として設立される法人である。営利を目的とする限り，商行為を営業とする「商事会社」（52条）も，そうでない「民事会社」（たとえば農業・漁業などの原始産業と，商行為以外の営利行為を事業とする）（52条2項，民35条）も，共に商人であり現行法上は同じ扱いを受けるから（4条2項・52条2項・523条，有1条），両者を区別する実益はない。

営利を目的としない法人は非営利法人であり，公益法人もそれ以外の中間法人（たとえば各種の協同組合，相互保険会社）も会社ではない。

1.2　営利の目的

営利を目的とするとは，その活動により利益をあげるだけでは足りないのであって，あげた利益を構成員に分配することを目的としなければならない（あげた利益を寄付するとか福祉事業につぎ込む予定の法人は会社として設立できない）。利益分配は利益配当・残余財産の分配のいずれの方法によってもよい。

1.3　会社の定款上の事業目的

会社の具体的な事業目的は定款に記載され（63条・148条・166条1項，有1条），登記によって公示される（64条1項1号・149条1項・188条3項，有13条2項1号）。しかし，会社が営利と関係のない事業（たとえば慈善事業や祭礼，災害救援の寄付）を一切してはならないということではない。会社も1つの社会的存在として相応の社会的活動をすることはできる。また，無償行為（たと

えば，見本商品の頒布，販売した商品の無料運送，顧客の無料送迎）も，それだけを取り出して非営利行為とみるのではなく，目的や状況からみて会社の発展に役立つかを総合的に判断しなければならない。特定政党への寄付については異論もある。

> **コラム　八幡製鉄政治献金事件**（最高裁昭和45年6月24日大法廷判決）
> 　八幡製鉄株式会社が自由党に350万円を献金したことについて，株主Xが取締役2名を相手に代表訴訟（267条）を提起した。
> 　(1)　第一審（東京地裁）　政治献金は非取引行為で会社の目的の範囲外であり，しかも，例外的に許される社会的義務行為（慈善寄付等）に当たらないから，忠実義務違反で損害賠償義務がある，としてXの請求を認容。
> 　(2)　第二審（東京高裁）　政治献金も社会人として認められる会社がなしうる目的の範囲内の行為であり，合理的な限度内だから忠実義務違反でもない。一審判決を取り消して，Xの請求を棄却。
> 　(3)　最高裁大法廷判決は次の理由で上告棄却　会社は社会的存在として社会的作用を負担せざるをえず，それを企業としての円滑な発展に役立つので，間接的の目的遂行上必要な行為といえる。会社は納税者の立場で政治的行為をなす自由を有し，大企業の巨額の寄付が生む金権政治の弊の規制は立法政策に待つべきものである以上，会社の政治献金は民法90条違反でない。取締役がその地位を利用して個人的利益を追求したわけでなく，金額も合理的範囲を超えていないから，忠実義務違反でない。

2　社　団　性

2.1　社団性の意義

　会社は社団である（52条, 有1条）。ここにいわゆる社団とは，共同の目的を有する人の団体（集団）で，その構成員を社員と呼ぶ。(a)財産の集合である財団（民34条）に対して，社団は人の集団である。(b)同じく人の集団である組合（民667条以下）と対比すると，団体としての組織・機構を備えたものを社団という。(c)会社はすべて社団であるが，組織の一体性の程度は会社の種類によって異なる。①合名会社・合資会社の社団性は低く，内部関係には民法の組合の規定が準用される（68条・147条。組合にもある程度の団体性は認められる）。②株式会社は，団体の組織的一体性が強く表面に出て，構成員の個性は影をひ

そめ（重要視されず），その離合集散は自由であり，団体の意思形成は多数決原則が広く行われる。

2.2 いわゆる一人(いちにん)会社

(1) 一人会社とはなにか　社団を団体と解すれば，社員が1名の会社，すなわち一人会社は会社でないことになる。合名会社は社員が1名になると解散する（94条4号。合資会社の場合は162条1項）。これに対し，株式会社と有限会社は，社員（株式会社の発起人，有限会社の原始社員）1名で設立でき（165条，有1条），設立後に株主・社員が1名になっても解散しない（404条1号。昭和13年改正前の商法221条3号は「株主カ七人未満ニ減ジタルコト」を，また平成2年改正前の有限会社法69条1項5号は「社員カ一人ト成リタルコト」を解散事由にしていた）。つまり，株主・社員が1名だけの会社（一人会社）も認められる。

こうした会社の構成員にも有限責任の利益を享受させるべきだとする社会的要請があるからであり，また全株式・全持分が1名に帰属していても，その一部を譲渡すれば社員は複数になりうるので，潜在的に社団性があるからである。実際上も100％子会社が多数存在し，また株式交換（352条以下）・株式移転（364条以下）制度の下で完全親会社，すなわち一人会社が創設される。

(2) 一人会社の運営　一人会社にも取締役は必要であり，もし大会社であれば，監査役3名以上と監査役会および会計監査人が必要である（商特18条・18条の2・2条以下）。しかし，一人会社の運営上，通常の会社と異なる取扱いが必要となる場合がある。たとえば，①1人株主の株式譲渡と取締役会の承認（204条1項但書），②全員出席総会の招集手続（232条），③1人株主である取締役と会社との取引（265条），④一人会社における法人格の否認，などである。

3　法　人　性

3.1　法人格の意味

会社はすべて法人である（54条1項，有1条2項）。法は会社に法人格を与えている。

法人格なるものは，団体の法律関係を簡単にするため認められた法技術である。すなわち，会社は，社員とは別個独立の権利義務の主体である（会社に権利義務があると表現してもよい）。会社は自己の財産を持ち，社員とは別に債務を負い，会社の名で訴えたり訴えられたりすることができる。

3.2 法人格と会社の債務

　法人格を与えることにより法律関係の処理は簡明になるが，会社の債務について誰が責任を負うかは，法人格から当然に出てくるものではない。株主の有限責任は，法人格と別の問題である。多数の株主から資本を集め，その運用により大事業を営む株式会社では，事業が失敗したときの危険が予測される範囲に限定されないと，株主からこの共同の事業に出資を求めにくい。そこで株主は株式引受額を限度として責任を負うとする，有限責任の原則（200条1項）が定められたもので，それは歴史上ずっと認められてきたわけでなく，政策的なものということができる。

　合名会社にあっては，全社員が会社の債務について連帯して無限責任を負う（80条1項）からといって，会社財産は全く無意味となるのではなく，会社債務は先ず会社財産から弁済し，社員はその不足分について責任を負うという補充的なものである。

3.3 法人格の否認

(1) 法人格否認の法理　　法人格を特定の社団（または財団）に認めるのは，それが社会的に有用な機能を営み，公共の便益に役立つからにほかならない。そこで，(a)会社の法人格が全くの形骸にすぎない場合（たとえば，株主個人の業務・財産と会社の業務・財産とが混同されていて，取引の相手方である第三者からは，その取引が会社を相手とするものなのか，株主個人を相手とするものなのか，判然としないような場合（最判昭44・2・27民集23巻2号511頁）），(b)または，法人格が法律の適用を回避するために濫用されるような場合（たとえば，営業を譲渡して競業避止義務（25条）を負った個人が別に会社を設立して，その会社に営業の譲受人と競業させるような場合（熊本地八代支判昭35・1・13下民集11巻1号4頁））のように，法人格が不法または不当な目的のために濫用されていると認められるときは，特定の法律関係につき法人格を否定して，その背後にいる社員個人を法人自体と同視する取扱いをすることがある。これは「法人格否認の法理」の名のもとにアメリカで発達した理論で，わが国でも近時の判例で採用され，学説も是認している。

(2) 法人格否認の効果　　この法人格の否認とは，会社の解散命令（85条）の場合のように，会社の法人としての存在を全面的に否定するものではなくて，

特定の事案につき特定の法律関係に関する限りにおいて，会社の法人格を否認して，会社の行為を株主の行為と同視したり，株主の有限責任を否認するものである。

§4　会社の活動の範囲（会社の権利能力）

1　会社の性質による制限・法令による制限

会社は法人であるから，その権利能力は原則として自然人の場合と変らないが，自然人に特有の生命・身体・年齢・性・身分などを前提とする権利義務は持てない（会社の名誉・信用などに関する人格権，会社の商号権などは持てる）。そのほかどんな範囲で権利・義務を持てるかは，立法政策の問題である。

会社は他の会社の無限責任社員になることを禁止されているが（55条，有4条），その必要はないばかりか，会社が民法上の組合の組合員となれることと釣り合いがとれず，この規定は廃止すべきであるとされている。

2　権利能力の目的による制限

会社に民法43条を類推適用して，定款に定められた目的である事業の範囲内においてのみ権利を有し義務を負うと解すべきかについては，判例はこれを肯定しながらも，かなりの変遷を経てきており，多数学説も目的による会社の権利能力の制限を肯定するが，近時制限否定説も有力である。

2.1　定款所定の目的による制限を認める立場（民法43条類推適用肯定説）

当初，判例は定款所定の目的条項を厳格に解し，定款に明記されていない事項はすべて目的の範囲外としていたが，その後機械的に解する立場を緩和し，目的の範囲内の行為は，目的自体に属する行為はもとより，「目的の達成に必要または有益な行為」をも含むと解すると同時に，具体的な目的の記載がなくても，定款の記載から「推理演繹しうる事項」も含まれると弾力的に解することにより，目的の範囲内と解される領域が拡大していった。

これに加えて，特定の行為が会社の目的の範囲内か否かは，各場合の具体的事情（会社代表者が会社のためにする意思を有したか否か）にもとづいてではなく，もっぱら行為の客観的性質から抽象的に決すべきであるとした（最判昭27・2・15民集6巻2号77頁）。

2.2 民法43条類推適用否定説

目的による権利能力の制限は，会社に責任免脱の口実を与え，取引の動的安全を害する危険があることなどを根拠に，民法43条の類推適用を否定する学説もある。

これら学説は，会社は会社の「営利目的」による制限を受ける。定款所定の目的は会社機関の代表権に対する制限，もしくは機関の職務執行についての会社に対する義務であると主張している。

2.3 問 題 点

(1) 上述のように，解釈論は分かれているが，立法論としては会社の権利能力の定款所定の目的による制限を否定する旨の明文規定の制定が望ましいとする点では意見はほぼ一致している。

(2) 会社がその定款所定の目的以外の事業を営む子会社（とくに100％子会社）の株式・持分を所有することは定款違反行為となるかという問題がある。親会社の定款所定の目的と子会社の目的（事業）との関連や事業規模等を検討して，子会社事業を親会社の定款に記載を要するか否か判断すべきであろう。

3 会社による寄付と権利能力

3.1 会社による寄付

以上のような会社の営業と直接関連する取引行為に対する権利能力の制限とは別に，会社の営業と直接関係のない寄付行為（たとえば，社寺の祭礼，文化事業・福祉事業への寄付や難民救済に対する資金協力など）は，会社が社会の構成単位として社会的な活動をしていることにもとづく権利能力が認められるべきである。会社は営利法人であるが，上述のような寄付も社会通念上応分と認められる範囲内においては許されると解してよい。

3.2 政 治 献 金

政党への寄付も基本的には同じであるが，政治のあり方とも関連して争われた。これがいわゆる八幡製鉄政治献金事件であった（前掲最大判昭45・6・24民集24巻6号625頁）。応分の寄付かどうかは会社規模や業績等に照らして決めるほかない。応分の範囲を超える場合は，悪意・重過失の相手方に対して会社から無効の主張ができる。取締役は善良な管理者の注意を怠ったとして会社に対し責任を負うことになる。

第Ⅱ編
株式会社

第1章　株式会社総説

§1　現代における株式会社の地位

1　株式会社の社会的・経済的機能と地位（株式会社の公共性）

　株式会社においては，大量に株式が発行されその譲渡も自由であるし，社会から広く人材を求めることができ，また権利義務はすべて会社に帰属する完全な法人性を備えており，社員たる株主の個人的条件によって会社の存否は左右されないなど，会社が有する資本の結合の危険の分散・永続性という長所が最もよく発揮される。

　そして，株式会社には，多数の国民が株主，取引先たる第三者として参加し，また家族を含め，従業員・労働者の生活は株式会社にかかっている。その生産する商品を購入し，その提供するサービスを利用し，国の財政収入も株式会社，従業員，株主その他の関係者から得る税金に支えられているところが大きい。換言すれば，株式会社は一国の財貨の生産・流通の活動を通じて国民生活の経済的需要を充足し，商品・サービスの供給，労働の場の提供，あらゆる経済活動の組織推進の担い手として，国民経済生活全般に占める地位は極めて重要となっている。この意味で，株式会社は，構成員たる株主の営利追求手段たる地位を超えて，社会性公共性を持つに至っている。これは，巨大化した株式会社において顕著である。

2　株式会社に対する社会的要請

　株式会社の巨大化に伴い会社の社会性・公共性は強調され，会社に要請される社会的役割を重視していくことが必要とされる。その役割を認識・分析して，法的技術としてどのように処理すべきかが検討されなければならない。換言すれば，対立する多様な利益をどのように合理的に調整するかの問題である。理論的に見れば，学説の視点は，「株式会社は誰のものか」（株主支配）というこ

とから「株式会社は誰が支配しているか」(経営者支配＝所有と経営の分離)を経て,「株式会社は誰のためにあるべきか」に近時は変ってきた。株式会社企業は,もはや株主の私有物視することは許されない存在となった。株式会社のこの社会的公共的性格を強調する考え方として,企業自体の思想,企業の社会的責任論,コーポレート・ガバナンス論が登場してきている。

2.1 企業自体の思想

「企業自体 (Unternehmen an sich)」とは,1912年ドイツでラテナウが唱えた考え方である。これは,今日株式会社企業は,株主の単なる私的利益の組織ではなく,企業それ自体がその構成員たる株主とは独立に社会的存在としてその存在が認められるべきであり,株主の恣意に対しては,国民経済の立場から株式会社企業自体の保護・維持が図られねばならないとするものである。

これは,株式会社企業は,そこに結合している私的利益の統一体であると同時に,社会公共の利益(公益)の担い手と考えるもので,株主の利益は軽視すべきでないとしても,株式会社企業の有する社会的価値を保護すべきであるという思想である。この思想は,会社法において,会社内部における私的利益を調整する場合や企業行動を社会的に制約する場合の原理として機能することになる。

> **コラム　経営者革命・経営者支配**
>
> 　企業自体の思想のラテナウと同じ頃,アメリカでは,バーナムはテクノクラート時代の到来を指摘した「経営者革命」論を,バーリとミーンズは「所有と経営の分離(経営者支配)」を唱えた。1932年には「取締役は誰のために会社を経営すべきか」をめぐってのドット・バーリ論争で,ドットは公共のためであるとし,バーリは株主のためであると主張し,後にバーリはドットの説を認めた。これらの議論は株式会社における「株主支配」に代わる「経営者支配」の正当化を説いている点で共通している。コーポレート・ガバナンス論の源流はバーリ・ミーンズにまで遡ることができる。

2.2 企業の社会的責任論

(1) 企業の社会的責任とは何か　　近時「企業の社会的責任」が,多方面で多様に強調されている。大別して企業サイドの社会的責任論と市民サイドの社

会的責任論とがあるが，前者は抽象的であり，後者は現実的・具体的である。

現代の大企業にあっては，営利のための企業活動が一国の社会・経済のみならず，地球環境問題とも密接な関係があり，企業活動を通じて極めて多くの社会的・公共的側面を持っている。ことに，この企業の活動と深い利害関係（stake）を持っている株主以外の従業員・消費者・地域住民などの「ステークホルダー（stakeholder）」の利益保護のため，社会公共的見地から企業活動に対する適当な規制方法を絶えず考える必要がある。この社会的規制の必要が，企業の社会的責任論の登場の契機となっている。

(2) わが国の企業の社会的責任　(a) 社会的責任の内容　わが国の企業の社会的責任論とは，法によって企業活動を規制するというものである。企業の社会的倫理に反した企業利潤追求活動を法的に規制していこうとするものであるから，社会的責任を社会に対する法律的責任としてとらえている。これに対しアメリカでは，企業の社会的責任とは，企業に株式所有者の利益を超えて社会的利益の追求活動を倫理的に求めるものである。

> **コラム**　社会的責任論の社会的背景
>
> 　企業の社会的責任論の台頭は，昭和39・40年のサンウェーヴ工業や山陽特殊鋼の粉飾決算による倒産が直接の契機となり，企業の社会的責任が商法改正理由として強調された。昭和47・48年頃の株式会社の土地をめぐる投機的行為の横行，石油ショックを契機とする企業の商品買占め，売惜み，便乗値上げなど反社会的行為による狂乱物価などを背景に盛り上がった社会的責任追及の世論に，昭和49年商法改正（監査役制度の強化）に際して国会で付帯決議がなされた。

(b)　企業の社会的責任論発生と立法

わが国における企業の社会的責任論は，商法改正に関連して登場し，昭和49年・昭和56年商法改正において，会社の社会的責任に関する一般規定は設けられなかったが，株式会社の制度・規定の改善が図られた。

社会的責任に関する株式会社法上の規定の新設ないし改正の主なものは，(イ) 昭和49年法には大・中・小会社の区分と公認会計士による監査の導入（商特2条）があり，(ロ) 昭和56年法には，①総会屋に対する利益供与の禁止（294

条ノ2・266条1項2号・497条)，②株主提案権制度(231条ノ2)，③総会における取締役の説明義務(237条ノ3)，④取締役に対する取締役会の監督権限の法定(260条)，⑤監査役の権限の拡大・地位強化を図り取締役会の招集権(260条ノ3第3項)，業務監査権限付与(274条)，任期の伸長(273条)，報酬・監査費用の確保(279条・279条ノ3)，複数・常勤監査役制度導入(商特18条1項・2項)，⑥株主1,000人以上の大会社における議決権行使のための参考書類制度・書面投票制度(商特21条の2・21条の3)などがある。

(c) 企業の社会的責任論のあり方　企業の社会的責任につき，企業側の社会的責任論の多くは，経営者の社会的責任の単なる自覚の強調に過ぎない。他方，市民側の社会的責任論は，市民が企業に対して，たとえば公害，欠陥商品，事故・災害の除去・防止を求め，企業外部から企業に対して制裁や規制を加えるものである。企業が社会の側の視点に立って市民の要求に対応することが，企業の社会的責任のあり方である。

2.3　コーポレート・ガバナンス

> **コラム　コーポレート・ガバナンス**
>
> コーポレート・ガバナンス(corporate governance)とは，「会社支配(コーポレート・コントロール，corporate control)」や「会社経営(コーポレート・マネジメント，corporate management)」とは異なるニュアンスを持っている。その語義からすれば，「会社統治」と訳することになる。コーポレート・ガバナンス論議は，近時経営が専門化し権力集中が進んだことから生じている。経営者の暴走や怠慢をチェックし，社会的に望ましい会社経営を実現するためにどうすべきかという認識が出発点となっている。

3　コーポレート・ガバナンスとは何か

(1) コーポレート・ガバナンス論の発生　コーポレート・ガバナンス論は，近時アメリカやイギリスでも盛んに論じられているが，日本では1980年代後半のバブル経済の崩壊や相次いだ企業の不祥事から，会社経営者の暴走に対して，株主総会・取締役会・監査役・監査役会制度がそのチェック機能を果たしていないことが暴露され，ガバナンス論議が吹き出した。わが国の大規模公開会社においては，法人株主を中心とする企業結合や安定株主によって会社の基盤が

支えられている状況下では、法理論上の最高意思決定機関である株主総会による監督機能（経営のチェック）はあまり機能していなかったのである。

(2) コーポレート・ガバナンスの意義　コーポレート・ガバナンスは会社経営をチェックし制御するという意味合いで用いられているので、会社経営をチェックする仕組みと定義し、かつ会社経営の上位概念であるとか、株式会社に集中された経済力やその社会的影響力をいかに統治するか、具体的にはそのような会社企業の力の実質的な執行者である経営者の経営を統治するやり方と解されている。

(3) コーポレート・ガバナンス論とステークホルダーとの関係　巨大化した株式会社は、株主のためだけの存在ではなく、従業員・取引先・消費者・地域住民など企業活動に深い利害関係のある者、いわゆるステークホルダーの諸利益にかかわる存在であるから、会社ないし経営者はこれらステークホルダーの利益を考慮して企業活動すべきであるとの考え方が、近時増えている。

4　コーポレート・ガバナンスから見た会社法上の諸問題

コーポレート・ガバナンス論の台頭は、会社企業の頻発する非行を契機とする。コーポレート・ガバナンス論は、株式会社にその社会的責任を果たさせるためにどうすべきかという意味も持っている。私的自治を前提とする株式会社という制度は、その経営を私的自治に委ねることが会社の社会的責任を果たさせることになると考えられていた。ところが、現代の株式会社は期待された自治（セルフ・コントロール）機能を著しく喪失している。そこでこの事態解決のため、現在各国が、コーポレート・ガバナンスをどのように実現するかというテーマをめぐり、立法改革に取り組んでいる。その中心問題は、「株主の監督是正権の強化」と「監査機能の再構成」である。

(1) 会社法の規制の目標　社会的存在である会社は、その社会的責任に照らし、会社の適正な運営を確保すべき役割がある。適正な運営とは、会社をめぐるステークホルダーの利益を公正に調整することである。会社をめぐる伝統的な会社法のもとでは、利害関係者は株主と会社債権者と考えられてきたが、コーポレート・ガバナンス論ではその他のステークホルダーも忘れることはできない。現在、従業員は労働法、消費者は消費者保護法や独禁法、地域住民は環境法によってその利益が守られている。会社法の枠組みの中には従業員持株

制度のように従業員の利益が採り入れられているが、さらに消費者・地域住民などの利益も制度論として検討する必要がある。

> **コラム　アメリカにおける機関投資家**
> 　アメリカでは、資産運用のため会社の株式を保有する機関投資家のうち、とくに公的年金基金（Public Pension Fund）が、その会社に対し、株主として長期的視点に立って経営の改善を求める動きが活発で、コーポレート・ガバナンスの担い手としての役割が期待されている。

　(2) コーポレート・ガバナンスの担い手としての株主　　わが国では、株主は種々に分類されるが（企業家株主・投資株主・投機株主・大株主・小株主など）、これら株主は経済的利益を追求するものという共通の前提に立っている。アメリカ型の機関投資家の活動は顕著ではない。

　近年になって、わが国には、従業員の利益や消費者の利益、地域住民の利益を主張する新しい型の株主が出現している。これらの株主は、市民の立場から会社に対して経済的利益の追求を制約し、または会社の社会的責任を追及しようとするもので、いわば市民派株主ともいうべきものである。具体的には、株主総会において質問権（273条ノ3）や株主提案権（232条ノ2）の行使（ブリジストンや多くの電力会社）、取締役の行為の差止請求権（272条）の行使（東京電力）、代表訴訟提起権（267条）が行使されている（三井鉱山、野村証券、日興証券、ハザマ、大和銀行）。これら株主はコーポレート・ガバナンスの健全な担い手と認められるべきである。

　(3) 取締役の善管注意義務・忠実義務および対第三者責任　　会社は社会的存在たるにふさわしい社会的責任を負っているから、この会社を経営する取締役は会社の経済的利益の追求だけでなく、会社の公正・適切な運営につとめねばならない。したがって、取締役の善管注意義務（254条3項）・忠実義務（254条ノ3）のなかに社会的責任は含まれており、取締役は株主・会社債権者・従業員・消費者・地域住民の利益を考慮し、会社のために忠実にその職務を遂行する義務を負っている。

　もし、取締役が善管注意義務ないし善管注意義務・忠実義務に違反し、会社

のステークホルダーである債権者・従業員・消費者・地域住民などに損害を与えた場合は，266条ノ3によって取締役はこれらの者に対し責任を負わなくてはならない。

(4) 取締役会・監査役会等の経営チェック機能の充実　取締役会・監査役会は会社の経営組織の中核であるが，わが国ではその経営チェックの視点が会社の内部からのものになりがちである。コーポレート・ガバナンス論の観点からすれば，会社の外部的視点に立つチェック制度を大幅に採り入れる必要がある。

(a) 取締役会が原則として社内取締役と社外取締役とで構成され，社外取締役が広い視野から他の取締役の業務執行を監視・監督しているアメリカと異なり，わが国では社内取締役のみの会社が圧倒的に多く，また取締役会も業務執行監督の機能（260条1項）を十分に果たしていない。わが会社法に社外取締役制度の導入が必要である。

(b) 平成5年商法改正により，監査役会制度（商特18条ノ2）とともに社外監査役を置くことが義務づけられた（商特18条1項）。しかし，社外監査役は大会社以外の株式会社にも適用されるようにして，ステークホルダーが広く参加できる途を開くべきである。

5　企業情報の開示の拡大

コーポレート・ガバナンスが適切になされるためには，ステークホルダーが情報と知識を持つことが必要である。会社経営の公正・適切性は，会社による情報の開示（disclosure）→それに対するステークホルダーのチェック・牽制→会社の行動の修正というプロセスを経て実現される。

企業情報の開示は，商法は株主・会社債権者（証券取引法ではこれから株主・社債権者になろうとする一般投資家）に限っているが，さらに従業員・消費者・地域住民に対しても拡大する必要がある。

§2　株式会社の機構

1　最高の企業形態

株式会社は，資本（物的要素）と労力（人的要素）を有機的に（効率よく）

結合して形成される資本的共同企業（物的共同企業）（第Ⅰ編序章§1，2.3，2.4を参照）であって，巨大な共同企業を組織することができる最高の企業形態である。株式会社は大量の資本（資金）調達の点で極めて優れた企業形態的特徴を備えており，その運営の点では特有な機関の分化と権限の分配の内部組織を持っている。広範囲な資本の集中方式による資本的機構と民主的機関構成による経営的機構を効果的に結合統一したところに，株式会社が企業形態として最高のものとされる理由がある。

2 経営的機構

2.1 会社の機関

株式会社は法人であるから，構成員である株主とは別個の権利主体（権利義務の帰属点）である。それゆえ，その意思を決定し，それを執行（活動）するには，特定の自然人を通じてこれを行うほかはない。このように法人の意思および活動を実現すべき者として，法によって定められている者（会社の組織上一定の地位にある者）を「会社の機関」という。この機関は，株式会社にあっては1人または数人の自然人の会議体で構成されている。機関の決定または行為が，会社全体の意思決定または行為となる。株式会社の機関の特徴は，他の種類の会社に比して，機関の分化が進んでいる点にある。

2.2 機関の分化

(1) 機関の種類と機能　　株式会社の機関には，必要常設のものとして，「株主総会」（株主の総意により会社の意思を決定する機関），会社の業務執行にたずさわる「取締役会」（経営意思決定機関）および「代表取締役」（代表機関），業務執行の監督機関としての「監査役」および大会社における「監査役会」があり，国政における立法・行政・司法の三機関にほぼ対応している。このような機関の分化は，各機関に権限を分配することにより効率的な経営を実現するとともに，機関相互間のチェック・アンド・バランス（抑制均衡）により適正な経営を確保できることを，制度的に保障しようとするものである。

(2) 機関の無機能化と経営者支配　　(a) 合名会社・合資会社では社員が機関を構成する（自己機関）のと異なり，株式会社では，株主（社員）によって構成される株主総会を除き，他の機関は適者管理の考えにもとづき（254条2項参照），株主とは無関係に第三者によって構成される「第三者機関」となっ

ている。これは，企業の所有（＝株主）と経営（＝取締役）の分離（第1編第Ⅰ章§2，3・4参照）を反映したものといえる。

(b) 株主総会の無機能化　しかし，会社の巨大化・株式の分散・会社経営の複雑化につれ，株主は投資株主または投機株主と化し，会社の経営は専門経営者（取締役）に委ねられる結果となる。もっとも，取締役の選任・解任権は株主総会にあるが，会社経営に無知・無関心の株主が多数を占めている株主総会は取締役の提案を承認するだけとなり，株主総会は名目的存在と化し，そこに取締役による経営者支配が確立される（第Ⅰ編序章§2，2.4参照）。株主総会は「意思決定の場」から意思決定の前提条件たる「情報開示の場」に変りつつある。

(c) 取締役会・監査役（会）の無機能化　(イ) 制度上は会社経営の権限（実権）を掌握しているものとされている取締役会は，いわゆるサラリーマン重役で構成されているわが国では，実質的な従業員の経営参加という点では有意義であっても，従業員時代の多年の上下関係が取締役会内に持ち込まれ，合議の実質と取締役の相互監視の機能を確保することは難しい。経営の実権は，一般に代表取締役が掌握する実情になっている。

(ロ) 監査役の地位・権限は何回かの法改正により強化されてきているが，監査役の選任権が実質的には取締役会（事実上は代表取締役）にあるため，監督機関の機能は十分に果たされていない。

3 資本的機構

3.1 会社の資本

(1) 資本とは何か　(a) 資本の存在形態　株式会社の信用は，会社の財産を基礎とするものである。その財産の中核を占めるものが会社の「資本」である。会社の資本は主に株主の「出資（金銭出資と現物出資）」によって形成される。この出資は原則として株主に返還する必要がない（この点借入金と異なる）。資本は会社財産としてどのような形で会社内部に存在するか。資本金として会社に保管されているわけでもなく，預金として銀行に預け入れられているわけでもないし，また会社財産の中でこの部分が資本であると分別管理されているわけでもない。資本は会社財産の中に混入していて，それを資本部分として区分することはできない。

(b) 資本の意味　(イ) 株式会社では株主は間接有限の責任（第Ⅰ編第1章§2，1.1参照）を負うにすぎないので，会社財産を唯一の担保とせざるをえない会社債権者を保護するため，会社財産の確保が必要である。商法は，会社が会社財産を確保する一定の計算上の金額と定め，この金額に相当する現実の会社財産を保有すべきことを要求している。資本はこのように，会社が保有維持しなければならない会社財産を示した計算上の金額である。したがって，資本とは資本金のことである（第Ⅰ編第5章§4，1.1参照）。法定資本・表示資本ともいわれる。

(ロ) 資本の額　発行済株式の発行価額は，額面株式も無額面株式も原則として全部資本に入れる（284条ノ2第1項）。

株主の出資が資本の源泉であることはいうまでもないが，株式払込金がそのまま資本になるとは限らない（払込剰余金は資本でなく資本準備金として積立が強制される。288条ノ2第1項1号）。

(2) 資本と会社財産　(a) 会社財産の機能と出資の方式　会社財産には，会社にとっては営業資金確保のための営業財産としての機能と，会社債権者にとっては債権担保の責任財産としての機能とがある。

(イ) 合名会社にあっては，会社債権者に対する担保（責任財産）には社員の個人資産も含まれる（80条）ので，社員の出資は営業資金の確保が重視されるから，出資の時期も（設立時に限らない），出資の目的物も（金銭のほか労務・信用でもよい）自由に会社が決めることができる（80条1項・63条5号・89条）。

(ロ) 株式会社では，株主の出資による会社財産は，営業資金確保だけではなく，会社債権者のための責任財産を会社に確保する役割がある。そこで，会社財産を危うくするおそれのない金銭出資を原則とし（現物出資は例外（168条5号・280条ノ8）），出資者に会社設立前に（株主となる以前に）株式払込金全額を払い込ませて（170条1項・172条・173条ノ2・177条1項・184条・200条2項），会社に責任財産を確保させる。

(b) 資本と会社財産との関係　資本は会社財産と全く別個の観念である。資本（金）は，計算上会社内部になければならない金額であって，実際の会社財産とは必ずしも一致するものではない。欠損会社のように，資本金に相当する会社財産が現実に存在しないこともありうる。会社財産は会社事業の推移や

物価の高低等により変動するが、資本はそれにつれて増減することなく、新株の発行または資本減少など一定の法定の手続によって変更しない限り、一定している。

3.2 資本の三原則

(1) 資本充実・維持の原則　(a) 原則　資本は会社財産（とくに責任財産）を確保するための基準額であるから、会社は単に資本を定めて公示（登記）する（188条2項6号）だけでなく、これに相当する財産を現実に保有しそれを維持しなければならない。これを資本充実・維持の原則という。

(b) 資本の充実　会社の設立または新株の発行に、出資が確実に履行され、資本はそれを裏付ける財産によって実質的に充実されなければならない。たとえば、①発行価額全額の払込・現物出資全部の履行（27頁参照）、②額面株式の額面未満の発行禁止（202条2項）、③株主からの相殺の禁止（200条2項）、④現物出資の監督（173条ノ2・184条・280条ノ8）、⑤預合の規制（189条2項・491条）、⑥発起人・取締役の引受・払込の担保責任（192条・192条ノ2・280条ノ13・280条ノ13ノ2）などはその現れである。

(c) 資本の維持　資本の充実された状態は、その後も維持されねばならない。たとえば、①株式の消却は利益による場合または法定の減資手続による場合に限定（212条1項・222条1項）、②利益配当・中間配当等の会社財産の流出制限（288条—290条・293条ノ5）などがある。

(2) 資本確定の原則・資本不変の原則　資本の充実・維持を無意味にしないため、(a) 資本確定の原則は、会社の設立の時だけに限り、定款に記載された「会社の設立時に発行する株式」全部の引受が確定することを要するとする原則であり（166条1項3号・6号・3項・170条・177条）、いったん定めた資本額をみだりに減少することは許されない。(b) 資本減少は法定の厳格な手続による場合（375条以下）を除いては許されないとするのが、資本不変の原則である。

§3　株式会社法の沿革

わが国の会社制度に関する一般的規定は、明治23年（1890年）制定された旧商法（明治26法律31号）第一編第六章（明治26年7月1日施行）が最初のもので

あるが，明治32年に新商法（明治32法律48号）第二編の規定が制定され，これが現在の会社法の基本をなしている。明治44年（1911年）と昭和13年（1938年）とそれは大改正（法律48号，法律72号），また昭和13年には同時に有限会社法（法律74号）が制定された。第二次世界大戦後は，株式会社法につき部分的改正が頻繁に行われてきている。(a) 昭和23年（1948年）（法律148号）に株式分割払込制度をやめて全額払込制度が採用され，(b) ついで昭和25年（1950年）に，アメリカ法の制度を大幅に取り入れて，株式会社法の基本的制度に関し抜本的な大改正がなされた（昭和25法律167号）。しかし，この昭和25年改正法にはさまざまな批判がよせられ，(c) 昭和30年（1955年）に緊急を要する若干の改正（法律28号）が，また(d) 昭和37年（1963年）には株式会社の計算規定の改正を中心とする改正（法律82号）が行われた。(e) 昭和41年（1967年）には実務界の要望にもとづき，①株式の譲渡制限や②記名株式の裏書の廃止等に関する改正（法律21号・22号・23号）が行われ，③株式会社は大中小の三形態に分けられた。その後，一部企業の倒産や不正行為を契機として企業の社会的責任の強化と実体に即した法規制をなすべきであるとの世論を受けて株式会社法の全面改正の必要が議論の的となり，(f) 昭和56年（1981年）には，株式，期間および計算・公開の各制度にわたる大規模な改正（法律74号）がなされた。

　これに引続き，わが国会社法制上かねてからの懸案であった大小会社の区分の問題を中心とする立法が検討され，(g) 平成2年（1990年）に①最低資本金制度の採用，②一人会社の許容を始め，③株式会社法・有限会社法における設立，株式・持分，計算，社債，組織変更，職務代行者選任等の仮処分など多くの事項に亘る改正が行われた（平成2法律64号）。

　(h) 平成3年（1991年）の日米構造協議における米国側の要求および同年に発覚した証券・金融不祥事が契機となって，(i) 平成5年（1993年）には，①株主代表訴訟や②帳簿閲覧権の強化のほか，③監査役任期の伸長，④大会社における監査役員数の増加・社外監査役の導入・監査役会の法定等の監査役制度の充実がはかられるとともに，⑤社債発行限度の規制廃止・社債管理会社の設置強化等社債制度の全面的な見直しが行われた。

　(j)　さらに，平成6年（1994年）には自己株取得禁止原則が緩和され，①使用人へ譲渡するための自己株式の取得，②利益消却のための自己株式の取得，

および株式譲渡の制限を定款に定めているいわゆる閉鎖会社について，④先買権者としての自己株式の取得，⑤株主の相続人からの自己株式の取得を認めている。

(k) 平成9年（1997年）には，会社をめぐる社会情勢にかんがみ，ストック・オプション制度の整備を図るため，株式会社について新たに①取締役に譲渡するための自己株式の取得と②取締役または使用人に対する新株引受権の付与を認めたほか，会社の合併手続の簡素合理化と合併に関する情報開示の充実を図って，③報告総会と創立総会の廃止，④存続会社における合併契約書承認総会の省略と株式買取請求権の承認，⑤債権者に対する個別催告の省略，⑥合併会社の事後開示制度の創設，⑦有限会社同士の合併による株式会社の設立，株式会社同士の合併による有限会社の設立などを定めている。(l) 平成11年（1999年）には，完全親会社（持株会社）創設のため，株式交換，株式移転の制度が創設され，会社計算の適正化を図るため金銭債権等につき時価評価が可能とされた。

(m) 平成12年（2000年）には，会社組織の再編成を容易にし，国際的競争力を高めるため，会社が営業の全部または一部を他の会社に承認させる会社分割制度が創設された。なお，今後会社法の全般にわたって多数の事項について法改正が予定されている。

§4　株式会社の起源と立法の変遷

現株式会社の起源は17世紀初頭にイギリス・オランダ・フランスで，いわゆる植民会社として設立された東インド会社にあるとされている。これらの会社は，東インド地域における海上貿易から始まり，陸上の銀行・保険の事業まで活動範囲を広げていった。イギリス東インド会社は，1657年のクロムウエル革命以降出資者の出資額に応じ，総会における投票により，決議する資本多数決別による民主的な会社経営を実現し，近代的株式会社の起源となった。

株式会社制度は，多くの変遷を経てきている。当初の株式会社は，イギリスで国王のチャーター（特許状）により設立され，東インド全域の貿易の独占権を付与されていた。この頃設立された特許会社（チャータード・カンパニー）

の多くは，王室・国庫への財政的寄与の評価として特許状を与えられ，国家主権の一部行使も許され，その組織も定められたが，これを会社法に取り入れたことはなかった19世紀のフランス革命の後，1807年フランス商法において初めて株式会社に関し一般的規定を設け，その設立につき免許主義をとると同時に，その組織も民主化された。その後の諸国の商法は次第に詳細に規定するようになった。産業革命後，資本主義の発達に伴い，株式会社は増加するとともに，会社設立につき，いちいち免許をとるのでは経済の要求に応じえないので，19世紀後半になって諸国は，相次いで準則主義に移った。わが国の現行会社制度は，明治維新後に先進国から輸入されたものである。

第2章　株式会社はどのようにして設立するか

§1　設立手続の概要（設立行為のプロセス）

1　会社の実体形成手続と法人格の取得

　株式会社を設立するには会社の実体としての団体を形成し、その団体が法人格を取得することが必要である。それには先ず発起人が団体の根本規則である定款を作成し、原始株主が株式を引き受け、出資を履行し、さらに会社の取締役・監査役を選任する。このように定款の作成・構成員の確定・資本の形成・機関の具備という一連の手続により段階的に会社の実体が形成される。しかしそれだけで当然に会社になるのではなく、設立登記により法人格を取得することによって初めて会社は成立する。

　また、株式会社の設立方法には、発起人だけが原始株主となる発起設立と、発起人以外の者も原始株主に加える募集設立の二通りがある。定款を作成し、発起人が株式を引き受けることは、発起設立と募集設立に共通であるが、それ以後の手続については両設立で異なる。募集設立では、発起人以外の原始株主の募集、創立総会の開催が必要なので、発起設立よりも手続が複雑となる。

　以上のような定款の作成から設立登記に至るまでの一連の手続的行為を、設立行為という。

> **コラム　特殊会社・営業の免許**
> 　NTTや関西国際空港株式会社のような特殊会社については、会社ごとに特別法によって設立を認める特許主義がとられている。なお、電力・ガス・交通・金融などの公共の利益に重大な関係のある事業は、特別法により営業の免許を必要とするが（銀行4条、保険1条）、これは設立免許とは異なる。

2 準則主義

商法は株式会社の設立については，準則主義を採用している。これは，商法があらかじめ定めた設立に必要な一定の要件を満たしているときには，官庁の免許などを必要とせず，当然に法人格を取得するというものである。

§2 発起人と発起人組合

前述のように，株式会社は設立登記によって成立するが，その実体は一挙に形成されるものではなく，設立に必要な種々の行為（設立行為）がなされなければならない。ところで，株式会社は大規模企業のための法形態として予定され，多数の者の出資によって形成されているので，株主となるべき者全員がこの設立手続に参加するわけではなく，これは発起人という特別の地位を設け，この者に特別の報酬を与えると共に特別に厳重な責任を負わせて，設立行為を進めさせる。

1 発起人とは

株式会社の設立は，発起人という設立企画者によって行われる。商法上，発起人とは定款に発起人として署名した者であり（166条1項），実際に会社の設立の企画に関与していたかどうかは問題としていない（大判昭7・6・29民集11巻12号1257頁）。したがって，実際に設立企画に関与しても発起人として定款に署名しない者は法律上発起人とされない。このように発起人の意義を形式的に解するのは，発起人が設立につき一定の権限と厳重な責任を負うことから，その範囲を明確にするためである。

発起人の資格については別段制限がなく，未成年者やその他の無能力者や法人も発起人になることができ，その国籍も問わない。

発起人の員数については定めがない（165条。なお，平成2年改正前商法165条では7人以上とされていたが撤廃された）ので，1人でもよい（一人会社）が，少なくとも1株の株式を引き受けなければならない（169条）。

> **コラム** 一人会社
>
> 平成2年の改正商法は，発起人の員数を7人以上とするとの旧規定を削除

して，発起人は1人でも足りることとした。したがって，1人の発起人が設立当初発行株式の全部を引き受けて会社を設立すること，すなわち一人会社を設立することも可能となった。そこで，一人会社の存続も設立もともに認められる結果となったのであるが，そうすると，一人会社が株式会社の社団性（52条1項）と矛盾するのではないか，という問題を生ぜしめることになる。この点は，株式会社の社団性も絶対的なものではなく，原則的ないし通例的なものにとどまると解するほかはないと考えられる。

2 発起人組合

発起人が2人以上で会社を作ろうという共通目的がある場合には，設立手続に先立って会社の設立を目的とする発起人組合（民法上の組合（民667条））が形成される。この組合契約に従い，設立する会社の定款の内容や会社の組織・財産を決め，定款の作成その他会社設立に必要な行為をする。こうして会社の実体が徐々に形成される。これらの会社の設立行為は，発起人組合から見れば組合契約の履行行為になる。

§3　定款の作成（会社の根本規則は誰が作成するか）

1 定款の意義

最初の定款（原始定款）は発起人が作成しなければならない（165条）。定款とは，実質的には会社運営のための自主的なルール，すなわち会社の組織・活動に関する根本規則を意味する（この根本規則を記載した書面をも定款という）。定款には発起人の署名または記名捺印が必要であるほか，公証人による認証を受けなければ効力を生じない（167条）。定款の成立および内容を明確にし，後の紛争や不正を防止するためである。

2 定款の記載事項

定款の記載事項は，その法的効力により絶対的記載事項，相対的記載事項および任意的記載事項の3つに分けられる。

2.1 絶対的記載事項

定款に必ず記載されなければならない事項で，商法166条1項に列挙されている。その1つでも記載を欠いたり，違法な記載があると定款全体が無効とな

り，したがって会社の設立もまた無効となる。

　(1)　目的　　会社の営もうとする事業目的であり，その事業内容を具体的に知りうる程度に，正確にかつ特定して記載することを要する。

　(2)　商号　　会社の名前（社名）であり，その商号中には「株式会社」という文字を使用しなければならない（17条）。

　(3)　会社が発行する株式の総数　　会社が将来にわたって発行を予定している株式の総数のことである。発行予定株式を設立の際すべて発行する必要はなく，会社の設立時の発行株式数を除いた残余の株式（未発行部分）の発行権限は取締役会に与えられている（280条ノ2第1項）。これを授権資本とか授権株式数という。

　(4)　額面株式を発行するときはその1株の金額　　額面株式とは，1株の金額（券面額・額面・株金額ともいう）の定まった株式であり，その金額は均一であることを要し（202条1項），設立に際して発行する額面株式の1株の金額は5万円以上でなければならない（166条2項）。

　(5)　会社の設立に際して発行する株式の総数ならびに額面・無額面の別および数　　成立すべき会社の資本的基礎と成立後の新株発行に関する取締役会への授権の範囲を明確にするものである。設立時に発行する株式の総数は，(3)の会社が発行する株式の総数の4分の1を下ることができない（166条3項）。取締役会の新株発行の権限（280条ノ2第1項本文）を過大にしないためである。また，設立の際発行する株式の総数のほか，額面・無額面の別と数をも記載させる。これは，額面株式については(4)の1株の金額に，この数を乗じた金額が資本となり，無額面株式については少なくとも5万円（168条ノ3）に，この数を乗じた金額が資本となるから，この記載によって，定款で設立当初の最低資本額が明らかとなる。

　(6)　本店の所在地　　株式会社の主たる営業所である本店が所在する独立最小行政区画，すなわち市町村（東京都の場合は区）であり，場所（地番）の記載は必要ない（188条2項2号対照）。

　(7)　会社が公告をなす方法　　株式会社には公告を要することが多いが（224条ノ3第4項・280条ノ3ノ2・280条ノ4第2項・283条3項・328条など），その公告をあらかじめ株主その他の利害関係人に徹底させるため，公告の方法を

定款に記載させ，しかも官報または時事に関する事項を掲載する日刊新聞紙を指定することを要求する（166条4項）。

(8) **発起人の氏名および住所** 誰が発起人であるかを識別するために必要な記載事項であるから，同一性を認識しうるかぎり住所は必ずしも記載しなくてもよい（大判昭8・5・9民集12巻12号1091頁）。

2.2 相対的記載事項

相対的記載事項とは，定款に記載しなくても定款自体の効力に影響はないが，定款に記載しないとその効力が生じない事項である。このような事項は商法の各所に規定されており，たとえば株式の譲渡制限（204条1項但書），数種の株式（222条2項），端株主の権利（230条ノ5），議決権のない株式（242条1項）など多数ある。とくに商法168条1項は，会社の設立に重大な関係がある事項で濫用の危険性が大きいものとして，いわゆる変態設立事項（危険な約束）すなわち，発起人が受けるべき特別の利益，現物出資，財産引受，発起人の受けるべき報酬および会社の負担に帰すべき設立費用を列挙している。これらを定めたときには，裁判所の選任した検査役による調査を受ける必要があり，その結果が不当と判断されると定款の変更が強制される（173条・181条・185条）。

(1) **発起人の特別利益**（168条1項4号）は，会社設立企画者としての功労に報いるために発起人に与えられるもので，たとえば，利益配当・残余財産の分配・新株引受に関する優先権や会社施設の利用権などである。これらが変態設立事項とされるのは，発起人のお手盛りを防止するためである。

(2) **現物出資**（168条1項5号）は，金銭以外の財産をもってする出資で，たとえば，動産・不動産・債権・有価証券などの他，特許権・商標権・著作権・ノウハウなどの知的財産権（無体財産権），あるいは営業の全部または一部も現物出資の対象となりうる（労務や信用による出資は認められない）。

(3) **財産引受**（168条1項6号）は，発起人が設立中の会社のために会社の成立を条件として，第三者から，営業所・工場の建物・敷地・原材料など事業に必要な財産を譲り受ける契約である。

(4) **発起人の報酬**（168条1項7号）は，発起人が会社設立のために尽くした労務に対する報酬である。これは(1)の特別利益と異なり，金銭で一時に支払われる。変態設立事項とされるのは，発起人によるお手盛りを防ぐ趣旨である。

(5) 設立費用（168条1項8号）は，たとえば，定款および株式申込証の印刷費，株主募集の広告費，払込取扱銀行への委託手数料，設立事務所の賃借料や事務員の人件費，創立総会の招集費用など，会社の設立に必要な行為から生ずる費用である。ただし，公証人の定款の認証（167条）手数料および株式払込取扱銀行（170条2項・177条2項・175条4項・2項10号）に支払うべき報酬（168条1項8号但書），ならびに設立登記（188条）のための登録免許税は，定款に記載がなくとも会社が負担できる（168条1項8号但書・286条）。

2.3 任意的記載事項

これは，文字どおり定款に任意に記載しうるにすぎない事項である。したがって，その記載を欠いても定款自体が無効になることもなければ，その事項の効力が生じないということもないが，いったん定款に記載されると，その事項は自治法規として株主および会社を拘束する。たとえば，定時株主総会の招集時期，株主総会の議長，取締役・監査役の員数，営業年度などがある。

3 株式発行事項の決定

会社が設立に際して発行する株式の総数，額面・無額面の別および数ならびに額面株式を発行するときの1株の金額については，株式に関するもっとも基本的な事項であるから，定款で定めなければならない（166条1項6号・4号）。これに対し，これ以外の事項（割当先・割当株式数など）は，発起人の多数決によって決定すればよい（民670条）が，次の3つの事項は，とくに重要な事項であるので，発起人全員の同意が必要とされる（168条ノ2）。

(1) 株式の種類および数（168条ノ2第1号）（定款で種類株式（優先株式・転換株式・無議決権株式など）の発行を定めている場合には，どの種類の株式をどれだけ発行するか（222条））。

(2) 株式の発行価額（168条ノ2第2号）（会社の設立に際して発行する株式によりどれだけ出資してもらえるか）。

(3) 株式の発行価額中資本に組み入れない額（168条ノ2第3号）（(2)の価額のうちどれだけを資本金とするか，換言すれば資本に組み入れない払込剰余金をどれだけにするか）。(2)の全額を資本に組み入れるのが原則であるが，額面株式については券面額を超える部分，無額面株式については5万円を超える部分で，額面株式・無額面株式のいずれについても，その発行価額の2分の1を

超えない額なら資本に組み入れないで資本準備金として積み立てることができる（284条ノ2第1項・2項）。

§4　設立の過程

定款の作成，株式発行事項の決定に続き，その後資本の形成その他の手続がなされることになる。それには，発起設立と募集設立の2つの方法がある。

設立手続の概要

```
                        発起人
                          ⇩
                    定款の作成（§166）
                    定款の認証（§167）
                          ⇩
                株式発行事項の決定（§168ノ2）
〔発起設立〕                              〔募集設立〕

発起人の株式全部引受（§169）          発起人の株式一部引受（§169）
                                      残部について株主募集（§174）

払込・現物出資の給付（§170・§172）        株式申込（§175）

                                      株式割当（§176）

取締役・監査役の選任（§170-1）       払込・現物出資の給付（§177）

         ────→〔変態設立事項（§168）を定めた場合〕←────
                    検査役の調査（§173-1・§181-1）
                検査役の調査不要の場合（§173-2・3）

                 裁判所への報告（発起設立）（§173-4）
                 創立総会への報告（募集設立）（§181-3）

取締役・監査役による                  創立総会（§180）
設立過程の調査（§173ノ2）            （発起人の報告§182）
                                     （取締役・監査役の選任§183）
                                     （取締役・監査役による設立
                                       過程の調査§184）

              変更がない場合    変更の場合
                             （§173-4・§185）

                          定款変更    引受の取消
                         （§173-5後）（§173-5前）

                          設立登記（§188）
```

出典：本間輝雄編・新会社法教室48頁。

1 発起設立

1.1 発起人による株式総数の引受

発起設立の場合は，発起人だけで会社の設立に際して発行する株式の総数 (166条1項6号) を引き受ける。発起人の株式引受は，後日の紛争を防ぐために，書面（株式引受証）によらなければならない（169条）。この書面は株式申込証（175条）のような別段の方式は必要でない。口頭による引受は無効である。

1.2 出資の履行

発起人は，設立に際し発行する株式総数を引き受けたならば，払込期日までに各株式について遅滞なくその発行価額の全額を払込み（全額払込制），分割払込は認められない。また，現物出資の目的物の全部を給付することを要する（170条1項・172条）。

(1) 株式の払込は，発起人の不正行為を防止し払込を確実にするために，あらかじめ定めた株式払込取扱機関たる銀行または信託会社で行わなければならない（170条2項）。払込を取り扱った銀行または信託会社は，発起人または取締役の請求があれば，払込金の保管に関し証明をなすことを要し，いったん証明をすると払込がなかったとか返還に関する制限があると主張して，会社に対抗することができない（189条1項）。この保管証明書は，設立登記の際の添付書類となる（商登80条10号）。

(2) 現物は払込期日までに給付しなくてはならないが，登記・登録などは会社成立後でもよい（172条）。

1.3 取締役・監査役の選任

発起人は，出資の履行がなされたら，遅滞なく取締役および監査役を選任しなければならない（170条1項）。発起人は引き受けた株式1株につき1個の議決権を有し，その議決権の過半数をもって，取締役および監査役を選任する（170条3項）。最初の取締役の任期は1年を超えることを得ず（256条2項），最初の監査役の任期は就任後1年内の最終の決算期に関する定時総会終結の時までである（273条2項）。選任された取締役は取締役会を開いて代表取締役を選任する（261条1項）。

1.4 設立過程の調査

以上の設立手続が済むと，最後に設立過程が適法に行われたかどうかの調査

を受ける必要がある。調査は、会社の基礎財産が確実に形成されたか、発起人に違法行為がなかったか、についてである。

(1) 取締役・監査役の調査　取締役・監査役は、①会社の設立に際し発行する株式総数の引受があったかどうか、②引き受けられた株式につき払込があったかどうかを調査し、③調査により法令定款に違反しまたは不当な事項があると認めるときは、各発起人にその旨を報告しなければならない（173条ノ2第1項2号3号・第2項）。是正措置を促すためである。

(2) 検査役による変態設立事項の調査　(a) 変態設立事項が定款に定められたときは、取締役はそれを調査させるため検査役の選任を裁判所に請求しなければならない（173条1項）。裁判所は、検査役の調査報告を受けて変態設立事項が不当であると認めた場合は、不当な定款に変更を加えて各発起人に通告することができ（173条4項）、この変更に不服の発起人は、その株式の引受を取り消すことができる（173条5項前段）。株式引受の取消により生じた未引受株式については、他の発起人が引き受けるか、またはこれに相当する株式数を設立時の発行予定株式総数から減じるなど必要な定款変更を行って、設立手続を続行することができる（173条5項後段・173条6項参照）。

(b) 検査の免除　現物出資・財産引受の場合に、目的財産が少額のもの、取引所の相場のある有価証券であるときには、検査役の調査を省略できる（173条2項）。また、目的財産が不動産であり弁護士の証明で代替した場合も同様である（同条3項）。これらの場合には、①取締役・監査役が定款記載額が相当か否か、②現物出資の給付の有無、③弁護士の証明書を調査し（173条ノ2第1項1号・3号）、法令定款違反、不当事項があれば各発起人に通告し、是正を促す（同条2項）。

2　募集設立
2.1　株主の募集

募集設立による会社設立には、まず設立に際して発行する株式の一部を発起人が引き受け、残りの株式については株主を募集する（174条）。募集方法には、公募でも縁故募集でもよいが、株式申込人を保護するため、また、多数の者による株式申込を簡便に処理するため、発起人は会社の組織の大綱と申込条件等の法定要件を記載した株式申込証を作成し、これにより株式の申込をさせなけ

ればならない（175条）。さらに，公募の場合には，一般投資家保護のために大蔵大臣への届出と目論見書の作成交付が義務づけられている（証取4条以下）。

2.2 株式の申込

(1) 株式申込証による申込　募集に応じて株式の申込をする者は，株式申込証に自己の引き受けようとする株式数，住所等，所定の事項を記載して行わなければならない（175条1項・2項・3項）。株式申込証によらない株式の申込は無効である。株式申込（ないし引受）は団体の構成員となるための意思表示であるから，申込が無効・取消となると，会社の設立時に発行する株式総数の引受がないこととなり，会社の不成立または成立無効となって，会社の設立に重大な影響を及ぼすことになる。そこで，申込の効力を確保するために，商法は次のような制限を設けている。

(2) 株式申込と民法一般原則　心裡留保による株式の申込は，相手たる発起人がそのことを知っている（悪意）場合でも，申込は無効にならないとしている。つまり，民法93条但書は適用されない（175条5項）。また，株式引受人が創立総会に出席して権利を行使したとき，または会社の成立後は，株式の引受について錯誤による無効（民95条），詐欺または強迫による取消（民96条），株式申込証の要件が欠けていることを理由とする無効の主張はできない（191条）。ただし，無能力または詐害行為を理由とする取消は制限されない。

なお，株式の申込をAが仮設人または他人Bの名義でなしたときも，割当があれば申込人Aは引受人として払込義務を負い，その他人Bが名義の使用を許したときはその他人BもAと連帯して払込義務を負う（201条）。

2.3 株式の割当・引受

(1) 割当の自由　募集株式総数について申込があると，発起人は特定の申込人に株式を引き受けさせるかどうか，また何株引き受けさせるかについて決定する。株式の割当は，申込株式数や申込数にとらわれず，発起人が適当と思う者に対して自由になすことができる。これを「割当自由の原則」という。

(2) 株式の引受　割当により株式の引受が確定し，株式申込人は株式引受人（株主の前身）となり，割り当てられた株式について払込義務を負う（176条）。

2.4 出資の履行

(1) 株式の払込・現物の給付　設立に際し発行する株式総数の引受があっ

たとき，発起人は払込期日を定め，株式の発行価額の払込および現物出資の給付をさせなければならない。これについては，発起設立の場合とほぼ同様である（177条）。払込取扱銀行または信託会社および払込を取扱う場所（本支店など）は，株式申込証の記載事項とされる（175条2項10号・4項）。払込取扱機関の変更や払込の保管替えには裁判所の許可が必要である（178条）。

(2) 失権手続　株式引受人の払込が遅滞したときには，発起人は強制執行の方法で払込を強制することができるが，これでは会社の設立が迅速にできないため，「失権手続」が認められている（179条）。すなわち，発起人は一定の期日を定め，その期日までに株式の払込がなされないときには，その権利を失うべき旨を通知し（失権予告付催告），この通知にもかかわらず株式引受人が期日までに払込を行わないときには，その引受人を失権させて，その株式について他に引受人を募集することができる。なお，新株発行の場合は払込懈怠によって当然に失権する（280条ノ9第2項）。

(3) 申込証拠金　商法は株式の申込に対し割当てがなされ，次いで発行価額全額の払込がなされることを予定しているが，実際には，株式の申込と同時に申込株式について発行価額の全額を「申込証拠金」として払い込むのが商慣習である。申込証拠金は，株式の申込に対して割当がなされたときはその払込に充当され，割当がされないかまたは会社が不成立に終ったときは，申込人に返還される。割当後に引受人が払い込まないため失権することもなくてすむ。

2.5　創立総会

(1) 招集・決議　株式の発行価額全額の払込および現物出資全部の給付がなされたときは，発起人は遅滞なく創立総会を招集しなければならない（180条1項）。創立総会とは，会社成立後の株主総会の前身的存在であって，株式引受人によって構成される設立中の会社の決議機関である。したがって，商法は創立総会の招集手続や運営（招集通知・招集地・議決権・議事・決議の瑕疵など）について，株主総会に関する規定を準用する（同条3項）。

ただし，創立総会における決議方法は特に慎重を期すため，株主総会の特別決議（343条）よりはるかに厳格である。創立総会の決議は，出席した株式引受人の議決権の3分の2以上で，かつ引受のあった株式総数の過半数にあたる多数をもってしなければならないとしている（180条2項）。

(2) 創立総会の権限　この権限は、会社の設立に関する一切の事項に及び、必ずしも法定の事項に限られるものではない。商法上規定されているものとして、以下のようなものがある。
(a) 発起人から会社の創立に関する事項（設立経過の概要）の報告を受ける（182条）。
(b) 取締役・監査役を選任する（183条）。
(c) 取締役・監査役による設立過程の調査報告を受ける。

取締役・監査役は、発起設立の場合と同じ事項（39頁1.4(1)①②③）を調査し、その結果を創立総会に報告し、総会が報告を了承することで総会は終結する。定款に変態設立事項の定めがあるとき、それに関する検査役の報告書を調査し意見を創立総会に報告する（184条2項）。検査役の調査が免除されるときは、発起設立の場合と同じ事項（39頁1.4(2)(b)①②③）を調査し、結果と意見を創立総会に報告する（184条1項・2項）。変態設立事項を不当と認めたときは、これを変更することができる（185条）。
(d) 必要があれば定款を変更または設立の廃止を決議することができる（187条）。

§5　資本充実のための法規制

　会社は設立により新しく権利義務の主体となるが、見せかけに実体が伴わないため取引の相手方に不測の損害を与えぬよう、資本の充実をはかる必要が大きい。商法は種々の規制を設けて、会社資本の充実をはかっている。
　たとえば、前述したように、株式申込に心裡留保の不適用（175条5項）、株式引受の無効・取消の制限（191条）、株式払込の相殺禁止（200条2項）、額面株式の券面額未満の発行禁止（202条2項）、払込取扱銀行の保管証明（177条2項）、変態設立事項について裁判所選任の検査役による調査（173条）などのほか、以下に述べるような方策がとられている。

1　株式の仮装払込

　株式の払込は現実になされなければならないが、実際には払込が仮装されることが少なくない。殊に個人企業を株式会社にする、いわゆる法人成りの場合

に仮装払込が多い。払込の仮装方法には，預合と見せ金の2種類がある。
1.1 預　　合
　預合（あずけあい）とは，発起人が払込取扱機関から資金を借り入れてこれを株式払込金として会社名義の預金にすると同時に，この借入金を返済するまでその預金を引き出さないという約束をするものである。この場合，借入金を株式払込金に当てること自体は問題ないが，払込金が会社成立後も引き出せないのであれば払込がなかったのも同然であり，会社の資本充実が著しく害される。そこで，商法は，払込取扱機関が払込金の保管を証明したときは，払込がなかったとか払戻をしない約束があるという理由で設立後の会社による払込金の返還請求を拒むことができないものとし（189条2項），同時にこのような預合をなした発起人にも，これに応じた払込取扱機関にも刑罰をもって対処している（491条）。
1.2 見　せ　金
　見せ金とは，発起人が払込取扱機関以外の金融機関から資金を借り入れて株式の払込に当て，会社設立後これを払込取扱機関から引き出して借入先に返済するという方法である。このような見せ金は，形式的には実際に金銭の移動による払込があり，その個々の行為はすべて適法なものであるから，これを有効と解する見解もあるが，判例・多数説は，会社資本が充実されない点では預合と実質的には同一であり，当初から仕組まれた仮装の払込であるから，無効であるとしている（最判昭38・12・6民集17巻12号1633頁）。

2　現物出資
2.1　規制の必要な理由
　現物出資は，出資の目的物が金銭以外の財産であるほかは，一般の金銭出資と異なるところがなく，出資に対して目的物の評価額に応じた株式が発行される。ところが，その評価が難しく目的物が過大に評価されて不当に多くの株式が現物出資者に与えられた場合には，株式を額面以下で発行したのと変わりがなく，見せかけの資本を形成し会社資本の充実を害して会社債権者に損害を及ぼすだけでなく，他の金銭出資者の利益をも害することになる。そのため商法は，現物出資について定款に詳細な定めをなすことを要し，かつ厳重な調査を行うこととしたのである（173条・181条・185条）。

§5 資本充実のための法規制　45

2.2 規制の方法

①現物出資は，発起人に限ってなしうる（168条2項）。過大評価や不履行の危険のある現物出資は，発起人として重い責任を負う者だけに認める。②定款の記載事項である（168条1項5号）。現物出資内容を明確にし，開示させるため，定款に記載のない現物出資の効力は認めない。③出資財産の総額が500万円以下でも資本の20%を超えるならば検査が必要である（173条2項前段）。④検査役が出資内容不当と報告すると，発起設立では裁判所が変更を命じ（173条4項），募集設立では創立総会が変更する（185条）。⑤現物出資の給付がないときは，発起人・取締役はその価額の支払義務を負わされる（192条2項）。

3 財産引受・事後設立

3.1 規制の必要な理由

現物出資の場合は，出資者が金銭以外の財産を出資する対価として株式を取得するのに対して，財産引受の場合は，金銭以外の財産が提供されることには変わりはないが，それは出資ではないため，対価として取得するのは株式ではなく，譲渡人は株主とならない。この点で両者は区別されるけれども，目的物が過大に評価される危険性の点では，財産引受も現物出資と異なるところがなく，これを放任すると現物出資の潜脱行為として濫用されるおそれが多い。

3.2 規制の方法

財産引受も現物出資と同様の規制（前出2.2②③④）の下に置かれている。

3.3 事後設立

(1) 意義　会社成立前から存在する財産で営業のために継続して使用するものを，会社成立後2年内に，資本の20分の1（5%）以上の対価で取得する契約をいう。

(2) 規制の必要な理由　会社成立後の財産取得契約は取締役が業務執行としてできるのは当然であるが，会社成立直後になされる財産取得契約は現物出資や財産引受の厳重な規制を回避する目的で行われる危険性が高い。

(3) 規制の方法　株主総会の特別決議および裁判所の選任する検査役の調査を要求される（246条1項・2項）。

4 その他の変態設立事項

会社に負担させる設立費用，発起人の特別利益・報酬についても，会社の資

本充実をはかるため他の変態設立事項と同じく，裁判所の選任する検査役の調査が定められている。

§6 設立登記

　株式会社の設立手続は設立登記によって完了し，法人としての会社が成立することになる（57条）。すなわち，会社の実体がいかにできあがっていても，設立登記を行うまでは法人格は認められず，権利能力を有しない。

1　登記手続

　発起設立の場合は設立経過の調査終了の日，募集設立の場合には創立総会の終結の日または定款変更の手続終了の日から，それぞれ2週間以内に，本店所在地において法定の事項を登記しなければならない（188条1項・57条）。登記事項は定款所定事項と同じではない（たとえば，本店・支店の場所（番地），資本の額，取締役・監査役の氏名，代表取締役の氏名・住所など）。登記の申請者は会社の代表取締役であり，定款その他の法定の書類を添付して登記申請する（商登92条・55条1項・80条）。

2　登記の効果

　(1)　登記の効果　　これにより，会社は法人格を取得するので，それまでに発起人が設立中の会社の執行機関としてなした行為によって取得した権利義務は成立後の会社に帰属する。そして，株式引受人は株主となり，発起人はその任務を終了し，それ以降の業務は取締役に引き継がれることになる。

　(2)　付随的な効果　　このほか，設立登記の付随的効果として，次のような効果が発生する。株式引受人は，錯誤もしくは株式申込証の要件の欠缺を理由にその引受の無効を主張し，また詐欺もしくは強迫を理由にその引受を取消すことはできない（191条）。会社成立前は，投機の濫用を防ぎ会社設立を確実にするために，株式引受人たる地位（権利株）の譲渡は当事者間では有効であるが，会社に対しては効力を生じないとされるが（190条），この制約が登記によって解除される。また，会社は成立するまでは株券を発行できないが（226条2項），これを発行できるようになり，また遅滞なく発行しなければならない（同条1項）。なお，設立登記の登記事項に変更が生じた場合は，その都度，

変更の登記を行わなければならない（188条3項・67条）。

§7　設立中の会社と発起人の権限

1　設立中の会社

1.1　設立中の会社の概念

　会社の設立過程においては設立に必要な行為はすべて発起人が行うが，登記前だから法人格が認められないため，設立行為によって取得された権利義務は発起人に帰属するしかない。とすると，会社の成立した段階でこれらの権利義務をどのようにして会社に帰属させるか。現在，学説は，設立過程における権利義務関係が成立後の会社に移転することを説明するために，設立中の会社という理論を用いている。

　会社は，その設立登記によって成立することになっている（75条）。しかし，この登記によって突然に会社が成立するのではなく，すでにそれ以前にいわゆる設立中の会社が存在すると一般に考えられている。そして，それは単に事実上の存在ではなく，会社の設立を目的とする権利能力なき社団として，法律上の存在であるとされる。すなわち，それは未完成な会社として会社の胎児に相当し，次第に成長・発展して，最後に登記によって完全な権利能力を有する会社となるのである。したがって，それは発起人の組合的結合にすぎない発起人組合とも区別される。

1.2　設立中の会社の実体

　設立中の会社の成立・発展は通説によれば，まず，発起設立の場合には，発起人の定款の作成および株式引受によって設立中の会社が形成されるとともに，発起人はその構成員兼執行機関となり，株金の払込または現物出資の給付は構成員としての出資の履行であり，払込や給付の受領，取締役および監査役の選任は執行機関としての行為にほかならない。他方，募集設立の場合には，発起人の定款作成および発行株式の一部の引受によって同じく設立中の会社が成立するとともに（大阪地判昭32・12・24下民集8巻2459頁），発起人はその構成員兼執行機関となり，また株式引受人もその株式引受によってその構成員となるが，これらの株式引受人によって構成される創立総会は設立中の会社の決議機関た

る性格を有する。そして，設立中の会社は，完成された本来の会社と実質的には同じものであるから，前者に関する法律関係は当然そのまま後者に引き継がれ，そこに何ら特別の移転行為を必要としないのである。

2 発起人の権限

発起人の行為の効果が会社に帰属するのは，発起人が設立中の会社の機関としてその権限に属する行為をなした場合に限られる。それはどのような行為か。

2.1 会社の設立自体を直接の目的とする行為

発起人は，設立中の会社の機関として，定款の作成，構成員の確定（株式の引受・払込），創立総会の招集などの行為をする権限を有するのは当然である。

2.2 会社の設立に法律上および経済上必要な行為

設立事務所や創立総会会場の賃借，設立事務員の雇入，定款・株式申込証の印刷などの行為がこれにあたる。設立のために支出した設立費用（定款・株式申込証の作成費，事務所の賃借料，広告費など）は変態設立事項として，定款に記載された範囲内で，しかも検査役の検査を通った金額の限度で，最終的に会社に負担させることができる。

2.3 開業準備行為

会社が成立後すぐ営業を開始できるよう，土地・建物・設備を取得したり，原材料の仕入れや従業員を雇入れておくなどの行為を開業準備行為という。財産引受もこの一種であり，商法は厳格な規制（168条1項6号・173条1項）のもとにこれをなしうると定めているが，発起人にこの権限があることを前提にした規定であるかをめぐっては見解が分れている。

2.4 営業行為

成立後の会社が予定している営業に関する行為について，発起人が設立中の会社の機関としてこれを行う権限を有しないことは明らかである。①発起人が設立中の会社の名において権限外の行為をしたときは無権代理に準じて，その行為をした発起人は無権代理人として責任を負うことになるが，成立後の会社はこれを追認できる。②設立中の会社の機関の権限外の行為であっても，発起人組合の組合契約上許されている場合は，発起人組合には権利能力がないので，組合員たる発起人全員が責任を負うことになる。

3 発起人の取得した権利義務の成立後の会社への帰属の範囲

3.1 設立中の会社の存在範囲

設立中の会社はどの範囲でその存在が認められるか，換言すれば，発起人が設立中の会社の機関として取得した権利義務が，どの範囲において成立後の会社に当然に帰属するか。これについては見解が分れ，①前述の会社の設立自体を直接の目的とする行為にもとづく権利義務に限る，②会社の設立に法律上および経済上必要な行為にもとづく権利義務を含む，③開業準備行為にもとづく権利義務を含む，の三説が対立している。①説は設立中の会社の存在範囲をきわめて狭く限るもので，これでは設立中の会社を認める意味は乏しい。したがって，②説または③説が適切である。

3.2 財産引受と開業準備行為

財産引受は開業準備行為の一種である。商法168条1項6号は財産引受を定款に記載すれば会社の法律関係として効力を認めているから，財産引受は発起人の権限内の行為とみるべきか，が問題となる。前述①②説はこの問題を否定し，③説は肯定するが，結果において差異はない。

①②説によると，開業準備行為は発起人の権限外に属するが，財産引受は特にその必要性が大きいから，その要件が充たされたときは，例外的に発起人の権限内となる。

③説によると，開業準備行為は本来発起人の権限内の行為であるが，無条件にこれを許すと濫用の危険性が大きいので，財産引受の要件を充たすことが要求されるのである。①②③いずれの説をとっても，財産引受の要件を充たさない行為は，成立後の会社に帰属しない。

§8 設立関与者の責任

株式会社の設立は複雑であるため欠陥を伴うことも避けがたく，またそれを利用して多くの利害関係者を害するおそれがある。そこで，商法は設立過程の不正ないし違法を防止し，成立した会社の健全性を確保するため，設立関与者である発起人および会社成立時の取締役に対して厳重な罰則の制裁（486条以下）と重い民事責任を課している。

1 会社に対する責任

1.1 資本充実責任

①引受担保責任　会社の設立に際して発行する株式の中で，会社成立後なお引受のない株式または申込の取消された株式のある場合は，発起人および会社成立当時の取締役は共同してこれを引き受けたものとみなされる（192条1項）。②払込担保責任・給付担保責任　会社成立後なお払込のない株式または現物出資の給付のない株式のあるときには，発起人および会社成立当時の取締役は，連帯してその払込または給付未済財産の価額の支払をなす義務を負う（同条2項）。①と②を総称して資本充実責任とよぶ。

これらの責任は，資本充実の原則にもとづき商法が，とくに認めた無過失責任であって，株式の引受または払込もしくは給付の欠缺が発起人の過失によって生じたかどうかは問わない。また，これらの責任は総株主の同意をもってしても免除することができず，この責任にもとづく払込義務の追及は株主代表訴訟によることができる（196条・267条～268条ノ3）。

1.2 財産価格塡補責任

現物出資または財産引受の目的たる財産が著しく過大評価されていた場合は，発起人および会社成立当時の取締役は会社に対し連帯して不足額を支払う義務を負う（192条ノ2第1項）。これは，一定の場合に検査役の調査が不要となることに伴うもので，検査役の調査を受けたときは，現物出資者または財産の譲渡人でない発起人および取締役はこの責任を免れる（同条2項）。

1.3 損害賠償責任

(1) 発起人の責任　発起人は会社の設立に関して善良な管理者の注意をもってその任務を行うべきであり，それを怠った場合には，会社に対し連帯して損害賠償の責任を負う（193条1項）。この責任は過失責任であり，総株主の同意がなければ免除することができない（196条・266条5項）。また，会社が発起人の責任を追及しないときは，株主は代表訴訟を提起することができる（196条・267条）。

(2) 取締役・監査役の責任　取締役および監査役は会社の設立中は調査機関として設立経過の調査に関する任務を負っており，これを怠ると会社または第三者に対して損害賠償責任を負う（266条1項5号・266条ノ3第1項・277条）。

この場合発起人も責任を負うときには，発起人，取締役および監査役全員の連帯責任となる（195条）。

　2　第三者に対する責任

　発起人が会社の設立に関しその任務を怠った場合に，悪意または重過失があったときは，第三者に対しても連帯して損害賠償の責任を負う（193条2項）。ここにいう第三者とは，広く会社以外の者を指し，株式申込人，株式引受人または株主も含まれると解するのが通説・判例（大判昭2・2・10民集6巻1号20頁）の見解である。また，取締役および監査役も同様の責任を負う（266条ノ3第1項・280条）。

　この責任は，商法が第三者を保護するために，とくに認めたものであり，発起人の悪意または重大な過失が会社の設立に関する任務を怠ったことについて存すればよいという点で，一般の不法行為責任（民709条）とは要件を異にしている。この責任の性質については見解が分れるが，不法行為責任とは別個の法定責任と解するのが通説の立場である。

　3　会社の不成立の場合の責任

　以上述べた責任はいずれも会社が成立した場合における責任であるが，会社が不成立の場合，発起人は会社の設立に関してなした一切の行為について連帯して責任を負い，また会社の設立に関して支出した費用をすべて負担しなければならない（194条）。

　「会社の不成立」とは，設立手続が途中で挫折したため，設立登記までに至らず，会社が法律上も事実上も成立しなかった場合のことをいう。たとえば，設立に際して発行すべき株式のうちその多数が引き受けられなかった場合や，創立総会において設立廃止の決議（187条）がなされた場合等である。この点，設立登記がなされ，いったん会社が成立した後に無効原因により「設立無効」となる場合（428条）とは異なる。

　4　疑似発起人の責任

　実際に発起人ではなくとも，株式申込証，目論見書，株式募集広告その他株式募集に関する文書に，自己の氏名および会社の設立を賛助する旨（たとえば，賛助人・創立委員・賛成人など）の記載をなすことを承諾した者は，疑似発起人と呼ばれ，発起人と同一の責任を負う（198条）。これは，発起人らしい外観

を信頼した者を保護するための規定である。ただし，発起人と同一の責任を負うといっても，疑似発起人は発起人としての任務を持たないので，任務懈怠による会社および第三者に対する損害賠償責任（193条・186条・192条4項・182条ノ2第3項）は負わない。

§9　違法な設立（設立無効）と会社の不存在

1　設立の無効

設立登記が行われて株式会社がいったん成立しても，設立手続に瑕疵がある場合は会社の設立は無効になる。しかし，外見上会社が成立した後にその無効を一般原則に委ねて，いつでも，誰でも，またいかなる方法によっても無効を主張しうるものとすれば，法的安定性を著しく害することになり，会社と取引する第三者に不測の損害を与えることになる。そこで，商法は既成事実を尊重する立場から，提訴期間，提訴権者および無効主張方法を制限している。また，設立無効の判決が確定した場合には，判決の効果が第三者に及ぶとともに，過去に遡らない（428条）。

1.1　設立無効原因

設立無効の原因については商法上規定がなく，解釈によって決することになる。一般的には，会社の設立が，強行規定または株式会社の本質に反する場合は無効になると解される。具体的には，①定款の絶対的記載事項が欠けている，またはその記載が違法なとき，②定款に公証人の認証がないこと，③資本の額が1,000万円未満であるとき，④株式の引受・払込が著しく不足であるとき，⑤創立総会が招集されないとき，⑥設立登記自体が無効なとき，などである。

1.2　設立無効の訴え

上記のような無効原因があるときは，会社成立の日から2年内に，株主，取締役または監査役に限り，設立無効の訴えによってのみ，設立の無効を主張することができる（428条1項・2項）。これは，すでに活動を開始している会社の設立無効がむやみに主張されることを防止するためである。

1.3　無効判決の効果

(1) 原告勝訴の場合　　(a) 画一的確定（対世的効力）　　設立を無効とす

る判決が確定したとき，その判決の効果は本来当事者にしか及ばないはずであるが，第三者にも及ぶものとされ，以後は何人もこれを争うことはできない（428条3項・136条3項・109条1項）。これは，多数の社員や利害関係人と会社間の法律関係を画一的に確定するため，判決の既判力を当事者以外の第三者にも拡張したものである。

(b) 遡及効の否定（事実上の会社）　また，設立を無効とする判決は，会社，社員および第三者との間にすでに生じた権利義務関係に何ら影響を及ぼさない（428条3項・136条3項・110条）。本来であれば，会社の設立が無効となると会社は最初から成立していないことになり，会社をめぐる法律関係はすべてはじめに遡って無効となるはずである。しかし，これでは取引の安全を害するので，設立無効の判決が確定した会社をいわゆる「事実上の会社」として有効な会社と同視し，会社の解散の場合に準じて清算をしなければならないこととした（428条3項・138条）。

(2) 原告敗訴の場合　設立無効の訴えが棄却された場合には，その判決は民事訴訟の一般原則により，単に訴訟当事者間に効力を及ぼすだけである（民訴115条1項）。したがって，提訴期間であれば，他の者はさらに設立無効の訴えを提起することができる。

2　会社の不存在

(1) 会社の不存在とは，会社の実体が存在しないのに設立登記がある場合をいう。すなわち，手違いその他の原因で設立登記だけが行われたが，実際の会社の組織が全く存在しない（株式の払込や創立総会の開催等が全くない）場合である。会社の実体が存在しないのであるから，設立無効の訴えを提起するまでもなく，誰でも何時でも会社の不存在を主張することができる（大判昭12・9・2判決全集4巻896頁）。

(2) 「会社の不成立」とは会社の実体が存在するけれども設立登記がない場合であり，「会社の設立無効」とは会社の実体も設立登記も共に存在するけれども，そこに瑕疵ないし欠陥（無効原因）がある場合であり，会社の不存在とは区別される点に注意を要する。

第3章 株式とは何か、その譲渡はどのようになされるか

§1 総　説

1　株式とは
1.1　株式の意義
（1）株式と株主・株券　　株式とは、株式会社の構成員（出資者）である社員の法律上の地位をいい、この株式の所有者を株主という。株主は、株式会社に出資することによって、実質的には会社企業の共同所有者となるのであるが、会社が法人として会社財産や営業などの権利・義務の帰属点とされているため、株主は、法律的には会社に対して一定の法律関係ないし法律上の地位を有することになる。株主はその社員の地位にもとづいて、会社に対し利益配当請求権や議決権などの権利を有する（出資義務は、株主となる前の株式引受人の段階で履行しているので、株主となったときはもはやこの義務は負っていない）。この法律上の地位が株式にほかならない。一般に社団における社員の地位を社員権（持分）というのに対し、株式会社における株主の地位を株主権という。よって、株式は株主権を意味するといえる。なお、株主権を表章する（株主権と証券が結合する）有価証券を株券という。

（2）株式の実質的意味　　株式は、合名会社やその他の会社における社員の地位（持分）と基本的には同じであるが、均一に細分化された割合的単位の形をとっているのが特色である。これは、多数の者が会社に容易に参加することができ、しかも株式会社との法律関係を画一的に簡単な処理ができるようにするためと、株式を有価証券化して譲渡しやすくするためである。

（3）持分複数主義　　株主は、その有する株式の数に応じた数の社員の地位を保有することができ（複数持分主義）、利益の分配は持株数に応じ、株主総

会の議決権は1株1議決権の多数決による。人的会社において各社員が人格を単位とし出資額に応じた大きさの異なる1個の地位（持分）を有する（単一持分主義）のとは異なる。

(4) **株式の不可分性**　株式は割合的単位であるから，1個の株式をさらに細分化することは許されない。たとえば，1個の株式の半分を他人に譲渡することによって，0.5株ずつ所有するということは認められない。これを株式不可分の原則という。ただし，1株の100分の1の整数倍にあたる端数を端株（230条ノ2）といい，これには一定の権利が認められている（230条ノ4以下）。なお，株式を数人で共有することは差し支えない（株式の共有。203条参照）。

1.2 株式の本質的権利

(1) **社員権説**　株式の性質は，かつては債権あるいは物権と解されたが，今日では株式を社員たる地位と解するのが通説・判例の立場である。この説は，利益配当請求権などの自益権もまた議決権などの共益権も株式に含まれ，これらの権利を株主自身のために行使することができ，株式を譲渡すれば，当然これらの権利は譲受人に承継されると解するものである。

(2) **その他の説**　これに対して，社員権説を批判する社員権否認説や株式債権説などの学説が現れた。それらの学説は，株式会社における資本集中が進展して高度化すると，資本は巨大化し，それに伴い株式所有の分散が生じるので，いわゆる「所有と経営の分離」や「所有と支配の分離」という現象が起こり，株主の関心は会社経営への参加にではなく，もっぱら会社からの利益配当やキャピタル・ゲイン（株式の値上り益）にのみあるという傾向に注目して，それぞれに主張されている。

社員権否認説は，議決権などの共益権は，株主が株主総会という会社の機関たる資格において有する権限であり，株主が会社の構成員（社員）たる資格において有する権利ではないと説き，これら性質の異なる権利を包含する社員権の概念は認めることができないとする。この説では，株式とは自益権の総体を意味するにすぎないと説く。

株式債権説は，社員権否認説をさらに発展させ，株式とは利益配当請求権という社団法上の金銭債権であり，共益権は，あたかも国家における参政権のような公権と本質的には同じものであり，構成員（社員）としての資格にもとづ

き原始取得される一身専属的なもので，会社という団体の利益のために行使しなければならないと説く。他に，株式会社を営利財団法人と解し，株主は利益配当を受けるために会社に財産を出資した債権者にすぎず，株式とは，利益配当・利息配当請求権，残余財産分配請求権の3つを内容とする純然とした金銭債権であり，その他の権利はすべて株主の利益保護のために法が与えた権利であるとする株式財団説（株式財団論）もある。

1.3 株式の経済的効用と株式の流通

株式会社における社員の法律上の地位は，株式という均一に細分化された割合的単位の形をとる。そのために，株式会社では個性のない多数人の参加が容易になり，大資本を形成し大規模な事業を営むことができ，しかも多数の株主と会社との間の法律関係を画一的にかつ簡明に処理することができる。また，物的会社である株式会社では，会社債権者にとって，会社が保有する会社財産が唯一の担保となるため，資本維持の原則から株主が自己の出資金（株金）の払戻を会社に対して要求することは原則として禁じられている。しかし，株式という権利は株券という有価証券に化体されて（株主権が株券という有価証券に結合され），その円滑な譲渡が可能となる。また，証券取引市場の存在により，そのことは一層促進される。それにより，出資者である株主は会社に出資した財産を他の者から回収することができる（投下資本の回収）。以上のように，株主の投下資本の回収の途が確保されることと株主有限責任の原則（200条1項参照）とが相俟って，多数の者が容易に株式会社に出資することができ，株式会社は大規模な事業を営むことが可能となる。

2 株式と資本

2.1 株式と資本の関係

昭和25年商法改正前では，定款に資本の総額を定めるとともに額面株式の発行だけが認められていたため，資本金額は発行済株式の額面の総額とされており，株式は資本の構成単位であり両者は一体の関係にあった。しかし，昭和25年の商法改正では授権資本制度が導入され，また無額面株式の発行が認められた。無額面株式は券面額がないので，必ずしも株式は資本の構成単位ではなくなった。額面株式のみを発行する会社でも，新株（株式）の発行を伴わない準備金の資本組入（293条ノ2・293条ノ3），株式数が減少しても資本額が減少し

ない株式の利益償却（212条1項）や償還株式の償還（222条）などが認められたことから，株式と資本の関係は切断された。

さらに昭和56年の商法改正では，額面株式の場合にも資本組入額は発行価額とされたため（284条ノ2第1項），資本と株式との関係の切断は一層すすめられた。しかし，券面額は必ず資本に組み入れなければならないとされているので，券面額は資本額を算出する際の最低基準とされている（284条ノ2第2項参照）。そして平成2年商法改正では，資本とは無関係に株式を分割することができるものとされ（218条1項）たが，分割後の券面額に額面株式の総数を乗じた額（額面総額）は，資本の額を超えてはならないとした（218条2項）。以上のことからすると，資本の額が株金総額を常に上回ることを商法は要求していると解される。

2.2 株式の発行価額

会社は，その設立または成立後の新株発行の際に，額面株式と無額面株式のいずれか一方をまたは両方を発行することができる（199条）。ただし，会社設立の際には，額面株式も無額面株式も，発行価額が5万円以上でなければならない（166条2項・168条ノ3）。しかし，会社成立後における株式の発行価額は，こうした制約はないので，額面株式ならば，定款を変更して券面額を引き下げ，5万円未満の発行価額による新株の発行をしてもよい。また，無額面株式ならば，株式の時価で新株の発行ができる。したがって，会社成立後に株価が高騰したときには株式を分割して株価を下げることもでき，株式の時価が券面額を下回っているときには，新株として額面株式を発行することはできないが，時価で無額面株式を発行することにより資金を調達することができる。ただし，株式分割には1株当りの純資産額が5万円以上という制約がある（218条2項）。

なお，株式は，株主（社員）としての会社に対する法律上の地位を表すにすぎないので，額面株式であれ，無額面株式であれ，その権利の内容や株式自体の経済的価値には差異がない。

2.3 額面株式と無額面株式

(1) 額面株式　額面株式とは，額面のある株式である。すなわち，定款に1株の金額（額面・券面額・株金額）の定めがあり（166条1項4号），かつ，株券に1株の金額が記載されている株式である（225条4号）。額面株式は，い

ずれの時期においても，額面は均一でなければならない（201条1項）。額面株式の発行価額は券面額を下回ってはならない（202条2項）。券面額未満の株式発行を認めると株金総額が資本に組み入れられても，その資本に見合うだけの財産がないことになり，会社の資本充実が害されるからである。

額面株式にあっては，原則として，発行価額の総額を資本に組み入れることとしているが，例外として，発行価額の2分の1を超えない額は資本に組み入れないことができる。ただし，その場合でも，少なくとも券面額は資本に組み入れなければならない（284条ノ2第2項）。以上のことから，額面が持つ意味は，最低発行価額と最低資本組入額を示すための基準となる点にある。

なお，現在のところ，昭和25年商法改正前に設立された会社では1株50円，同改正法施行後に設立された会社では1株500円，そして昭和56年商法改正施行後に設立された会社では1株5万円と，株式の出資単位にばらつきがある。実際には，わが国の上場会社には1株50円の額面株式を発行している会社が圧倒的に多い。そこで商法は，将来的には既存の会社においても額面株式の券面額を1株5万円となるように株式の出資単位を引き上げようとしている（単位株制度のもとでのみなし株式併合。昭和56年改正附則15条・16条参照）。

(2) 無額面株式　無額面株式は，額面のない株式であり，その株券には券面額の記載はなく単に株式数が記載される。原則として，その発行価額につき制約はない。ただし，会社の設立に際して発行する無額面株式については，発行価額は5万円を下回ってはならないとされている（168条ノ3）。無額面株式には額面がないから，額面株式の時価が額面割れをおこしていても，無額面株式を発行することにより資金の調達は可能である。また，無額面株式においては取締役会の決議だけで株式分割をすることができる。

無額面株式にあっては，発行価額全額を資本に組み入れることが原則であるが，発行価額の2分の1を超えない額を資本に組み入れないことができる。ただし，会社設立の時に発行されるものについては5万円を超える部分に限られる（284条ノ2第2項）。

(3) 額面株式と無額面株式の相互転換　額面株式と無額面株式は，株式の権利内容において差異がないので，両者間で相互に転換することができる。会社は，取締役会の決議により，その発行している額面株式を無額面株式に，ま

たは無額面株式を額面株式に全部をいっせいにもしくは一部を転換することができる（213条1項）。会社が額面株式と無額面株式の双方を発行している必要はないが，このようないっせい転換により，双方を発行している会社においては株式構成を単純化することができる。

　また，会社が額面株式と無額面株式の双方を発行している場合に，定款に別段の定めがない限り，株主は自己の有する株式につき個別的にこの転換請求をすることができる（213条2項）。これらいずれの場合にも，無額面株式から額面株式への転換については，資本の額が，額面株式の券面額に発行済株式総数を乗じた額以上でなければ，転換をすることができない（213条3項）。これは，額面株式の券面額未満の発行を防ぐためである（202条2項参照）。

　なお，額面株式と無額面株式を相互に転換しても，資本の額は変動しない（284条ノ2第4項）。

2.4　株式の数と単位

(1) **株式の分割**　(a) **意義と効用**　株式の分割とは，発行済みの株式を細分化し（たとえば，1株を2株にしたり，2株を3株にし），従来よりも株式の数を増やすことである。この場合の分割の比率は，株主平等の原則によりすべての株主（端株主を含む）について同一でなければならない。株式の分割は，高くなりすぎている株式の市場価格を引き下げて株式の流通性を高めたり，合併の際に合併比率を調整するためなどに利用される。

　株式の分割により，会社の発行済株式総数は増加するが，この増加分に対する新たな払込があるわけではないので，会社財産はもちろんのこと資本額も変わらない。また，株主はその持株数に応じた新株が発行（交付）されるので，各株主の会社に対して有する地位には実質的変化はない。

(b) **株式分割の決定と手続**　株式の分割は株式を細分化するだけであり，株主の利益を害するものではないので，取締役会の決議で行うことができる（218条1項）。

　株式分割を有効に行うためには，次の要件を充たさなければならない。授権株式数が存在すること，額面株式の1株の金額に分割後の発行済額面株式総数を乗じた金額が資本の額を超えないこと，分割後の1株当り（単位株制度を採用している会社では1単位当り）の純資産額が，5万円を下らないことである

(218条2項, 昭和56年改正附則21条)。これは, 資本充実の原則から, 額面株式の券面額は資本の最低限を画するという趣旨を株式分割の場合にも貫くこととし, 株式単位の著しい引下げ（細分化）を防止するためである。

　額面株式の分割をする場合に, 定款で定められた1株の金額を変更（引下げ）するときは, 株主総会の特別決議（定款変更の決議）が必要となる（342条1項・343条）。

　株式の分割により, 会社が旧株券（旧端株券）を回収して新株券（新端株券）を交付する場合などには, 旧株券（旧端株券）の会社への提出が必要である（220条・215条1項）。この場合, 分割の効力は旧株券の提出期間満了のときに生じる（220条・215条2項）。しかし, 旧株券と新株券との交換は手続が煩雑なうえ多額の費用がかかるなどの理由から, この手続を省略することもできる。株式分割により額面株式の券面額を引き下げる場合に, 会社は, 株式分割の決議により旧株券の提出を必要とせず, 旧株券を分割後の1株の金額を記載したものと読み替えることができる（218条3項・219条4項）。もちろんこの場合でも, 読替えを望まない株主は, その所持する旧株券を会社に提出し新株券の交付を請求することができる（220条・215条4項）。新株券の交付を受ける者が, 喪失・盗難などの理由により旧株券を提出できない場合には, 会社は, その者の請求により利害関係人に対し異議があれば3カ月を下らない一定期間内に異議を述べるべき旨を公告し, その期間経過後に新株券を交付することができる（220条・216条）。

　株券の提出を必要としない株式分割の場合には, その効力が発生する時期は, 原則として割当日である（219条2項）。その場合, 会社は2週間前に割当日を公告し（同条1項）, かつ分割後遅滞なく株主および登録質権者に通知しなければならない（同条3項）。

　また, 株式の分割によって1株に満たない端数が生じるときは, 端株となる部分を除き, 端数部分の合計に相当する新株を発行しこれを競売して, その売却代金を端数に応じて従前の株主に交付しなければならない（220条・217条1項・2項・3項）。端株に生じた端数についても同様である（220条・217条4項）。

　株式の分割には, 上述のような単純な株式分割（狭義の株式分割という）のほかに, ①配当可能利益を資本に組み入れて株式を追加発行する場合（いわゆ

る株式配当。293条ノ2参照)，②法定準備金を資本に組み入れて株式を追加発行する場合（いわゆる無償交付。293条ノ3参照)，および③額面株式の額面超過額を資本に組み入れて株式を追加発行する場合（一種の無償交付。旧293条ノ3ノ2）がある。これらも株式分割の一場合とされている。

(2) 株式の併合　(a) 意義と方法　株式の併合とは，既に発行されている数個の株式を併せて（たとえば，3株を1株に，100株を1株にして)，従来よりも少数の株式にすることをいう。株式の併合は，株式分割とは逆に株式単位を大きくすることを意味する。併合の場合にも，株主平等の原則が適用され，全株式（端株を含む）について一律に併合が行われる。

株式併合の場合には，常に1株に満たない端数を生じ株主の利益を害するおそれがある。そこで商法は，次の場合に限って認めている。すなわち，①最終の貸借対照表による1株当りの純資産額が5万円未満の会社がその額を5万円以上とする場合（214条1項)，②資本減少の方法としてする場合（377条)，③会社の合併に際して，消滅会社の株主に対して，存続会社または新設会社の株式を割り当てる準備としてする場合（416条3項）が規定されている。

(b) 株式併合の決定と手続　株主総会の特別決議が必要である。上記以外の場合でも，株式併合により端数が生じないときは株主総会の特別決議でできるが，端数が生じるときには，その不利益を受ける株主全員の同意があればできると解されている。併合によって端数が生じた場合のその処理は，分割の場合と同様である（217条)。なお，株式の併合によって会社の発行済株式総数は減少するが，資本減少の手続をとらない限り資本額は変わらない。

株式を併合するときは，会社はその旨と，1カ月を下らない一定の期間内に株券および端株券を会社に提出すべき旨を公告し，かつ株主および登録質権者に各別にこれを通知しなければならない（215条1項)。併合の効力は，株券の提出期間満了の時に生じる（同条2項)。会社は，株式併合の決議において，1株未満の端数を生じない併合に適する株式数を記載した株券は，会社に提出することを必要としない旨を定めることができる。この場合は，この株券は，株式併合後の株式の数を記載したものとみなされる。たとえば，1000株を1株に併合する場合の1000株券は1株券と読み替えることができる。もちろんこの場合でも，読替えを望まない株主は新株券の交付を請求できる（214条2

項・215条3項・4項・377条1項・416条3項）。

(3) 株式の消却　(a) 意義と種別　株式の消却とは，会社が特定の発行済株式を絶対的に消滅させることをいう。会社の発行済株式を減少させる点では，株式の併合と同様だが，新株発行の場合とは逆になる。①資本減少の方法としてなされる消却（212条1項本文）と，②配当可能利益などをもってする消却とがある。②には，(i)特定の種類の株式について行われる場合（償還株式の償還。222条1項），(ii)定款の規定にもとづいて全株式について平等に消却がなされる場合（212条1項但書），そして(iii)平成6年改正商法によって認められた，定時総会の決議にもとづいて株式（自己株式）を買い受けてなす場合（212条ノ2），さらには，(iv)平成9年の株式消却特例法（「株式の消却の手続に関する商法の特例に関する法律」）により，定款の規定と取締役会の決議にもとづいて株式（自己株式）を買い受けてなす場合とがある。

(b) 株式消却の方法とその効果　消却の方法には，会社が株主との間の契約によりその株式（自己株式）を取得した上で，その取得株式を失効させる「任意消却」と，一定の時期の到来により，会社が特定の株式につき一方的に消滅させる「強制消却」とがある。ちなみに，(iii)，(iv)の場合には，任意消却に限られる。また，株主に対する対価の支払の有無により「有償消却」と「無償消却」とに区別される。株式の消却は株主の利益に大きな影響を与えるので，株主平等の原則が適用される。

(ii)の場合の消却は，数年後に鉱脈がつきる鉱山会社のように，一定期間後に企業の経済的価値が消滅するような会社が，将来解散するときの清算手続を簡単にするために利用されるなど，特定の目的以外に利用することは実際上不可能であった。そこで，株式需給の適性化や株主への利益還元など多様な目的に応じて，株式の利益消却（そのための自己株式の取得）を利用できるよう(iii)の場合が認められた。この場合に，会社が取得することができる株式の取得価額の総額は，配当可能利益の範囲内とされている（212条3項）。また，(iv)の場合による株式消却は，公開会社に限られる。公開会社が株式消却特例法により，取締役会の決議にもとづき株式を消却するには，定款に定めをおかなければならない（消却特例3条1項）。さらに，消却できる株式の総数は定款によって定めなければならないが（同条2項），その総数は発行済株式総数の10%以下で

なければならない（同条3項）。

　株式の消却により会社の発行済株式総数は減少するが，資本減少の場合は別として，資本の額は減少しない。また，消却した分の株式の発行権限は既に行使されたこととなり未発行株式は復活しないと解されている。なお，株式の消却についても，株主に対する通知・公告や消却の効力発生時期など，株式の併合に関する規定が準用される（212条2項・215条1項・2項・377条2項）。

　(4) 端株・単位株　　(a) 総説　　昭和56年改正商法は，会社の設立に際して発行する額面株式の額面を1株5万円以上とし（166条2項），無額面株式も設立の際の発行価額は5万円以上とされた（168条ノ3）。昭和56年改正前は額面株式の額面を500円以上と定めていたが，戦前から存在する会社については適用されず，その会社では1株50円であった。そこで，貨幣価値の増大という状況下で出資額と株主管理コストのアンバランスを是正するなどの理由から，昭和56年に商法が改正され，1株の出資単位が大幅に引き上げられた。これにより，1株に満たない端数の経済的価値が大きなものとなり，その価値を無視できないほどになった。そこで，その端数のうち100分の1の整数倍に当たる端数を端株として扱い，端株主に一定の権利を認めるという端株制度が設けられた。端株制度が適用される会社は，出資単位が5万円以上の会社である。すなわち，昭和56年改正法施行後に新設された会社と，既存の会社で，額面株式の額面または1株当りの純資産額が5万円以上の会社である（昭和56年改正附則6条参照）。

　株券の券面額の引上げについては，既存の会社にも妥当するべきものである。しかし，既存の会社についてこれを直ちに強制すると，高倍率の株式併合を行うために，株式の端数の大量発生や株券の交換による株式取引の停止など，株式市場に大きな混乱を招くおそれがある。それらを緩和するために，既存の会社については，一定数の株式を1単位とし株主にある種の株主権の行使を認めないこととする単位株制度を導入し，株式併合による券面額引上げまでの暫定的・過渡的な措置を講じた。単位株制度は，昭和56年改正法の施行の際に存在していた会社のうち，上場会社については強制的に適用され，それ以外の既存の会社（非上場会社）であっても，定款によって任意に採用することができるものとされている（昭和56年改正附則15条1項）。

　言い換えれば，端株制度は，本来の株式ではなく端数として処理されるべき

もののうち，一定の割合の端数については一定の権利を認めるという制度であり，今後も存続が予定されている制度である。それに対して，単位株制度は，本来の株式ではあるが，将来の株式併合による券面額引上げまでの条件整備のために，一定数の株式をもって1単位とし，1単位に満たない株式については，本来の株式であるにもかかわらず，特定の権利（自益権）だけを認めるという制度であり過渡的な措置である。

(b) 端株制度　端株とは，1株に満たない端数であって，1株の100分の1の整数倍に当たるものをいう（230条ノ2第1項）。

株式の発行，併合または分割により端株を生じたときは，会社は，一定の期間内に株主から記載を欲しない旨の申出があったものを除いて，その端株主の氏名および住所など一定の事項を端株原簿に記載しなければならない（230条ノ2第1項）。端株原簿に記載を欲しない旨の申出があったものおよび100分の1に達しない端数については，それが株式の併合や分割の際に生じた場合には，会社はそれらを売却してその売却代金を端数に応じて株主に分配することにより処理される。それに対して，株主に新株引受権を与えて新株発行（すなわち株主割当による新株発行）をする際に，その新株引受権について1株に満たない端数が生じた場合には，会社は，1株の100分の1に満たない端数を切り捨てることができるが，100分の1の整数倍に当たる端数については新株引受権を認めなければならない（280条ノ4第1項）。そして株主がこの端数の新株引受権を行使して引受・払込をした場合には，会社は，この端数を端株として端株原簿に記載しなければならない。

端株原簿は，昭和56年改正商法によって新たに設けられた法定の帳簿であって，株主にとっての株主名簿に相当するものである。

端株それ自体は本来の株式ではないが，その経済的価値を考慮して端株主の利益保護のために，商法は端株主に一定の権利を認めている（230条ノ6）。端株主に当然認められる権利としては，株式の消却，併合，分割または会社の合併によって金銭または株式を受ける権利，残余財産分配請求権がある（230条ノ4）。また，定款で与えられることのできる権利としては，利益配当，中間配当もしくは利息配当の請求権，新株，転換社債また新株引受権付社債の引受権がある。定款によって与えられるこれらの権利は，端株原簿に記載されてい

る端株主で株主である者だけに認めることもできる（230条ノ5）。このように端株については，特定の自益権だけが認められ，議決権などの共益権は認められない。

　端株を譲渡するには，端株券の交付が必要である（230条ノ3第5項・205条1項）。端株原簿に記載のある株主は，原則として，会社に対し端株券の発行を請求することができる（230条ノ3第1項本文）。端株券は無記名式のものとされ（同条2項），譲受人が端株主として権利を行使するには端株券の供託が必要となるが（230条ノ7第3項），その端株券を呈示して端株原簿の名義書換を受けることはできない。また，有価証券たる端株券は，その善意取得や除権判決後の再発行請求が認められている（230条ノ3第5項・229条・230条，小21条）。しかし，会社は定款で端株券を発行しない旨を定めることができるが，この場合の端株主の投下資本の回収の途を確保するため，会社に対して端株の買取を請求することを認めている（230条ノ3第1項但書・230条ノ8ノ2）。

　端株主が株主となる場合は，端株原簿に記載されている端株主がさらに端株原簿に記載されている端株を取得して併せて1株となった場合，この者が他人から取得した端株券を会社に提出して併せて1株となった場合，または，端株原簿に記載されていない者が併せて1株となる端株券を取得し会社に提出した場合である（230条ノ8）。

　(c)　単位株制度　　単位株制度とは，前述のように，一定数の株式をもって1単位と定め，1単位に満たない数の株式については，株主にある種の株主権の行使を認めないこととするものである。

　1単位の株式の数は，次のようになる。すなわち，①単位株制度が強制的に適用される会社（昭和56年改正法施行時に現存する株式会社で，額面金額が5万円未満または1株当りの純資産額が5万円未満の上場会社）では，原則として5万円を額面株式の額面で除した数（たとえば，額面50円の会社では1000株）が1単位の株式数となる。②また，任意採用会社では，定款で定める数が1単位の株式数となる（昭和56年改正附則16条1項）。いずれの場合でも，定款で定める1単位の株式の数は，5万円を額面株式の額面で除した数，または5万円を1株当りの純資産額で除した数以上でなければならないとされている（附則同条2項）。なお，無額面株式のみを発行する会社では，定款で1単位の

株式数を定めることになる（同附則16条1項）。1単位の株式の数は登記事項である（同附則17条）。

単位未満株式については、株主は、特別な定めがある場合を除いて、次のような自益権だけが認められている。すなわち、①利益配当、中間配当または利息の配当を受ける権利、②株式の消却、併合、分割もしくは転換または会社の合併によって金銭または株式を受ける権利、③新株、転換社債または新株引受権付社債の引受権、④残余財産分配請求権、および⑤株券の再発行を請求する権利が明文で認められている（同附則18条1項）。

また、この制度は、単位未満株券が増加しないようにするために、単位株制度採用後の単位未満株については、前記⑤の請求を受けた場合を除いては、株券を発行することができない。採用前に既に発行されていた単位未満株券はそのまま使うことができ、その交付により単位未満株式を譲渡することができる。ただし、単位未満株式の譲受人は、その譲受人が既に株主名簿上の株主である場合に限り、株主名簿の名義書換が認められる（同附則18条2項・3項）。このような措置をとることにより、単位未満株主は手持ちの単位未満株式と他から譲り受けるそれを併せて単位株にしようとする場合にのみ譲渡（あるいは譲受け）を行おうとする。よって、単位未満株式の整理が図られることになる。株券発行の禁止や名義書換の制限により単位未満株式の譲渡が事実上制約されるため、単位未満株主の投下資本の回収の途を確保するために、単位未満株式の買取請求権が認められている（同附則19条1項）。

なお、この単位株制度は、将来別に法律で定める日に、1単位の株式が1株に併合する旨の総会決議がなされたものとみなされる（1単位の株式のみなし併合。同附則15条1項）。したがって、単位株制度は、将来併合による終結が予定されている。

§2 株　主

1 株主の地位

1.1 株主平等の原則

会社は原則として、株主を、その持株数に比例して、平等に取り扱わなくて

はならない（たとえば，議決権は1株につき1個，利益配当は1株当り××円，というように）。このことは，株主の個性を問題としない，という株式会社の物的会社としての性格をあらわしている。ただしこの原則には，(1)単位株制度および(2)種類株式の例外がある。

(1) **単位株制度** 株式の額面について5万円に相当する数を1単位として扱う（これは証券取引所の従来の売買取引単位に相当する）制度である。昭和56年の商法改正の際，上場会社については強制的に，その他の会社については定款の定めにより適用されることとなった（同改正附則）。単位未満株式には後述する自益権のみ認められ，共益権を有しない。したがって，共益権について「株主」とはすべて1単位以上を有する株主を意味し，株式数は単位株式数と読み替える。この制度は，株主管理のための費用（株券発行や総会招集事務など）が，現在の1株の価格とおよそ釣り合わないことから導入された。本来ならば各社が自ら株式を併合し，1株でも費用に見合うような額に調整すべきなのだろうが，他社との横並び意識や，実質的な株価下落の危惧などから，自主的な併合は期待できない。とはいえ，いきなり株式を強制的に併合しては，株券交換手続の手間や株式市場への影響が大きいと考えられたので，暫定的にこのような制度を導入し，時間をかけて単位未満株式を整理してゆこうとしたのである。このことから，単位未満株が発生した場合には，株券は発行されず，逆に会社に対する買取請求権が認められる。

もっとも，この制度は，投資単位が高くなりすぎ，一般公衆が参加できなくなることを理由に廃止が検討されている。

(2) **種類株** ある株式を通常の株式（普通株）より優遇したり，逆に劣後させたりすることが認められる。普通株より優先的に配当が行われるものを優先株，劣後するものを劣後株または後配株という。優先株については，議決権を認めないこともできる（無議決権株）。こういった区別を株式の種類と呼ぶ。

1.2 株主として扱われる者——株主名簿

株式を有する者が株主となるが，株式は原則として自由に譲渡できる。昨日，ある会社の株式を持っていた者が，今日は売却しているかもしれない。会社が転々移転する株式の行方を追うことは不可能である。株式の取得者から（当人が株主として扱われたいならば）会社に申し出て，株主である旨登録させるの

が合理的である。この記録が株主名簿であり，取得者がこれに氏名・住所等を記載することを名義書換という。株主名簿には，①株主の氏名および住所，②各株主所有の株式の額面無額面の区別，種類および数，③株券番号（株券を発行した場合），④株式の取得年月日，⑤転換株式については転換条件など，を記載しなければならない（223条）。株主名簿は本店に備え置かれ，株主および債権者は営業時間内に何時でも閲覧・謄写できる（263条1項前段・2項）。

会社は定款で名義書換代理人を置くことができる。この場合，株主名簿またはその複本を，その者の営業所に備え置いて公開してもよい（263条1項後段）。

1.3 株主名簿の効力

名義書換は株式譲渡の会社に対する対抗要件であり（206条1項），会社からすれば，株主名簿に記載された者を株主として扱えば足りる。対抗要件であることを逆に考えて，名義書換未了株主を会社側からすすんで株主として扱ってよいかについては争いがある。

株式譲渡は自由であるから，名簿も随時書き換えられる。しかし，株主総会の招集・利益配当など，いっせいに株主の権利が行使される場合，株主として扱われる者が不確定では困るので，一定期間名簿の書換を停止する（株主名簿の閉鎖）か，一定の日に記載されていた者を株主として扱う基準日を設けるか，どちらかの方法を採るのが合理的である（実際にはほとんどの会社が名簿を閉鎖する）。閉鎖期間や基準日は公告される。

2 株主の権利

2.1 権利の分類

(1) 自益権と共益権　自益権とは，株主自身が会社から財産的利益を受ける権利である。利益配当請求権がその代表格で，どちらかというと債権に近い。これに対し共益権とは，会社の経営に参加する権利である。これには，議決権・質問権・提案権・株主総会招集請求権など株主総会に関する一連の権利，帳簿閲覧権・検査役選任請求権など会社に情報を請求する権利，取締役等に対し直接行使できる違法行為差止請求権・解任請求権・代表訴訟を提起する権利，さらに，会社自体を消滅させる，解散請求権もある。権利というよりむしろ機関に似た権限というべき性質のものもある。

(2) 単独株主権と少数株主権　自益権はすべて1株から行使できるが，共

益権には，1株でも行使できるものと，一定の割合ないし数以上有していないと行使できないものとがある。前者を単独株主権，後者を少数株主権という。少数株主権には，発行済株式総数の1％以上・3％以上・10％以上，あるいは300株以上，とがある。一人の株主でなければならない制約はないから，複数人で組んで行使することもできる。また，保有期間（6カ月前から引続き保有しているなど）を要件とするものもある。これらの要件は権利（権限）ごとに異なる。

2.2 会社から財産上の利益を受ける権利

(1) 利益配当請求権　株式制度の基本となる権利で，出資に対する法定果実である。決算期ごとに実現される（290条，ただし293条ノ5に注意）。

(2) 新株引受権（280条ノ4）

(3) 残余財産分配請求権（425条）

(4) 株式買取請求権　会社の意思は株主総会の資本多数決で決議される（後述）。この決定に不満のある少数者は，持株を売却してこの会社を離れるしかないが，売却が困難であったり，低い価格でしか売却できなかったりすることもある。このような者を保護するために，次の事項が可決されたときは，あらかじめ反対の意思を表明していた少数者の株式を会社が買い取る，株式買取請求権が認められている。

① 営業譲渡，営業の賃貸，経営の委任（245条ノ2）

② 合併（408条ノ3・413条ノ3）

③ 会社分割（374条ノ3）

④ 株式譲渡を制限する定款変更（349条）

⑤ 有限会社への組織変更（有64条ノ2）

①，②，③は会社の運営が大きく変わるだろうし，④は株式譲渡が困難になり，⑤はそもそも株式がなくなってしまう。いずれの場合も，決議以前に書面で反対の意思を会社に通知し，かつ株主総会でも議案に反対した株主は，その所有する株式を買い取るよう会社に請求することができる。買取価格は，その決議がなかったならばいくらであったかという公正な価格である。具体的な価格は株主と会社との協議によるが，協議が整わないときは株主は裁判所に価格決定を請求できる（245条ノ3）。

2.3 株主総会に関する権利（共益権その１）

(1) **議決権** 株主総会決議に票を投じる権利である（詳しくは第４章§24.2で述べる）。

(2) **質問権（説明義務／単独株主権）** 株主総会も会議である以上，討議の一環として質問し回答を求める権利は当然認められるはずである。しかし，かつては明文の規定がなく，総会の場が紛糾したり，強引な議事進行が行われたりして，株主が質問できず，総会決議の効力が争われる事件が頻発した。このため，昭和56年，商法は，取締役・監査役に説明義務を課すというかたちでこれを明文化した。議決権を持つ株主であれば誰でも行使できる（237条ノ３第１項）。総会でいきなり質問をしてもかまわないが，内容が調査を要する場合，回答を拒絶される可能性があるので，相当期間前にいわゆる「質問状」で予告しておくのが通例である（同条２項）。同内容の質問状が複数の株主から提出されている場合，会社は議案に対する説明の最後に，これらをまとめていわゆる「一括回答」することも認められている（判例）。取締役らが説明を拒絶できるのは，調査を要する事項が質問状なしに質問された場合のほか，会議の目的に関係ない事項（個人的な世界観や政治的信条を問うなど），回答することで株主共通の利益を害するような事項（会社の機密事項など）が問われた場合に限る（同条１項但書）。

(3) **株主提案権（少数株主権）** 昭和56年商法改正で新設された権利である。６カ月前から引続き発行済株式総数の１％以上または300株（単位）以上を有する株主が行使できる。総会日の６週間前までに，取締役会に対し，書面で，議案を提出するが，株主総会で決議すべきものでない事項は認められない（232条ノ２第１項）。同じ要件で，この議案の要領を招集通知に記載するよう請求することもできる（同条２項）ただし，議案が法令・定款に違反する場合，および過去３年以内の総会で同一の議案が議決権の10％未満の賛成しかなく否決されたときは認められない。

(4) **総会招集権（少数株主権）** 株主総会は原則として取締役会が決定し招集する。開催時期・場所の選定だけでなく，通常は議案も取締役会が提出する。したがって，株主の積極的な参加を好まない会社が，株主総会を取締役会の描いたシナリオ通りに進めることも可能である（実際，株主総会用のシナリ

オ，想定問答集，リハーサルビデオなどが市販されている）。

これに対し，株主が特定の目的をもって総会を進めたいと考えるならば，自ら開催することができる。有資格者は，6カ月前から引続き発行済株式総数の3％以上を有する株主である。手続は①まず，議題と招集すべき理由を記載した書面を取締役会に提出し，総会招集を求める（237条1項）。②取締役が遅滞なく招集しないか，請求日から6週間以内の日を会日とする招集が行われない場合には，株主は裁判所の許可を得て自ら総会を招集することができる（同条2項）。「自ら」とはそのとおりの意味で，会場の手配から他の株主への招集通知（株主名簿は会社の営業時間内に閲覧・謄写できる，263条），当日の議事進行などいっさいの手続を自ら行う。このとき立て替えた費用はあとで会社に償還請求できる。

なお，これとは別に，（間接的ではあるが）少数株主のイニシアチブにより裁判所が総会招集を命じる方法もある（→ **2.4** (3)）。

(5) 総会検査役選任請求権（少数株主権）　株主総会の手続や決議方法が適法になされるどうかを調査させるために（つまり何か不正が行われそうな場合に），株主からあらかじめ裁判所に検査役の選任を要求することができる。有資格者は6カ月前から引続き発行済株式総数の1％以上の株式を有する株主である（237条ノ2，なお第4章§2，**2.1**(3)参照）。

2.4　会社の情報を収集する権利（共益権その2）

(1) 帳簿閲覧権（少数株主権）　発行済株式総数の3％以上を有する株主は，会計関係の帳簿その他の書類を，閲覧・謄写できる。この際には閲覧等の理由を添えて書面で請求する（293条ノ6）。会社がこの請求を拒絶できるのは次の場合だけである。①株主の権利確保や行使に関係ないか，または株主共同の利益を害するため請求した場合，②請求株主がその会社の同業者か，またはその関係者（株主・取締役など）である場合，③この請求によって知った事実を他に売りさばく目的であるか，過去2年間にそうして売りさばいたことがある場合，④不適当な時に請求した場合（293条ノ7第1項1号〜4号）。

なお，株主総会提出の計算書類・監査報告書については，営業時間内であれば会社の本支店でいつでも閲覧・謄写できる（計算書類等閲覧請求権，282条）。

(2) 定款・株主名簿，株主総会・取締役会議事録等の閲覧請求権（単独株主

権) 1株しか持っていない株主でも，定款・株主名簿（少数株主による総会招集や委任状の勧誘には欠かせない）・株主総会議事録は，営業時間内であれば，会社の本支店でいつでも閲覧・謄写できる（244条・263条・282条）。さらに，取締役会の議事録も，株主の権利行使に必要なときは，裁判所の許可を得て閲覧・謄写することができる（260条ノ4）。

(3) 検査役選任請求権（少数株主権）　株主が会社の経営に不信を感じたとしても，自力でこれを調査するのは容易ではない。監査役が本来その役目を果たすべきなのだが，諸般の事情により内部者では公平な調査ができないこともあろう。このような場合に，会社と直接利害関係のない検査役（臨時の機関）が活躍する。すなわち，会社の業務執行に不正行為か重大な違法行為の疑いがあるとき，発行済株式の3％以上を有する株主は，会社の業務・財産状況を調査させるため，裁判所に検査役の選任を請求できる（294条1項）。検査役は調査を行い，結果を裁判所に報告する。裁判所は必要があれば（実際に不正行為が発見されるなど），取締役に株主総会開催を命じる。その総会には検査役の報告書が提出され，取締役・監査役はこれを調査の上報告（つまり釈明）しなければならない（294条→237条ノ2→181条・184条）。これは，間接的ではあるが，少数株主の申立で株主総会を開催させる手段の1つともとらえられる（第Ⅱ編第4章§2，2.1(3)）。

2.5　会社の業務執行を監督する権利（共益権その3）

(1) 違法行為差止請求権（単独株主権）　取締役が会社の目的外の行為や法令定款違反の行為を行い，会社に「回復すべからざる損害」を生じさせるおそれがある場合，6カ月以上前から引き続き株式を有している株主は，会社のため，取締役に対しこれを差し止めるよう請求することができる（272条）。

(2) 代表訴訟提起権（単独株主権）　バブル崩壊以来，次々に明るみに出てきた企業不祥事に対して相次いで提起され，つとに有名になった「代表訴訟」である。取締役が，266条1項1号〜5号に該当する違法行為により会社に損害を与えた場合，本来この責任を追及するのは監査役であるが（275条ノ4），さまざまな事情により訴えを起こそうとしない場合がある。このような場合，6カ月以上前から引き続き株式を有している株主は，まず，会社（この場合監査役，275条ノ4）に対し書面で取締役の責任を追及する訴えを提起す

るよう求める（267条1項）。この請求から30日以内に提訴されないときは，株主は自ら会社を代表して訴えを提起することができる（同条2項）。30日間を待っているあいだに会社に回復できないような損害が生じるおそれのあるときは，株主はこれを待たず直ちに訴えを提起できる（同条3項）。

　この訴えが認容された場合，取締役から損害賠償等を支払われる相手は会社である。実際に訴訟を担当する株主は，勝訴しても一文も入らないことになる（さしあたり費用も立て替えなければならないし，それが全額償還されるわけでもないし，多くの場合赤字であろう）。このことから，この訴えの訴訟費用については争いがあった。通常のように，請求額を訴訟物の額と考えると，訴訟費用が巨額になり，普通の個人株主では負担できない（この問題は，90年代前半のいわゆる証券不祥事に関し，請求額が数百億円に上ったため，訴訟費用も通常の計算では数億円となり，代表訴訟が維持できないとして話題になった）。平成5年の商法改正は，代表訴訟を「財産権上の請求にあらざる請求に係る訴えと看做す」とすることでこの争いに決着をつけた（これで訴訟費用は一律8,200円となる，267条4項→民事訴訟費用規則4条2項）。この改正ではまた，株主が勝訴した場合，会社に償還請求できる費用として弁護士費用も新たに認められるなど，株主にとって利用しやすくなった。この改正法の施行された同年10月1日には数十件の代表訴訟が提起されたようである。

　(3) 取締役等解任請求権（少数株主権）　取締役や監査役の解任は，原則として，株主総会の特別決議による。したがって，取締役等の解任を望む株主は，株主総会にその旨提案するのが正攻法であろう（前述2.3(3)）。しかし，少数派株主が特別決議を勝ち取るのは容易ではなく，会社に悪影響を及ぼすような取締役が，多数派株主の援助（あるいは無関心）を盾に居座る危険性がある。これを排除するため，少数株主には解任訴権が認められる。有資格者は6カ月前から発行済株式の3％以上を有する株主である。すなわち，取締役等が不正行為や重大な違法行為を行ったにもかかわらず，株主総会でその解任が否決された場合，当該株主はこの取締役の解任を裁判所に請求できる。この請求は否決された日から30日以内に行われなければならない（257条3項）。

2.6　会社それ自体を消滅させる権利（共益権その4）

　解散請求権（少数株主権）は，発行済株式総数の10％以上を有する株主が，

以下の場合で，やむを得ない事由のあるとき，会社の解散を裁判所に請求することができる。①会社の業務執行上著しい難局にあい，会社に回復できないような損害が生じあるいは生じるおそれがあるとき，②会社財産の管理または処分が著しく失当で会社の存立があやういとき，である (406条ノ2)。

§3 株　　券

1 有価証券としての株券

1.1 株券は，株式すなわち株主の地位（株主権）を表章する有価証券

　私法上の財産権を表章する証券であって，権利の移転または（および）権利の行使に証券が必要とされるものなので，株式を譲渡する（権利の移転）には，株券の交付が必要となる (205条1項) が，会社に対し個々の権利を行使（権利の行使）するには，株主名簿の名義書換をしておけば，その後の権利の行使のたびごとに，会社に対し株券の呈示は必要ではない (206条1項)。株主名簿の名義書換は株券の呈示によってなされるから，間接的ではあるが，権利の行使に証券が必要であるとする説もある。

1.2 株券の有価証券としての特色

　(1)株券はすでに成立している株式を表章する証券であり，株式の成立に株券の作成は必要でない（非設権証券性）。(2)会社は，株式成立後でないと株券を発行してはならない（有因証券性）。したがって，会社成立後または新株の払込期日後でないと株券を発行してはならない (226条1項)。(3)株券は法定の事項を記載し，代表取締役の署名または記名捺印が必要である（要式証券性）(225条)。記載事項は，①会社の商号，②会社成立の年月日，③額面株式の場合に1株の金額（券面額），④数種の株式があるときはその権利内容，⑤転換株式については転換に関する事項，⑥株式譲渡制限をしたときはその旨，⑦株券の発行年月日，⑧株式数，⑨株主の氏名，⑩株券番号である。もっとも，要式証券性は手形ほど厳格ではなく，法定事項の記載が株券としての本質的事項でない限り（たとえば②会社成立の年月日など）その記載を欠いても，その株券は無効とならない。(4)株式の内容は，定款および株主総会の決議によって決定され，株券上に記載された文言によって決定されるものではない（非文言証

券性)。

従来，株券には株主の氏名を記載した記名株券とそうでない無記名株券があったが，平成2年の改正商法は無記名株券を廃止したので，現在では記名株券だけが認められている。

2 株券の発行（作成）

2.1 株券の発行と効力

(1) 株券発行と発行義務　株式は株券によって，他に容易に譲渡することができる（株券の交付で足りる。205条参照）。株券が発行されないと，株式を譲渡することができず，株主は投下資本の回収の途が閉ざされてしまうことになる。また，株券の呈示をもとに書き換えられた株主名簿にもとづいて，株主は会社に対する権利を行使できるのである。

そこで，会社は，会社の成立後または新株の払込期日後，遅滞なく株券を発行しなければならない（226条1項）。それ以前の時期に株券を発行することはできないし（同条2項），発行してもその株券は無効である（同条3項）。また，単位未満株式については，原則として株券を発行できない（昭56年改正附則18条2項）。なお，株主が株券の不所持（不発行）を申し出たときには，会社は株券を発行しなくてよい（226条ノ2）。

(2) 株券の効力発生の時期　有効に成立している株券が，株券（有価証券）として，効力を発生する時期はいつであろうか。大別すると，学説は次の3つに分かれる。すなわち，①交付時説（会社が株券を作成し，株主に交付したときに成立するとする），②発行時説（会社が株券を作成し，会社の意思に基づいて他人に交付したときとする），③作成時説（会社が株券を作成したときとする）がある。判例は，株券の効力発生時期は，株券が株主に交付されたときであるとする（最判昭40・11・16民集19巻8号1970頁）。

2.2 株券の喪失

(1) 株券喪失と株主権　株券を作成しなければ株主権が発生しないというわけではない（非設権証券性）。したがって，株券を喪失しても株主権までを失うわけではない。また，株券を焼失したとしても，株主は株主名簿の記載にもとづいて株主権を行使することができる。しかし，株主名簿の名義書換には株券の呈示が，株式の譲渡や株式を担保に入れる場合には株券の交付が必要と

なる。また、株券を盗まれた場合には株券の返還を請求できるが、第三者が株券を善意取得（229条）すると、もとの株主は株主権を失う。そこで、株券の善意取得を阻止し自己の権利を確保するために、株券を無効にする除権判決制度がある。

(2) 公示催告・除権判決　株券を喪失した株主は、公示催告手続により除権判決（公示催告手続及ビ仲裁手続ニ関スル法律777条以下）を得て当該喪失株券を無効にしてから、会社に対して株券の再発行を請求することができる（230条）。

(a) 公示催告を申立のできる者　株券の最終所持人たる株主（公催仲裁778条1項）のほか、株式の質権者も含まれる（最判昭43・5・28民集22巻5号1125頁）。会社の株式発行証明書および罹災証明書または盗難届受理証明書等を裁判所に提出し申立をする。

(b) 公示催告　申立にもとづいて裁判所は「公示催告」を行う。公示催告は、その株券を持つ者があれば一定の期日までに届け出るよう公告する。官報に掲載し、かつ裁判所の掲示板および取引所に掲示して行う（公催仲裁782条）。公示催告期間は、少なくとも6カ月間の期間を置かなければならい（同783条）。

(c) 除権判決　この期間中に喪失した権利の届出がないときは、裁判所はその株券について「除権判決」を行う。その結果、喪失した株券は将来に向かって無効となる（同784条。最判昭29・2・19民集8巻2号523頁）。除権判決以後に株券を取得した者は、たとえ善意で取得した場合であっても、株式を取得することはできない。他方、除権判決の申立人（株券喪失者）は、除権判決によって、会社に対し株券の再発行を請求することができる（230条2項）。なお、株券喪失後で除権判決前の善意取得者が、権利を失うかどうかについては争いがある。

2.3　株券不所持制度

(1) 株式の譲渡は株券の交付によって行われ（205条1項）、しかも株式は流通を前提とするから、株式取引の安全を図るために株券の善意取得（→後述§4, 2.2(c)）が認められている（229条）。

株式を譲渡するかまたは担保に入れる場合には株券を必要とするが、会社に対する権利行使の際には株券は不要である。また、当分の間株式を譲渡する意

思のない中小企業の株主や安定株主にとって株券は不要なものとなるが，株券を所持していると盗難・紛失などの事故にあい，株券をさらには株主権を失うという危険性がある。

(2) そこで，株主は定款に別段の定めがある場合を除いて，株券の所持を欲しない旨を会社に対して申し出ることができる。この制度を「株券不所持制度」という（226条ノ2）。

このような申出があった場合には，会社は遅滞なく株主名簿に株券を発行しない旨を記載して株券を発行しないか，株券を発行してこの株券を銀行か信託会社に寄託し，このことを株主に通知しなければならない（同条2項・3項）。

株券がすでに発行されている場合には，株主は株券を会社に提出しなければならない（同条1項後段）。この株券は銀行または信託会社に寄託されない限り無効となる。なお，株券が銀行または信託会社に寄託される場合には，寄託に要する費用は会社の負担となる（同条5項本文）。

株券不所持の申出をした株主が，譲渡等で株券が必要なときは，いつでも株券の発行または返還を会社に請求することができる（同条4項）。この場合，会社は株券の発行費用を株主から徴収することができ，株券を返還するときは株券の発行費用に相当する額を株主から徴収することができる（同条5項但書）。

§4 株式の移転

1 株式の取得・喪失の態様

株主は，株式（株主権）を取得することによって株主となり，これを喪失することによって株主でなくなる。

株式の取得の態様には，会社設立における株式の引受（177条）や会社成立後の新株発行における引受（280条ノ2）のように，会社から原始的に（初めて）株式を取得する場合と，株式を他人から個別的に譲り受けたり，相続や合併などによって包括的に譲り受けるなどのように，他から承継的に取得する場合がある。

これに対して，株式の喪失の態様には，承継取得や善意取得（229条，小21条）の反面として相対的に株式を喪失する（もとの株主が株式を喪失する）場

合と，株式の消却（212条1項・222条1項）のように，絶対的に喪失する（株式自体が消滅・失効する）場合とがある。

上述のように，株式の取得・喪失の態様はさまざまであるが，最も一般的なのは，売買・贈与・交換などの法律行為によって行われる株式の譲渡にもとづく株式の取得・喪失である。

2 株主の投資回収の方法としての株式譲渡

2.1 株式譲渡の自由

(1) 原則　株式の譲渡は，法律行為（売買・贈与・交換など）によって株主の地位（株主権）を他人に移転することをいう。株主は，原則として株式を自由に譲渡できる（204条1項本文）。

株式会社では，株主（社員）の個性は重視されず誰が株主になってもよいのであるから，株式の自由譲渡性を認めても支障はない。また，物的会社である株式会社では，会社債権者にとって会社が保有する会社財産が唯一の担保となるため，資本維持の原則から株主が自己の出資金（株金）の払戻を会社に要求することは原則として禁じられている。出資者である株主は，会社から自己の資金を直接回収することはできない。そこで，株主の投下資本（資金）の回収手段として，株式の譲渡が認められている。

株式会社の社員の地位は株式という割合的単位に分けられ，株券によってその流通が確保されている。また，証券取引市場の存在により，そのことは一層促進されている。したがって，株主は，自己の株式を他人に譲渡することによって自己の会社に投下した資本を容易に回収することができる。

(2) 例外　ところが，この株式譲渡の自由には，定款や法令による制限がある。投下資本の回収という株主の利益を確保することより，株式譲渡の制限を必要とする場合がある。

たとえば，会社設立手続に関する技術的な理由であったり，あるいは会社財産の基礎が危ぶまれるなど健全な会社運営に弊害が生じやすいという理由であったり，あるいは会社の安定支配をめざすという理由であったり，過度の企業集中による私的独占を防止するという理由などである。このようなさまざまな理由によって，株式譲渡の制限が必要であると考えられている。

商法上の制限には，①権利株および株券発行前の株式譲渡の制限（190条・

280条ノ14・204条2項），②自己株式の取得禁止（210条），③自己株式質受の制限（210条），④子会社による親会社株式の取得禁止（211ノ2）があり，また，⑤定款で株式の譲渡を制限することも認められている（204条1項但書）。

その他の法律による株式の譲渡制限としては，独占禁止法による株式の取得または所有の制限（独禁9条の2・10条・11条・14条など）や，証券取引法によるいわゆるインサイダー取引の規制（証取法166条・167条），あるいは「日刊新聞紙の発行を目的とする株式会社及び有限会社の株式及び持分の譲渡の制限等に関する法律」による株式譲受人の制限などがある。

2.2 株式譲渡の方法
(1) 株式譲渡の成立要件と効力　(a) 株券の交付　株式の譲渡は，株券の交付によって行う（205条1項）。株券の交付は株式譲渡自体の成立要件であり，単なる対抗要件ではない。

株券の交付を受けた譲受人は株式を取得（株券の権利移転的効力）し，これにより会社以外の第三者に対する対抗要件を取得する。そして，譲受人は株券を占有または所持することで適法な所持人と推定される（株券の資格授与的効力，205条2項）。

(b) 対抗要件（対会社）と株主名簿　このように譲渡当事者間では，株券の交付により株式を譲渡することができるが，株券の交付を受けた者が，会社に対して株主であることを主張するためには，あらかじめ株券を会社に呈示して，取得者の氏名および住所を株主名簿に記載してもらう必要がある（206条1項）。これを「株主名簿の名義書換」という（→本章§2，1.2参照）。

株券を占有する者は適法な所持人と推定される（205条2項）ので，株式の取得者が会社に対して株主名簿の名義書換の請求するには，自己の実質的権利の証明をする必要はなく，株券を会社に呈示してその権利を証明すればよい。したがって，会社は，株券の占有者が無権利者であるという反証ができないかぎり，名義書換を行わなければならない。たとえその者が無権利者であったとしても，そのことにつき悪意または重大な過失がないかぎり，会社は免責される。

(c) 株券の善意取得　株券を盗んだり拾ったような無権利者（譲渡人）から株式を譲渡されても，譲受人は本来その株式を取得することはできない。そうなると，譲受人は，株式を譲り受けるときに譲渡人が無権利者でないかどう

かをいちいち調査しなければならなくなる。それでは有価証券としての株券の流通性が害され，円滑な株式取引ができなくなる。

　そこで商法は，株券についても善意取得を認めている。すなわち，株券の占有者は適法な所持人であると推定し（205条2項），このような権利者としての外観を備えた者から株券を譲り受けた者は，たとえその株券が盗まれたり拾われたりしたものであって，譲渡人が無権利者であったとしても，譲受人がそのことを知らなかったか，または知らなかったことにつき重大な過失がないかぎり，株券をもとの株主に返還する義務はなく，その株式を取得することができる（229条，小21条）。

　株券の場合は，とくに流通性が要求されるので，民法の動産の善意取得の制度（民192条以下）に比べて，取得者の主観的要件を緩和し（民法では取得者の善意無過失が要求される），動産が盗品や遺失品の場合には，被害者や遺失主が盗難や遺失のときから2年間は取り戻せるという例外を定めているが（民193条・194条），株券の善意取得制度では，そのような例外は認めていない。それほどに株券の取得者の保護を一層すすめたものである。

　譲渡人が無権利者である場合だけでなく，無能力者や無権代理人のときにも，さらには譲渡人の意思表示に瑕疵があるときにも，株券の善意取得が成立するとする見解も有力に主張されている。

　なお，株券の善意取得制度は，株式の取引の安全を保護するためのものであるから，相続・会社の合併などの包括承継による株券の取得の場合には認められない。

　(2)　株券保管振替制度　　株式の有価証券化によって，株式の流通は容易になり促進されることになるが，株式の流通量が増大すると，そのつど株券の受渡しを行うことは煩雑になり，かえって株式の流通を妨げることになる。たとえば，多くの会社は決算期の翌日から株主名簿を閉鎖するので，その直前になると名義書換の請求が集中する。そこで株券の保管および受渡し事務を簡素化・合理化するための保管振替制度が昭和59年に立法化され（「株券等の保管及び振替に関する法律」），平成3年10月から実施された。

　(a)　株券の保管振替とはなにか　　保管振替決済制度とは，株券等を保管振替機関に集中保管し，株券等の移転を現実の引渡しではなく帳簿上の口座振替

によって行う制度である。現在，上場会社では，大量な株式譲渡の処理のために，株券の交付ではなく，口座の振替によって株式譲渡の処理が行われている。

(b) 保管振替制度の仕組み　株券の保有者（株主・顧客）から株券を寄託された証券会社または銀行（参加者と呼ばれる）が顧客口座簿に銘柄・株数を記載し，その株券を保管振替機関に提出（再寄託）する。同機関には各証券会社・銀行ごとに参加者口座簿があって，顧客の分はそこにまとめて記載される。同機関に集まった株券はすべて，発行会社の株主名簿上に同機関の名義に書き換えられる。株式の売買は，これらの口座簿の振替記帳（付替え）によって行う。口座簿の振替の記載が株券の交付と同一の効力を持つ（同法27条2項）。発行会社の株主名簿には，保管振替機関が株主として記載され，顧客の名は出てこない。そこでこれとは別に，実質株主名簿を発行会社に備え置き，実質株主である顧客らの名前や持株数がこれに記載される。株主に対する通知や配当の支払は，実質株主名簿にもとづいて行われる（同33条1項）。

2.3　株式の流通

(1) 株式の取引　株式譲渡の自由性が認められるように株式会社は原則として公開会社であるが，現在わが国では中小企業の法人成りによる小規模な閉鎖的株式会社が多い。最狭義の公開会社とは，その株式が証券取引所に上場されている株式会社（上場会社）をいう。公開会社の発行する株式（上場株式）は証券取引所の取引により，店頭登録株式（取引所の相場に準ずる相場のある株式）は店頭取引により行われ，証券会社を通じて売買がなされる。証券会社は，商法上の問屋（551条以下）として，証券会社の名義で，顧客の計算（勘定）で有価証券の取引を行う。直接株主間での相対取引は行っていない。

他方，非公開会社では株式の取引は頻繁に行われないが，株式を譲渡しようとするならば，株主から直接買い受ける方法（相対取引）によって行わなければならない。

(2) 株式の市場　このように株式などの有価証券を取引する公開の場を証券市場という。新株の発行など新たに証券を発行して資金を調達するところを発行市場といい，発行済みの株式を売買するところを流通市場という。発行市場と流通市場は密接な関係にあるとされる。証券市場における取引（上場株式は証券取引所における取引，店頭登録株式は店頭取引）については，投資者保

護の見地から主として開示制度など，証券取引法が規制している。

3 株式譲渡の制限
3.1 株券発行前の株式譲渡

(1) 権利株（会社の成立前）の譲渡の制限　　(a) 権利株とはなにか　権利株とは，株式の引受による権利，すなわち，株式の引受はなされたがまだ会社が成立しない間，または新株発行では払込期日までの間の株式引受人の地位をいう。

(b) 権利株の譲渡の効力　権利株の譲渡は当事者間では有効であるが，会社に対してその効力が生じない（190条・280条ノ14第1項）。権利株の譲渡を自由に認めると，株式が投機目的のために利用されるという弊害が生じ，不健全な会社設立や増資が行われるおそれがある。また，会社にとっては，株式引受人の変動を把握するのが困難となり，設立事務が煩雑になるという弊害があるからである。とくに発起人や取締役による権利株の譲渡は過料に処せられる（498条2項）。

(2) 株券発行前（会社成立後）の株式譲渡の制限　　(a) 制限の理由　株式を譲渡するには株券が必要である（205条1項）が，株券が発行される前になされた株式の譲渡は，会社に対してその効力を生じない（204条2項）。すなわち，権利株の譲渡の場合と同様に，これは，当事者間では有効であるとしても，会社に対する関係では無効とされる。会社の株主名簿の整備と株券発行事務の混乱を避けるために設けられた制限と解されている。

(b) 株券発行前の株式譲渡の効力　会社は成立後または新株の払込期日後遅滞なく株券を発行しなければならない（226条1項）。しかし現実には，小規模の会社では，成立後または新株の払込期日後，長期にわたって株券の発行を怠っている例が少なくない。このような場合に株式の譲渡ができないと，株主は投下資本の回収ができず不利益を被ることになる。そこで，当事者間では有効とする説が多数説となっている。判例（最大判昭47・11・8民集26巻9号1489頁）は，会社が株券の発行を不当に遅滞しておいて，株券の発行がないことを理由としてその効力を否定するのは信義則に反し許されず，譲受人は株主として会社に対し権利を行使できるとしている。そのほか，会社が株券発行に通常必要な合理的期間経過後は会社に対し譲渡の効力を主張できるとする説，当事

者間も絶対無効となる説もある。

3.2 定款による株式譲渡の制限

(1) 譲渡制限の定め　(a) 譲渡制限の趣旨　本来,株式会社は大規模な事業を営むために多額の資金を要する。そのために,出資者である株主の有限責任を前提に,株式という割合的単位とし,その株式を株券に表章することで株式の譲渡を容易にし,多数の出資者を募ることが可能となった。しかし,わが国の株式会社は,理念型とはちがい個人会社や閉鎖的・同族的株式会社などの中小会社が大部分である。このような会社においては,社員の相互間の結びつきが強く,社員の交代は会社の存立を脅かすことになりかねない。また,大会社においても,会社の資本が異端分子や外国資本によって掌握され,会社を支配されるおそれもある。このような観点から,株式譲渡の自由を制限する社会的要請が生じた。

そこで,昭和41年改正商法は,定款をもって株式譲渡に取締役会の承認を必要とする旨を定めることができるとした（204条1項但書）。しかし,この規定によって,株式の譲渡が禁止されたわけではない。株式を譲渡するときには一定の手続を踏まなければならないだけである。すなわち,株式譲渡の自由を制限することを認めるとともに,株主に投下資本の回収のための措置を講じている（204条ノ2以下）。

(b) 譲渡制限の方法　譲渡制限の態様としては,株式の譲渡につき取締役会の承認を要すると定めることができるだけである。それ以上の重い制限を課すことはできない。したがって,たとえば,株式譲渡を全面的に禁止したり,株主資格を会社の従業員など特定の者に限定したり（ただし,「日刊新聞紙の発行を目的とする株式会社及び有限会社の株式及び持分の譲渡の制限に関する法律」1条参照）,あるいは株式譲渡につき株主総会や代表取締役の承認を要すると定めることなどは許されない。また,一定の株主（たとえば従業員株主）や一定数以上の株式を有する株主による譲渡の場合にだけ取締役会の承認を要するとするのは,株主平等の原則に違反し無効である。これに対し,株主や従業員への譲渡の場合は取締役会の承認を必要としないなど,譲受人の範囲を限定して譲渡制限を軽減するような定めは有効である。なお,相続・会社の合併などによる包括承継による株式の移転を制限することはできない。

(c) 譲渡制限を定める手続　譲渡制限の規定は必ず定款で定めなければならない。会社設立時の定款（原始定款）にその規定が設けられていれば，問題はない。ところが，成立後の会社が譲渡制限の定めを定款に盛り込もうとするときは，その定款変更決議の手続はとくに厳重となる（343条対照）。なぜならば，株主の利益（投下資本の回収）に重大な関係があるからである。

株式譲渡制限のための定款変更決議は，総株主の過半数であって発行済株式総数の3分の2以上の多数をもってすることを要する（348条1項）。この決議については，議決権のない株式をもつ株主にも議決権が与えられる（同条2項）。また，転換社債を発行している会社は転換請求期間経過前に，新株引受権付社債を発行している会社は新株引受権行使期間前には，この定款変更決議をすることはできない（同条3項）。この決議に反対の意思を表明した者（総会に先立ち会社に対して書面をもって反対の意思を通知し，総会において反対する者）は，会社に対して株式買取請求権を行使することができる（349条）。

この株式の譲渡制限の定めを投資者に公示する必要がある。そのことは，登記によって公示される（188条2項3号）ほか，株式申込証（175条2項4号ノ2・280条ノ6第5号），株券（225条8号），端株券（230条ノ3第3項1号），転換社債の社債申込証・社債券および社債原簿（341条ノ3第5号），新株引受権付社債の社債申込証・社債券および社債原簿・新株引受権証券（341条ノ12第3号）に記載される。

定款変更によって株式譲渡制限がなされたときはその旨と，1カ月を下らない一定の期間内に会社の株券・端株券を提出するべき旨，および期間内に提出がないと株券・端株券が無効となるべきことを公告し，かつ株主および株主名簿上の登録質権者には通知しなければならない（350条1項）。この株券等の提出期間の満了のときに，譲渡制限の定款変更の効力が生ずる（同条2項）。

(2) 譲渡制限株式の譲渡手続　(a) 会社以外を先買権者として指定する場合　株式を譲渡しようとする株主Aは，会社に対して，譲渡の相手方Cならびに譲渡しようとする株式の種類および数を記載した書面を提出し，譲渡の承認だけを請求する（承認の請求）か，または譲渡の承認を請求するとともに，譲渡を承認しないときは，他に譲渡の相手方（先買権者）を指定することを請求（指定の請求）できる（204条ノ2第1項）。

譲渡を承認する場合には，代表取締役がその旨を株主に通知し，譲渡は有効に行われる。これに対して，譲渡を承認しない場合には，会社は，請求の日から2週間内に，請求をした株主Aに対してその旨を書面で通知しなければならない（同条2項）。また，株主Aが，会社が譲渡を承認しないときには，他に譲渡の相手方（先買権者）の指定をも請求した場合には，取締役会は，その譲渡を承認するか，それとも先買権者を指定するかを決する。先買権者を指定するためには，会社は，指定の請求の日から2週間内に，株主にその旨を書面で通知しなければならない（同条3項）。これらの通知を怠れば，取締役会が株主により請求された譲渡を承認したものとみなされる（同条4項）。

　株主Aから指定の請求があった場合に，取締役会によって譲渡の相手方として指定された者Bは，株主Aへの通知が到達した日から10日内に，Aに対して，書面でその株式を売り渡すことを請求することができる（204条ノ3第1項）。この売渡を請求するには，購入金額を会社の本店所在地の供託所に供託し，かつその証明書を売渡請求の書面に添付しなければならない（同条2項）。この場合の購入金額は，会社の最終の貸借対照表によって会社に現存する純資産額（会社自身が先買権者の場合には，204条ノ3ノ2第7項参照）を発行済株式総数で除した額（1株当りの純資産額。簿価ともいう）に，株主が譲渡しようとする株式数を乗じた額である。この売渡請求が期限内（通知が到達した日から10日内）になされないときは，株式の譲渡について取締役会の承認があったものとみなされる（204条ノ3第3項）。これに対して，適法な売渡請求があったときは，株主Aと先買権者Bとの間で，株式の売買契約が成立する。株券を移転すべき義務を負う株主Aは，売渡請求から1週間内にその株券を，会社の本店所在地の供託所に供託し，先買権者Bに遅滞なく供託の通知をしなければならない（同条4項）。この期間内に株券の供託をしないときは，先買権者Bは株式の売買契約を解除することができる（同条5項）。

　この場合においても，実際の株式売買価格は供託金とは別に，当事者間（A・B間）の協議により定められる。当事者間での協議が整わないときは，当事者は株式売渡請求のあった日から20日内に，裁判所に対し売買価格の決定を請求することができる（204条ノ4第1項）。価格の決定に際しては，裁判所は株式売渡請求の時における会社の資産状態など一切の事情を斟酌しなければ

ならない（204条ノ4第2項）。この期間内に裁判所に価格の決定を請求をしないときは，供託金額が売買価格とされる（同条3項）。このようにして売買価格が確定すると，供託金は売買代金の支払に充てられ，その代金の全額が支払われたときに株式の移転の効力が生ずる（同条4項・5項）。しかし，売買価格と供託金額の差額の支払がないため株主Aが売買を解除した場合には，株式の譲渡について取締役会の承認があったものとみなされ，株主Aは当初の譲渡の相手方Cに株式を譲渡することができる（同条7項）。

(b) 会社を先買権者として指定する場合　取締役会は，先買権者として会社を指定することができる（204条ノ3ノ2）。会社が先買権を行使すると自己株式を取得することになるが，平成6年改正商法は自己株式取得禁止の例外として，これを認めた（204条ノ3ノ2・210条5号）。ただし，会社が売渡請求をするためには，株主に先買権者の指定の通知の日から30日内に，株主総会の特別決議（343条）により購入を決定する必要がある（204条ノ3ノ2第1項・2項）。この場合，相手方の指定を請求した株主は，議決権を行使することはできない（同条3項）。なお，会社が売渡請求をして買い受ける株式の数や，供託すべき額および株式の売買価格について制限がある（同条5項・7項）。また，裁判所の決定した売買価格が204条ノ3ノ2第5項の規定により算定した額を超えるときは，売買は成立しないものとみなされる（204条ノ4第6項）。一定の期間内に総会の決議がなかった場合，および売買が成立しなかったものとみなされた場合には，株式譲渡につき取締役会の承認があったものとみなされる（204条ノ3ノ2第8項・204条ノ4第7項）。

(3) 譲渡制限株式の取得　定款に譲渡制限の定めがある場合に，株式譲渡の承認の請求または先買権者指定の請求は，本来，株式を譲渡しようとする株主がこれをなすことになっている。しかし，競売・公売によって譲渡制限株式を取得した者が，その株式につき株主権を行使できないとなると不都合である。

従来，商法は，それらの者に株式取得の承認の請求，あるいは取得を承認しないときは先買権者の指定の請求を認めていた（平成2年改正前商法204条ノ5）。ところが，後述（(4)参照）のように，判例は取締役会の承認を欠く譲渡制限付株式の譲渡も当事者間では有効なものとしているので，競売または公売以外の

方法によって譲渡制限株式を取得した者についても，同様の問題が生じうる。

そこで，平成2年改正商法は，譲渡制限株式の取得者が，取得の原因を問わず，会社に対して，取得を承認しないときは先買権者の指定を請求することができると，明文の規定をもって認めた。(204条ノ5)。これにより，譲渡制限株式につき譲渡担保権が実行されて株式を取得した担保権者，善意取得者(229条)，特定遺贈の受遺者などにとっては都合がよくなった。

(4) 制限違反の効果　定款に譲渡制限の定めがある場合に，取締役会の承認を得ないでなされた株式譲渡の効力は，会社に対してはその効力は生じない。しかし，株式譲渡当事者間では有効か（相対的無効説），当事者間でも無効か（絶対的無効説）については見解が分かれていた。

多数説・判例（最判昭48・6・15民集27巻6号700頁）によれば，譲渡は会社に対する関係では効力を生じないが，譲渡の当事者間では有効であるとする。会社にとって好ましくない者が株主として権利を行使するのを防ぐという譲渡制限の目的は，会社に対して譲渡の効力を生じないとすれば達せられるからである。平成2年の改正商法は，この多数説・判例に従ったものと認められる。

3.3　自己株式の取得と株式相互保有

(1) 自己株式取得の規制　(a) 自己株式の取得禁止の趣旨　自己株式とは会社が発行している自己の株式のことをいう。株式は有価証券であるから，ほかから自己株式を承継的に取得することは可能である。しかし，商法では，原則として自己株式を取得することは禁じられている (210条)。その理由としては次のようなことがあげられる。すなわち，自己株式の取得は，実質的には株主に対する出資の払戻しとなり，会社の業績が悪化すると自己株式の値下りにより，会社に損害を与え会社債権者を害することにもなる。会社が意図的に一部の株主から株式を買い受けるなどその方法と対価によっては，株主平等の原則上問題が生ずる。取締役が自己の地位を守るために会社の資金で自己株式を買い集めると支配権をめぐる不公正な株式取引となる。株価操縦や内部者取引を利用して一般の投資家の利益を害するなどである。

会社が，他人名義であっても会社の計算で，自己株式を取得するときには，実質的に自己株式の取得と同じ弊害を生じるために，これも許されないと解される (489条2号参照)。

(b) 自己株式の質受の規制　自己株式を質物として受け取るのは，その弊害も自己株式の取得の場合ほどではない。また，担保価値がよく分かっている自己株式の質受は，会社としては有利なこともある。しかし，自己株式の取得の脱法手段として利用されやすいことから，発行済株式総数の5％を超えて自己株式を質受けすることを原則として禁止している（昭和56年改正前までは全面禁止されていた。旧210条）。例外として，合併または営業全部の譲受の場合や自己株式以外に担保に供する財産がないような場合には，5％を超えて質受できるが，相当の時期までに5％の限度まで質物を処分しなければならない（210条・211条）。

(c) 取得禁止の例外　　(イ) 取得の許容　商法は，次のような自己株式の取得の例外を認めている。

(i) 株式の消却のためにするとき（210条1号）　株式の消却には，株式分割または資本減少の規定による消却（212条1項），定款の規定による利益消却（212条1項但書），償還株式の償還（222条1項），定時総会の決議による利益消却（212条ノ2）がある。

(ii) 営業の全部を承継させる吸収分割，合併または他の会社の営業全部の譲受け（210条2号）

(iii) 会社の権利の実行のためその目的を達するため必要なとき（210条3号）　債務者が自己株式以外にめぼしい財産を有していないとき，強制執行（競売）や代物弁済などにより自己株式を取得する。

(iv) 株式買取請求権が行使されるとき（210条4号）　株式買取請求権が行使されれば，会社は自己株式を取得することになる（245条ノ2・349条1項・408条ノ3，有64条ノ2第1項）。なお，端株について端株券が発行されない場合（230条ノ8ノ2第2項）や，単位株制度を採用している会社において，株主が有する単位未満株式（昭和56年改正商法附則19条）にも買取請求権が認められている。

(v) 会社が先買権者として株式を買い受けるため（210条5号）　定款で譲渡制限を定めている会社の株式の譲渡につき，取締役会また株式の取得者が会社を相手方に指定した場合に自己株式を取得するとき（204条ノ3ノ2・204条ノ5）。

(vi) 取締役または使用人への譲渡のための自己株式取得（210条ノ2）　①平成6年改正商法では，従業員持株会への譲渡とか永年勤続の従業員報奨のため必要な場合など正当な理由があるときは，使用人に譲渡するための自己株式取得が認められていたが，さらに②平成9年改正商法では，取締役または使用人に与える報酬の一形態として自社株式を譲渡する，いわゆるストック・オプション制度の採用により必要な場合も自己株式取得が認められている。①②の取得の要件・手続については後述(ハ)参照。

(vii) 相続人からの自己株式の取得（210条ノ3）　定款で譲渡制限を定めている会社では，株主が死亡した場合，その相続人から，相続開始から1年内に自己株式を買い受けること（取得すること）ができる。

なお解釈上，問屋たる証券会社が顧客からの委託の実行として自己株式を取得したり，信託会社が自己株式の信託を受けるなど，会社名義ではあるが他人の計算においてなされる場合や自己株式を無償で取得する場合など，弊害の生じないことが類型的に明らかである場合，例外として認められる。

(ロ) 取得に対する財源・数量・手続上の規制　上記のように自己株式の取得が例外的に認められるが，弊害防止のため，財源，株式の数量，株式取得の手続などについてさまざまな制限が付されている。

例を示せば，①自己株式を取得するための財源は，配当可能利益の範囲内でなければならないとされている（204条ノ3ノ2第5項・210条ノ2第3項・210条ノ3第2項・212条ノ2第3項。なお，消却特例3条5項参照）。②取締役・使用人に譲渡するための自己株式の取得数は，発行済株式の総数の10％以内（210条ノ2第1項），譲渡制限株式を自己株式として取得する数は，発行済株式の総数の20％以内としている（204条ノ3ノ2第7項・210条ノ3第1項）。③利益消却やストック・オプションによる株式取得は，定時総会決議を必要とし（210条ノ2第2項・212条ノ2第1項），その取得方法は，公開会社については，市場取引，店頭取引，および公開買付に限定し（210条ノ2第8項・212条ノ2第4項），非公開会社については，相対取引で行う。

(ハ) 自己株式譲渡方式によるストック・オプション　(i) 意義　ストック・オプション制度とは，会社が取締役または使用人に対して，会社からあらかじめ定めた一定の価格（権利行使価格）で，一定の期間内に，一定数のその

会社の株式を会社から取得する権利を付与する制度をいい，この権利を与える契約をストック・オプション（付与）契約という。将来，会社の業績が上がり，株価（時価）があらかじめ定められた権利行使価格を超えた場合には，この権利を行使してそれを売却すれば，取締役または使用人は利益を得ることができる。これにより，取締役または使用人に業績向上に努めるインセンティブ（誘因）を与えることができる。ストック・オプションは，業績に連動する報酬の一形態である。報酬とはいっても，ストック・オプションが付与された時点ではその価値が確定せず利益の額を予測するのは困難なことなどから，取締役への付与は269条の規制にはなじまないとされている。

(ii) ストック・オプションの付与の方法　このストック・オプション制度には，会社があらかじめ自己株式を取得しておいて，取締役または使用人の権利行使に応じてその株式を譲渡する方式（自己株式譲渡方式）と，取締役または使用人の権利行使に対して新株引受権を付与する方式（新株引受権付与方式，第Ⅱ編第6章§2，3.4参照）の2つの方式がある。会社は，両者の方式を同時に採用することはできない（210条ノ2第5項・280条ノ19第5項）。

> **コラム**　**従業員持株会による自己株式取得**
> 　平成6年改正前の従業員持株会による会社株式の取得には，若干の問題点があった。つまり，この従業員持株会の株式購入がインサイダー取引に該当しないように給料日など一定の日に市場で購入することになっていたが，このことが逆には市場での流通株式数が減るというような問題があった。そこで，あらかじめ会社が自己株式を取得して，従業員持株会に譲渡することを認めて，平成9年改正商によりストック・オプション付与の対象に取締役を加えた（210条ノ2）のである。

(iii) 取締役・使用人に譲渡するための自己株式の取得の要件・手続　会社が取締役または使用人に譲渡するために自己株式を取得するには正当な理由が必要であり，取得株式数は発行済株式総数の10％以内であることが必要である（210条ノ2第1項）。会社は，自己株式の譲渡が必要な理由を開示し，議案の要領を招集通知に記載して，定時株主総会の決議を経なければならない（同条2項・8項）（新株引受権付与方式では，定款の定めと株主総会の特別決議が必

要である。280条ノ19第2項参照）。ストック・オプション付与契約にもとづき株式を譲渡するために買い受けるときは，権利の付与される取締役または使用人の氏名，譲渡する株式の種類・数，譲渡価額，権利行使期間，権利行使の条件などについて定時総会の決議を要する（210条ノ2第2項3号）。自己株式の取得価額の総額は配当可能利益の範囲内で（同条3項），取締役または使用人が株式を購入する権利の行使期間は決議の日から10年内とされ（同条4項），取締役または使用人への権利の付与は次の定時総会の終結の時までとされている（同条6項）。なお，権利（オプション）が行使されないことが確定したときには，会社はこの株式を相当の期間内に処分しなければならない（211条参照）。

　(d)　取得した自己株式の法律上の地位　　(イ)　取得した自己株式の処置　例外的に，自己株式の取得・質受が許される場合でも，その株式を長く保有すると弊害が生じやすいので，自己株式の保有状態を早期に解消することが望ましい。そこで会社は，株式の消却のために取得した場合には遅滞なく株式失効手続（たとえば，株主名簿上の株式の抹消，株券の破棄など）をなし，その他の場合には（210条2号～5号，210条ノ3第1項）原則として相当の時期に株式を他に処分し，取締役または使用人に譲渡するために取得した場合には（210条ノ2第1項），株式を買い受けたときから6カ月以内（ストック・オプション付与制度にもとづく場合は権利行使期間（定時株主総会決議の日から10年間））に，取締役または使用人に株式を譲渡しなかったときは，相当の時期に処分しなければならない（211条）。なお，平成9年改正商法は，存続合併の場合に，存続会社が新株発行に代えてその有する（相当の時期に処分すべき）自己株式を消滅会社の株主に対して移転することができるものとした（409条ノ2）。

　(ロ)　保有する自己株式の株主権　　例外的に取得・質受が許され会社が一時的に保有する自己株式は議決権を有せず（241条2項），その他の共益権も有しないと解される。したがって，その株式数は株主総会における定足数算定にあたり，発行済株式総数に算入されない（240条）。

　利益配当請求権・利息（建設利息）配当請求権・中間配当請求権は有しない（293条但書・293条ノ5第6項）。その他の自益権については明文規定はなく解釈に委ねられている。

株式分割（218条以下），株式併合（214条以下）の効果は自己株式にも及ぶと解すべきであるとされている。

(e) 取得禁止違反の効果　取得禁止に違反して自己株式を取得した場合や取得した株式の処分を怠った場合には，罰則の制裁がある（489条2号・498条1項12号）。

取得禁止に違反した自己株式の取得の私法上の効力は，見解の分かれるところである。従来の通説・判例によれば，会社資本の維持を重視し，自己株式の取得行為は一般に無効と解されてきた（自己株式の質受につき最判昭43・9・5民集22巻9号1864頁）。しかし，会社の計算において他人名義でする場合または子会社による親会社の株式の取得の場合には，株式取引の安全を考慮して，相手方（譲渡人）が悪意ではないかぎり，その取引は有効と解すべきである。なぜならば，このような場合に相手方は自己株式に当たるか否かはわからないのが普通だからである。なお無効の主張は，会社財産の確保を主要な目的とする自己株式取得の禁止の趣旨からすれば，相手方（譲渡人）に認める必要はなく，会社（譲受人）に無効を主張させるべきであると解されている。

(2) 子会社による親会社の株式取得の規制　(a) 規制の趣旨　親会社と子会社との間には，程度の差はあれ，財産的にも組織的にも密接なつながりがある。とくに，100％子会社の場合にはそのことが顕著であろう。そのため子会社による親会社の株式取得は，自己株式の取得と同様な弊害をもたらす危険がある。そこで，昭和56年の改正商法では，子会社の範囲を明確にするとともに，子会社による親会社株式の取得を原則的に禁止することにした（211条ノ2）。

同条にいう親子会社の関係は，株式の過半数や出資の過半の持分を所有するという形式的基準によることとし，いわゆる孫会社まで含めて決定される（第Ⅱ編第1章§2, 2.2参照）。

(b) 取得規制の例外　合併または他の会社の営業全部の譲受によるとき，子会社の権利の実行に当たり，その目的を達するために必要がある場合に限って，親会社の株式取得が許される（211条ノ2第1項1号・2号）。これらの場合，その取得した親会社の株式は相当の時期に処分しなければならない（同条2項前段）。

(c) 取得した親会社株式の株主権　　子会社が所有する親会社の株式については，議決権は休止する（241条3項）。その他の共益権も同様であるが，自益権については，新株引受権以外は認められると解されている。
　(d) 取得禁止違反の効果　　この禁止規定に違反した場合には罰則の適用があり（498条1項12号ノ2・2項），株式取得の私法上の効果は，自己株式の場合と同様に原則として無効である。しかし，当該株式の譲渡人が子会社による親会社株式の取得の場合であることを知らない場合（善意）には，その取引は有効と解されている。
　(3) 株式相互保有の規制　(a) 株式相互保有の目的と問題点　　株式の相互保有（株式の持合い）とは，複数の会社間で直接または間接に相互に株式を保有する（持ち合う）ことをいう。株式の相互保有は，たとえば，株主安定工作，各種（技術・業務など）の企業提携，グループ内の企業の結合関係の強化等を目的として行われている。ところが，この相互保有が過度に行われると，会社経営者の個人的利益のために使われたり競争制限のおそれがあるほか，とくに問題であるとされているのは，①資本の空洞化と②議決権行使の歪曲化である。たとえば，①には，2つの会社の間で，株式の第三者割当が繰り返されることによって相互保有がなされると，名目上の資本金は増加するもののそれに見合うだけの会社の資産は増加しないという問題がある。②には，たとえば，双方の会社の経営者がそれぞれの株主総会で，相手方の経営者に有利な議決権行使を行うことにより経営者支配の永続化を可能にするという問題がある。
　(b) 相互保有の規制　　商法は，ある会社（他に，ある会社の子会社が単独で，または親会社と子会社が併せて所有する場合も含む）が他の会社の発行済株式総数の25％を超える株式または資本金の25％を超える持分を所有するときには，両会社の関係は，会社支配の面で親子関係に準ずる関係にあると考えて，他の会社がある会社に対して有する議決権は休止すると定めている（241条3項）。このように，株式の相互保有を直接的には禁止していないが，議決権を休止させることで支配に利用できないことにして，間接的に相互保有を抑制している。もっとも，日本の企業集団においては，多数の構成企業が互いに少しずつ株式を持ち合っている（環状的株式所有あるいはマトリックス的株式所有）ため，この規定による規制が有効に機能しているとは言い難い。

3.4 特別法による制限

日刊新聞紙の発行を目的とする株式会社では，定款でもって，株式の譲受人をその会社の事業に関係ある者に限ることができる（日刊新聞紙の発行を目的とする株式会社及び有限会社の株式及び持分の譲渡の制限に関する法律）。

特殊会社も，定款で株式の譲渡制限が認められる（日本航空株式会社法2条）。

独占禁止法は，株式取得および所有を制限している（独禁9条の2・11条・10条1項・14条・17条の2・91条）。企業結合の有効な手段の1つとして株式の保有がある。しかし企業結合は，独占的な市場構造を形成する可能性を有している。そこで，独占禁止法では，原則として事業会社の株式保有を認めているが，公正かつ自由な競争を実質的に制限するような株式の取得または保有，および不公正な取引方法による株式の所有または保有を禁止または制限している。その他，持株会社に関する規定がある。

すなわち，①金融業以外の事業を営む株式会社（持株会社たる株式会社を除く）で，資本金が350億円以上または純資産額が1,400億円以上の大規模会社は，資本の額または純資産額を超えて，国内の会社の株式を取得または所有できない。②金融業を営む会社（銀行業，信託業，保険業，無尽業および証券業）は，公正取引委員会の認可を受けた場合を除き，国内の会社の株式を，その発行済株式総数の100分の5（保険会社では100分の10）を超えて，取得または所有できない。これらの規定は，いずれも実際に支配が生じたか否かに関わりなく，事業者支配の可能性を排除するために設けられたものである。それに対して，③会社一般と会社以外の者は，他の会社の株式を取得し，または所有することにより，一定の取引分野における競争を実質的に制限することになる場合には，当該株式を取得し，または所有してはならず，また，不公正な取引方法により他の会社の株式を取得し，または所有してはならないとしている。これらの禁止に違反して株式を取得すると，排除措置がとられ，罰則による制裁を受ける。しかし，違反行為の私法上の効力については，有効なのか無効なのか見解が分かれている。最近では，独占禁止法の目的の有効な達成と取引の安全という観点から，個別的事件の具体的事案に即して解決するという見解も有力である。

4 株式の担保化

4.1 株式の担保的利用

(1) 株式は財産的価値を有し，有価証券としての株券に表章される。そして，株券の交付という簡単な方法により権利を移転することができる。そのため，債権担保の目的物として利用される。担保の設定方法には，たとえば質入や譲渡担保が考えられる。

(2) 株式の質入の自由と制限　(a) 株式は自由に質入することができる（207条・208条・209条）。

(b) 質入の制限と質入の効果　会社が発行済株式総数の5％を超えて質受することは原則として禁止される（210条）。権利株や株券発行前の株式の質入は会社に対し効力は生じない（190条・280条ノ14第1項・204条2項），株券不所持制度（226条ノ2）を利用している株主はそのままでは株式を質入することはできない。譲渡制限付の株式を質権の実行により取得した者に対しては譲渡制限の効果が及ぶ（204条ノ5）。なお，自己株式の質受の制限（210条）は，質受だけでなく，譲渡担保としての取得も対象となり，両方併せて発行株式総数の5％までしか認められないと解される。

4.2 株式質入の方法と効力

(1) 株式質入の方法　株式の質入には，略式質と登録質の2つがある。当事者間の質権設定の合意と株券の交付が成立要件であり（207条1項），株券の継続的占有が質権の第三者に対する対抗要件である（同条2項）。この質入の要件を満たしただけの株式の質入を略式質といい，この質入の要件を満たしたうえで，会社が質権者の氏名および住所を株主名簿に記載し，かつその氏名を株券に記載する場合を登録質という（209条1項）。

(2) 株式質の効力　株式の質権者は，優先弁済権（民342条）や物上代位権（民362条2項・350条・304条）を有する。商事質の場合は，流質または特約による任意処分もできる（515条）。物上代位権が及ぶ範囲については，商法に明文の規定がある（208条）。すなわち株式質の効力は，株式の消却，併合，分割，転換株式の転換または株式買取により株主が受けるべき金銭または株式の上に及ぶと規定する。たとえば質入れされている株式が分割された場合，質権者は，その分割によって増加した株式の上に質権の効力を及ぼすことができる。

(a) 登録質　さらに，登録質の場合には，質権者は会社から直接に，利益または利息の配当，残余財産の分配，その他の給付（株式の引渡や金銭の払渡）を受けることができる（209条・280条ノ18第3項・416条4項）。しかし，実際には，質権設定が顕在化してしまうために，登録質の制度はほとんど利用されていない。

(b) 略式質　それに対して，略式質の場合は，株券と引換によって会社から株式または金銭が交付されるとき，略式質権者は占有する株券を提出して引渡や払渡を会社に対して請求することができる。しかし，株式配当や無償交付など株主名簿の記載にもとづいて会社から直接株主（質権設定者）に交付されるものについては，質権設定者への引渡前にそれを差し押えなければならないと解されている（民362条2項・350条・304条1項但書）。

4.3　譲渡担保の方法

(1)　譲渡担保は，実質上，担保目的でなされる譲渡行為である。すなわち，担保物たる株式を担保権者に売り渡し，その後，借入金（代金相当）が返済されれば，株式は担保権設定者に返される。

(2)　当事者の合意と株券の交付により成立し，株券の継続的占有が対抗要件となる。その点では，株式譲渡や略式質と変わらない。譲渡制限付の株式については譲渡担保設定に対し，取締役会の承認を得なければならない。これを得ておけば，担保権者に名義書換がなされていても，担保解除の際の承認は不要と解される。

(3)　質権の設定なのか譲渡担保の設定なのかは当事者の合意によって決せられるが，実際には，当事者の意思が不明な場合が多い。このような場合には，担保権者にとって有利な譲渡担保の設定と推定すべきであるとされている。すなわち，譲渡担保では，競売によらず担保権者が任意に担保物を売却してよいし，国税徴収法との関係でも質権より有利な扱いを受ける。

第4章　株式会社とはどのように運営されるか

§1　総　説

(1)　機関とは

　株式会社が，構成員たる社員（株主）と別個独立の権利義務の主体（社団法人）とされるのは，構成員と独立した意思決定や行為が行われ，収支や財産も構成員の収支・財産との区別が確保されているからである。株式会社の組織上一定の地位にある者の意思決定や行為が会社の意思決定や行為と認められるとき，その者を会社の機関という。

(2)　株式会社の機関の分化

　法は株式会社の機関として，①株主によって構成され，その総意として会社の意思を決定する株主総会（最高意思決定機関），②全株主に代わって実際に経営を担当する取締役会（経営意思決定機関）および代表取締役（執行・代表機関），③取締役の職務執行を監査する監査役および監査特例法の大会社における監査役会（監査機関）を設けている。また，別に必要あるごとに臨時監督の機関として検査役を認めている。株式会社ではこのように機関を分け，それぞれに権限を分化している。これは国家における立法・行政・司法の三権分立にならったものである。

(3)　所有と経営の分離

　株式会社では会社の共同所有者ともいうべき株主が会社の支配権（いわゆる経営権）を有している。本来は株主が共同して会社の経営（会社財産の使用・収益処分：民206条参照）を行うべきであるが，株主が受動であること，また，企業規模の拡大に伴い，経営管理が専門化していることから，全株主がそのまま業務執行（経営）にあたるのは実際上不可能である。そこで，全株主に代わって経営の専門家たる取締役が業務執行機関（取締役会・代表取締役）を構

成して，実際に経営を担当し，株主総会は基本的事項について意思決定をするにとどまっている。株主は取締役会と代表取締役とを株主総会を通じて監督するが，その監督権限は取締役の解任権（257条）と決算の承認権（283条）とに限られているので，監査役を選任して取締役の職務執行監査を担当させている。

このように出資者たる株主は直接経営に参加できず，経営は専門的経営者に委託されている。すなわち株主は株式の所有という形で会社財産の所有権を保有するにすぎず，株主総会を通じて，出資額に応じた企業支配権を自己に保留するにとどまる。ここにいわゆる「企業の所有と経営の分離」（「支配なき富の所有と所有なき富の支配」ともいう）が成立する。これは経済形態としては資本的共同企業の段階の会社に生ずる必然的現象である。もっとも，企業の基礎的事項の決定・変更や取締役の任免等はすべて総会の決定事項として，株主の意思にかかっているから，株主が所有にもとづく支配を失っているとはいえない。昭和25年商法改正前の株主総会は法律・定款に定める以外の事項についても決議ができた文字どおり最高かつ万能の機関であったが，昭和25年法改正によって，株主総会の権限は縮小され（230条ノ10)，他方，会社経営に関する権限は取締役会に集中されるに至った（260条1項)。機関の権限の分配は株主総会中心主義から取締役会中心主義に転換してきている。

(4) 経営者支配

資本集中が飛躍的に進展し，高度化すると，巨大な資金を要するため資本の調達は広く社会資本に依存するようになり，株式は極めて多数の少額出資者に分散する。そのようになると，資本的共同企業の段階ではなお，株主の手に留保されていた企業支配力は無力化形式化していき，ついにはそれをほとんど喪失するにいたる。極言すると，当該企業の経営は株主の支配から実質的に離脱することになる。他方，近代的企業の内容の複雑化，高度の技術化は，一般出資者の経営に対する批判力を奪い，企業支配の関心も稀薄にする。また，株式の証券化と株式市場の発達は，株式譲渡を容易にし，利廻計算によって他企業を選ぶ可能性が拡大された結果，特定の企業に対する支配の熱意も簡単に冷えてしまう。このようにして，高度企業においては，「所有と経営の分離」は株式の分散によって「所有と支配の分離」にまですすむことになる。企業所有者（株主）から離脱した企業支配は，議決権の白紙委任状などを通じて企業の実

質的支配者である企業経営者，すなわち，取締役の手中に収められ「経営者支配」という事象を生じさせている。そこでは，経営者が自らを選任しうる力を保持する「所有なき支配」を現出する。近時は，個人大株主が減少して個人所有株式の分散がすすむ反面，法人所有という支配形態が進展している。個人所有にもとづかない支配という点では経営者支配ということができる。そこは，支配会社を代表して他の会社を支配する人間は所有者ではなく，経営者であるからである。そして，株主法人を基礎に株式相互保有へとすすむことになった。

§2 株主総会

1 株主総会の意義と権限
1.1 意　義
　株主は，株式会社にとっては資本の提供者である。単純に会社に資金を貸す，たとえば社債権者や銀行とは違う。債権者であれば，所定の時期には貸した金を会社から返してもらえる。しかし，株主の投下資本＝株式は払戻できない。会社に不満があれば，株式を売却して離れるしかない。経営者が失敗して会社が倒産すれば，投資は回収できなくなる。株主はこのような投資の危険を負担する者であって，会社の実質的な所有者と考えられる。したがって，株主には企業全体をコントロールする権限があるはずである。株主は多数になることが想定されるから，その意思を決定するには多数決の合議体が適当であろう。これが株主総会であって，会社の必要機関かつ最高機関とされ，その決議には取締役も拘束される。

1.2 構　成
　株主総会は，その会社の株主で構成される。ただし，無議決権株主・単位未満株主・端株主は含まれない。また，通常の株主総会の他，ある種類の株主だけで構成される種類株主総会がある（345条）。取締役や監査役は総会の構成員ではないが，議案の報告や説明を行ったり，議事進行の役割を果たすために出席しなければならない。

1.3 権　限
　株主総会は，商法または定款の定める事項に限って決議できる（230条ノ10）。

もっぱら，取締役や監査役の選任・解任，会社の合併・解散，定款変更，計算書類の承認など，会社の基本的な事項である。会社の具体的な業務執行は，その専門家である取締役に委任されるため，業務執行に関する事項は含まれない（取締役会の権限である）。商法の想定する株式会社は，一般大衆にも広く資本参加を求めるもので，株主に経営の知識を要求していないし，多数の株主を招集する手続は煩雑で機動性を欠くからである。この意味で，増資（新株発行）は，かつて株主総会の権限であったが，会社がいつどれほどの資金を要するかということは，経営を担当する者に判断させるのが適当であるし，迅速に行動もできるという見地から，現在では取締役会に委ねられている（授権資本制度）。

総会の主な決議事項は次のとおりである。
① 会社の基本構造を変える事項　　解散（404条）・合併（408条）・会社分割（374条）・定款変更（342条・348条）・営業譲渡（245条）・資本減少（375条）
② 機関の人事に関する事項　　取締役の選任と解任（254条1項・257条1項）・監査役の選任と解任（280条1項）・総会検査役の選任（少数株主招集の総会に限る，237条3項）
③ 株主の利益を害する可能性のある事項　　自己株式の取得（210条ノ2第2項・210条ノ3第3項・212条ノ2第1項）・新株の第三者に対する有利発行（280条ノ2第2項など）・取締役や使用人に対する新株引受権の付与（280条ノ19第7項）
④ 計算に関する事項　　計算書類の承認（283条1項）・役員報酬の決定（269条・279条1項）

必要な株主総会の決議なしに代表取締役など他の機関が行った行為は原則として無効であるが，取引の安全の要請から，第三者との関係で有効とされる場合もある。

2　株主総会の招集
2.1　招集権者
(1) 取締役会による招集　　原則として，招集は取締役会が決定し（231条），代表取締役が招集手続を執行する。取締役会は日時・場所の他，議案も検討し，提案する。

取締役会決議なしに代表取締役が勝手に招集することは，総会決議の取消原因になる。

(2) 少数株主による招集（例外その1）　株主がイニシアチブをとって招集する場合がある。6カ月以上前から発行済株式総数の3％以上を有する株主は，まず，会議の目的事項と招集理由とを記載した書面を代表取締役に提出して招集を求めることができる（237条1項）。取締役会がこれを受けて招集手続に入れば問題はない。しかし，遅滞なく手続がとられないか，招集請求の日から6週間以内の日を開催日とする招集通知が出されないときは，株主は，裁判所の許可を得て自ら総会を招集することができる（同条2項）。この際，招集手続や議事運営は取締役が協力しない限り株主が自力で行うことになるが，かかった費用は会社に請求できる（本来会社が負担すべきものだから）。この方法は，取締役が審議したがらない事項（解任など）が目的とされ，かつ定時総会の開催を待てない場合（待ってもいいならば後述する提案権行使の方が要件が軽い）や，総会議事の運営も請求株主側のペースで行いたい場合などに利用される。

(3) 裁判所による招集命令（例外その2）　経営に不正行為や違法行為の疑いがある場合，株主からの請求で結果的に裁判所から総会招集命令が出される場合がある。手続は次のとおり。①発行済株式の3％以上の株式を持つ株主は，会社の業務に関して不正行為または重大な法令・定款違反行為を疑わせる事由があるとき，会社の業務および財産状況を調査させるため検査役選任を裁判所に請求することができる（294条1項）。②選任された検査役はこれらを調査し，結果を裁判所に報告する（294条2項→237条2項）。③裁判所はこの報告を見て必要と認めたときは代表取締役に株主総会招集を命じることができる。この総会には，調査役の報告書とこれに対する取締役・監査役の意見が提出される（294条2項→237条3項）。検査役とは，このような調査をするため臨時に設けられる会社の機関（したがって報酬は会社が負担する）で，弁護士や公認会計士などの専門家が指定される場合が多い。

この招集命令は，株主総会に先立ち，総会検査役選任が請求された場合も同様になされうる（237条）。

> **コラム** 招集手続なしに開催される株主総会
> 　(1)　**全員出席総会**　招集手続の規定は，株主の総会出席の準備の機会を与える趣旨なので，株主全員が集って総会を開くことに同意すれば，総会は有効したと認めてよい（最判昭60・12・12民集39巻8号1869頁）。
> 　(2)　**一人会社の株主総会**　これは1名の株主が出席すれば全員出席総会となるから，招集手続をとる必要はない（最判昭46・6・24民集25巻4号596頁）。

2.2　招 集 手 続

(1)　**招集通知**　(a)　**株主の確定**　総会を招集するには，まず，株主を確定しなければならない。会社としては，株主名簿に記載された者を株主として扱えばよいのだが，株式は自由に譲渡できるから，大規模な会社では，名義書換が頻繁に行われ，毎日のように記載が変わる可能性がある。このため，多くの会社では，総会期日前，通常は決算日直後から総会終了までの間，株主名簿を閉鎖する（224条ノ3，最長で3カ月）。この期間は閉鎖から2週間前までに新聞などで公告される（同条4項）。また，名義書換を続けながら基準日を設ける方法も認められているが，ほとんど採用されていない。

(b)　**通知の発信**　この名簿を元に，招集権者（前述2.1(1)・(3)では代表取締役，(2)では当該株主）が，議決権を持つ全株主に招集通知を出す。通知は開催日の2週間前までに発信されなければならない（232条1項）。通知を受けた株主に，期日や場所・議案などを検討して出席するかどうか判断する十分な時間を与えるためである。これが著しく遅れたり，通知漏れがあったりすると，決議の取消原因になる。

(2)　**招集の時期**　株主総会には，決算期ごとに招集される「定時総会」と，臨時に招集される「臨時総会」とがある。決議の効力や手続に商法上の差はないが，計算書類の承認は定時総会で行われるほか，とくに定時総会の決議を要求する事項がある（210条ノ2第1項：従業員持株制度のための自己株式買受，212条ノ2：株式の任意消却）。定時総会の開催時期についての規定も，とくにない。もっとも，計算書類の承認や利益処分案は定時総会で検討されることになるから，決算期から相当な準備期間以内に開催されるべきであろう（株主名簿閉鎖

との関係上，多くは決算期の約3カ月後に開催される）。

(3) 招集地　　総会の開催場所は会社の本店所在地またはその隣接地とされるが，定款でそれ以外の場所を規定してもいい（233条）。具体的な会場は，定款に規定がなければ取締役会で決定するが，集合が困難な場所（交通の便のない孤島とか）をわざと選んだような場合，また，会場が狭く，出席株主の大部分が参加できないのを放置して開催された場合など，会場の選定や事後処理に問題があったときも決議の取消原因となる。

(4) 通知の内容　　(a) 通常の記載　　招集通知には，開催日時・場所の他，会議の目的（議案）を記載しなければならない（232条2項）。議案は「第何期利益処分案承認の件」「取締役選任の件」のように審議されるべき題目を指す。

(b) 議案の要領の記載　　会社の将来に大きな変化が予想されたり，とくに株主の利益を侵害する可能性のある事項で，その内容や趣旨もあらかじめ株主が検討しておくことが望ましい議案では，議案の要領（内容）も記載を要求される。営業譲渡（245条2項），定款変更（342条2項），合併（合併契約の要領，408条2項），自己株式の取得（210条ノ2第8項・212条ノ2第4項），新株の第三者に対する有利発行（280条ノ2第3項・341条ノ2第5項・341条ノ8第6項），取締役や使用人に対する新株引受権の付与（280条ノ19第7項），分離型新株引受権付社債の発行（341条ノ8第6項），である。この場合は，決議すべき内容の要旨に加え，提案理由も添えられる。

(c) 添付書類　　定時総会の招集通知には，貸借対照表・損益計算書・営業報告書・利益処分案・監査役の監査報告書の謄本を添付する（283条2項）。定時総会でこれら計算書類の承認をするためには，株主があらかじめ目を通しておける配慮が必要だからである。

　書面投票（4.3(3)）を行う会社においては，株主にその判断材料を与えておくために，招集通知に参考書類を添付しなければならない（商特21条の2）。

(4) 株主提案権　　(a)　議案の提案は原則として取締役からなされるが，株主自らが提案できる場合がある。6カ月前から引続き発行済株式の1％以上または300株以上を有する株主は，取締役に対し，開催日から6週間前までに，書面で，ある議案を総会で審議するよう要求することができる（232条ノ2第1項）。招集通知に議案の要領を記載して欲しい場合には，同じ書面にその旨を

記載する。ただし，その議案が法令または定款違反であるとき，および，同じ議案が，過去3年以内に総会にかけられていて，議決権の10％未満の賛成しか得られずに否決されていた場合は認められない（いわゆる泡沫提案を排除するため，232条ノ2第2項）。6週間の余裕は取締役会に準備期間を与えるためである（開催日は株主名簿閉鎖公告から推定する）。

(b) この請求があった場合，会社は，招集通知にこの議案を記載しなければならない。大会社の場合には，参考書類にさらに詳しい記載が要求される（書面投票との関係）。適法な提案がなされたにもかかわらず，取締役会が拒否した場合には，決議の取消原因となる。

この方法は，株主総会の正常化・活性化を大きな目的とした昭和56年の商法改正で導入された。取締役が避けて通ろうとする事項を，株主自ら総会に持ち出す手段で，少数株主による総会招集よりも要件がかなり軽減されている。

3　株主総会の運営

3.1　序説　(1)　株主総会は，取締役や監査役の選任権を有し，特別決議によればいつでも無条件で彼らを解任することもできる。取締役にしてみれば，株主総会の多数派の信頼を失うことは，自分の地位を失うことを意味する。それゆえに，株主総会を平穏に終わらせることが彼らの重大な関心事になる。現実の株主総会は，「シャンシャン総会」と揶揄されるように，株主による議論はほとんど行われず，十数分で終了することも多かった。その原因としては次のようなことが指摘できる。

① 一般株主の無関心：短期的な株式売買による利ザヤのみを求める投機株主（経営には直接関心を持たない）が相対的に多く，ある程度長期にわたって株式を保有する投資株主（経営にある程度関心を持つ）が少ない。投機株主の多くは出席さえしないであろう。

② 「安定株主工作」と呼ばれる法人株主の相互持合：グループ企業や取引先などが相互に株式を有する場合，互いの株主総会では，議案はあらかじめ了解されているから，実質的な議論は期待できない。

③ 「総会屋」の存在：「総会屋」とは，株主としての権利を濫用して会社から利益を得ようとする者をいう。たとえば，株主総会の正常な運営を妨害すると脅迫して，あるいは逆に他の株主を威圧することで総会を平穏に終了させる

ことを約束して，金品を要求する，などというものである。

> **コラム** 一株株主運動
> 　もっとも，個人株主が常に総会に対して無関心だったわけでもない。昭和40年代，公害などに反対する市民運動の一環として，株主総会に出席し経営者に直接対峙しようとするいわゆる「一株株主運動」が盛んになった。多くの一般株主の出席・議場が混乱するなどの事件もあった。このような活動は一時過激になったが，しだいに衰退していった。

(2) 昭和56年商法改正の目標の1つが株主総会の正常化で，そのために，株主総会における株主の権利の強化・議長権限の明確化・総会屋の排除に関する規定が新設された。概要は次のとおりである。

① 株主の権利強化　株主提案権（前述），取締役・監査役の説明義務（＝株主の質問権，237条ノ3）

② 議長権限の明確化（237条ノ4）

③ 株主の権利行使に関する利益供与の禁止（294条ノ2），供与利益の返還請求（同条），利益供与罪（497条）

改正後，一時的に，質問が殺到して総会が長時間化する傾向が見られた。しかし，総会屋の数が減少したことに加え，上場会社が会日を同一日同一時間に集中させたこと，同種の質問に対する一括回答が認められたことで，所要時間はふたたび短くなっている。さらに，総会リハーサル・シナリオ・想定問答集等により，取締役による総会のコントロールが行われている。一方，総会の場で企業の社会的責任を問おうとする市民運動の「運動型株主」も復活してきた。

近年，総会屋に関する大企業の不祥事が次々に明らかにされたことから，従来のような総会運営が反省され，再検討されている。

3.2　議　　長

(1) 総会の議長は，定款に定めのない場合，株主総会で選任される（237条ノ4第1項）。多くの会社では，定款で社長を議長とする旨定めている。しかしこの場合でも，少数株主により招集された総会では，その場で議長を選任するべきである。

(2) 議長の職務は，総会の秩序を維持し，議場整理することである（同条2

項)。具体的には，出席株主の資格・定足数を確認報告して開会を宣言し，議事の進行，発言者の指名，採決，閉会宣言を行う。しかし，あらかじめ作成されたシナリオに沿って形式的に議事を進め，議場が騒然となり審議が十分に尽くされていないにもかかわらず，一方的に採決を強行し閉会を宣言したことを理由に，決議が取り消された例もある。こういった場合，議長は，不規則発言を禁止し，着席を命じるなど，適切な指示をすることが必要である。指示に従わない者や，秩序を乱す者に対しては，退場を命じてもよい（同条3項)。

3.3 議案の提出・説明 (1) 役員の説明義務 議案は取締役会が提案し，代表取締役または担当の業務執行取締役・監査役が，その趣旨説明を行う。株主が，これだけでは議決権を行使するのに不十分であると考えた場合，質問する権利がある。商法はこのことを，取締役・監査役の説明義務というかたちで規定するが（237条ノ3），実質は同じである。

取締役らは，株主の質問に対しては原則として説明しなければならない（これにより取締役らの出席義務が推定される)。

(2) 説明の拒否事由　次の場合には回答を拒否することができる。

① その質問が議案に関係のないとき（取締役の私生活にかかわることなど)。
② 説明することで株主共同の利益を著しく害する場合（得意先や製造原価など企業秘密に関する質問など)。
③ 説明に調査が必要な場合。ただし株主があらかじめ質問状を提出しているときは，この理由で説明を拒否することはできない。なお，質問状は質問の予告であり，説明を求めるためには，総会で改めて質問を行わなければならないと考えられている。
④ その他正当事由があるとき（たとえば，回答することで取締役自身が何らかの罪に問われるとか，株主が得た情報を不当な目的で利用しようとしていることがはっきりしている場合など)。

これ以外の理由で説明を拒否することは決議の取消原因となる。

(3) 説明義務の限界　説明は議案の判断に必要と認められる程度で足りる。特定の株主が執拗に同じ質問を繰り返すような状況では，議長は審議を打ち切ってもよい。

あらかじめ提出された質問状に対し質問を待たずに回答すること，とくにい

くつもの質問状に同じ事項が含まれている場合，まとめて回答するいわゆる「一括回答」も，判例で適法とされる（東京高判昭61・2・19判時1207号120頁）。

3.4 採決・閉会

採決は，各議案ごとに，それぞれの決議の種類（普通決議，特別決議，特殊な決議）に従い行わなければならない。いわゆる緊急動議（議事進行に関する，たとえば議長の不信任，審議の打ち切りなど）は，その場に出席している株主の有する議決権の過半数で決する。

採決の方式について特別の規定はない。出席株主の投票を待たず委任状だけで決議要件を満たすような場合や，質疑応答の状況から各株主の賛否が明らかであるような場合には，改めて投票などの手続は必要ないとされる。しかし，状況がそれほどはっきりしていないような場合には，各株主に納得のいくかたちで採決を行う必要がある。「異議なし」などの声や拍手などで可決を宣言することには問題がある。

すべての議案につき適切な採決が終了したならば，議長は閉会を宣言する。

3.5 延会・続会

審議が長引き，開催日中に決議をすることが困難な場合，総会は延期または続行の決議をすることができる（243条）。このときは改めて招集手続をとる必要はない。

3.6 議事録の作成

総会終了後，代表取締役は議事録を作成しなければならない（244条1項）。議事録には，開催日時と場所（規定はないが当然のことと解釈される）のほか，議事の経過の要領とその結果を記載し，議長および出席した取締役が署名しなければならない（同条2項）。議事録はその正本を会社の本店に10年間，各支店に謄本を5年間，それぞれ備置し，株主や債権者などの閲覧，謄写に応じなければならない（同条4項→263条）。

4 株主総会の決議

4.1 序説

株主総会は多数人の集まる会議体なので，全員一致を求めることは現実的でない。したがって，多数決で決するしかないことになる。

そこで株主総会では，頭数による多数決（1人1票）ではなく，投資の額に応じて発言権を与える資本多数決すなわち1株につき1議決権を与えることで意思決定を行う（241条）。とはいえ，資本多数決では少数の株式しか持ってい

ない株主が不当に圧迫される危険がある。とりわけ，大株主の顔ぶれがほぼ固定されている会社においては，勝者は常に決まっているということになる。少数者としては，この状態が気に入らないならば，持株を売却してこの会社を離れるしかないが，売却が困難であったり，低い価格でしか売却できなかったりすることもある。こういった少数者を保護するために，とりわけ，会社の運営が大きく変わるような決議の場合には（特別決議が行われるような場合），あらかじめその議案に反対していた者の株式を会社が買い取る，株式買取請求権が認められている（第3章§2, 2.2(4)）。

4.2 議決権の数

(1) 1株1議決権の原則　資本多数決の原則により，各株主は，1株につき1議決権を有する（245条1項）。単位株制度を採用している会社では，1単位につき1議決権である（昭和56年商法改正附則18条1項）。

(2) 議決権の認められない株式　株式によっては，議決権の行使を許さないものがある。これらの株式は，株主総会の定足数や，決議要件を計算する場合「発行済株式総数」には算入しない（240条1項）。

(a) 無議決権株　会社が普通株のほかに優先株を発行している場合，その優先株に議決権を付与しないことも認められる（242条1項）。ただし，株主総会で，その優先的配当を行う議案が提出されなかった場合はその総会から，その議案が否決されたときはその総会終了時から，優先的配当の議案が可決されるまでの間，議決権は復活する（同条但書）。

(b) 自己株式　会社はその有する自己株式については，議決権を行使することができない（241条2項）。これを認めると，（会社所有の株式の議決権を行使するのも業務執行であるから）取締役が，自らは投資の危険を負担せずに，自社の株主総会をコントロールできる（少なくともその決議に影響を与える）ことになり，妥当ではないからである。

(c) 相互保有株式　2つの会社が互いに株式を持ち合っている場合，議決権が停止される場合がある。AB2社が株式を相互保有しているとき，A社の有するB社株が，B社の発行済株式総数の4分の1を超過しているならば，B社の有するA社株には議決権がなくなる。相互に4分の1を超過して有しているならば，両方について議決権はなくなる。A社の子会社がB社と相互保有し

ている場合，および，A社と子会社とがB社と相互保有している場合も，その有するB社株が（後の場合には両方足して）4分の1を超過しているならば，B社の有するA社株の議決権は停止される（241条3項）。

この規定は，ある会社の取締役が，別な会社を介して，自分の会社の株主総会をコントロールすることを禁止するためのものである。つまり，先の例でいうならば，A社の取締役aはB社の株主総会に参加し，自らに都合のよいbを取締役として送り込むことができる。bが，A社の株主総会に参加することになれば，B社の有する議決権は，結局aの利益のために行使されることになるからである。

(d) 単位未満株式　単位株制度を採用している会社では，単位未満株式しか有していない株主は，議決権を持たない（昭和56年商法改正附則18条1項）。

4.3　議決権の行使

株主総会には，株主自らが出席し，議決権を行使することが原則である。しかし，出席できない株主には，代理人による議決権行使が認められている。

現在は，前掲4.2(2)以外に議決権行使の制限はないが，かつては決議について特別の利害関係を有する者（営業譲渡の決議に関してその譲受人となる株主など）は議決権を行使することが許されなかった。しかし，この制限は昭和56年商法改正で撤廃され，そういった者が参加したことで，とくに不当な決議が行われた場合に限って，決議の瑕疵が問題とされることになった。

(1) 議決権の不統一行使　通常，株主は，採決の際，その有する株式のすべてを賛成にあるいは反対に投じる。一部を賛成，一部を反対に投じるのは矛盾した行動である。しかし，株主名簿上は1人の株主であっても，実質的には複数人が背後に控えているような場合（信託や従業員持株団体など）には，その実質株主の意思が反映できる方が望ましい。商法は，こういった場合を想定して，議決権の不統一行使を認める（239条ノ2）。これを行使するには，総会当日から3日前に会社に対し書面で理由を付して通知しなければならない。会社は，名義株主が他人のために株式を保有しているものでない場合には，不統一行使を拒むことができる（239条ノ2第2項）。

(2) 議決権の代理行使　株主総会に出席できない株主の意思を反映するために，代理人による議決権行使が認められる。代理人は代理権を証する書面

（委任状）を会社に差し出さなければならない（239条2項）。

　(a) 代理人資格の制限　　多くの会社では，代理人を株主に限るとの定款規定を置く。株主以外の者が総会を荒らすことを恐れるゆえである。しかし，法人株主がその従業員や職員を代理人とすることや，個人株主が親族を代理人とすることは，この定款規定に反しないと判例は認めている。

　(b) 委任状制度　　もっとも，自ら代理人を指名して総会に参加しようとする株主はむしろ稀である。投機株主の多くは，特別な理由もないかぎり，さほどに総会に出席する意欲はもたないだろう。しかし，欠席者があまりに多くては総会を維持できない。そこで，大きな会社では，現実に参加しない株主から組織的に委任状を勧誘することにより，定足数を確保し，ついでに賛成票も確保することにした。つまり，招集通知に委任状を同封するのである。上場会社における委任状制度は証券取引法に規定されている（証取194条）。しかし，この制度は，個人間の代理人制度をベースにしているため，株主全体からすると必ずしも公平とは言いがたい扱いを許す余地がある。

　(3) 書面投票　　委任状勧誘の不備を考慮して，出席しない株主の意思を直接総会に反映させるため，昭和56年に導入された制度が書面投票制である。いわゆる大会社で，議決権を有する株主が1,000人以上の会社では，総会に直接出席できない株主が書面でもって議決権を行使することができる（商特21条の3第1項）。このような会社は，株主総会の招集通知に議決権行使書を添付しなければならない（同条2項）。また，議決権行使について参考となるべき事項として法務省令で定めるものを記載した書類（参考書類）を添付しなければならない（同21条の2）。

4.4　決議の方法

　前述のように，総会の決議は，資本多数決により，定足数も可決に必要な賛成票数も原則として発行済株式総数を基礎とする。その要件は決議事項によって異なり，次の3種類がある。

　(1) 普通決議（通常決議）　　特別の規定がないかぎり，株主総会の定足数は発行済株式総数の過半数，可決要件は出席した株主の有する議決権の過半数である（239条1項）。この要件は定款によって緩和できるため，多くの会社では定足数の規定を排除している。ただし，取締役・監査役の選任決議だけはた

とえ定款の規定によっても，定足数を発行済株式総数の3分の1未満に引き下げることはできない（256条の2・280条1項）。計算書類の承認や，取締役・監査役の選任など，通常定期的に株主の意思を問う議案は，おおむねこの方法によって決議される。ここでは，議決権のない株式は算入されない。

(2) 特別決議　その後の会社の運命が大きく変わったり，株主共同の利益に深くかかわりがあるような議案については，もう少し厳格な決議方法を要する。定足数は発行済株式総数の過半数，可決要件は出席した株主の有する議決権の3分の2以上である（343条）。合併，解散，会社分割，定款変更，営業譲渡，新株の第三者への有利発行，取締役等の解任などがこれに当たる。反対株主の株式買取請求権が付随しているものもある。この場合も議決権のない株式は算入されない。

(3) 特殊な決議　特別決議よりもさらに厳格な決議方法を要する事項もある。特別決議のように要件が一定しておらず，事項ごとに要件が各条文に規定されている。

(a) 株式譲渡制限のための定款変更　定足数はないが，可決要件として発行済株式総数の3分の2以上かつ総株主（文字どおり株主全員）の過半数の賛成を要する（348条1項）。この決議に関しては，無議決権株式も算入される（同2項）。頭数多数決が付加されているのは，株式譲渡の自由という株主の最も基本的な権利のひとつを制限する事項だから，それだけ厳しい要件を課したのである。ここにも反対株主の株式買取請求権がある。

(b) 会社の組織変更　株式会社が有限会社に組織変更しようとするときも，(1)と同じ要件が必要である（有64条1項→商348条1項）。無議決権株式の株主が議決権を有すること，反対株主に株式買取請求権があることも同様である。株主としては(1)の場合以上にその地位がまったく変わってしまうのだから，可決要件が厳しいのも当然であろう。

(c) 取締役・監査役等の責任免除　取締役が利益相反行為（取締役・会社間の取引）により会社に対し損害賠償責任を負うとき（266条1項4号），この責任を免除するためには，発行済株式総数（無議決権株式は含まない）の3分の2以上の同意を必要とする。この際，取締役は株主総会でその取引について重要な事実を開示しなければならない（266条6項）。それ以外の取締役・監査

役・発起人・清算人の責任を免除するには（266条5項・280条1項・196条・430条2項），無議決権株を含む株主全員の同意が必要である（もっとも，この場合には，株主総会決議の形をとらなくてもよいと解されている）。

5 株主総会決議に対するクレーム
5.1 序　説

　株主総会の決議がいったんなされても，その手続や内容に瑕疵があった場合，決議の効力を争うことができる。決議の効力を否定するには，取消・無効・不存在の3つの主張方法がある。取消と不存在は主として手続の瑕疵が問題とされる。このうち，取消については，株式会社には利害関係者が多いゆえ，法的安定性の観点から期間や主張者を限定し（瑕疵があっても取り消されないことがある→裁量棄却），訴えによって主張させることが適当である。無効・不存在の主張は，誰が，いつ行ってもかまわないし，必ずしも訴えの方法を採る必要はないが，同様の観点からして，誰に対しても同一の扱いがなされることが望ましい。いずれもそれを認める判決の効力は第三者にも及ぶ（いわゆる対世効を有する，247条2項・252条→109条）。商法は，総会決議の効力を争う訴訟として，次の3種類を規定する。

5.2 決議取消の訴え

　(1)　もっぱら手続について瑕疵がある場合，その決議は取消の対象になる。一般の取消と同様，取消（提訴）権者・取消原因・取消（提訴）期間が法定されている。どちらかというと形式上の瑕疵であり，また会社内部の問題であるから，それ以外の者からの攻撃を認める必要はないし，長いこと効力を保留しておくことも妥当ではないからである。これは，判決をもって取消の効果が生じる，いわゆる形成の訴えである。

　(a)　提訴権者　　株主，取締役および監査役（小会社は除く）である。

　(b)　取消原因　　(イ) 招集手続・決議方法の法令・定款違反，著しい不公正（247条1項1号）　　たとえば，一部株主への招集通知漏れ，説明義務違反，議場が騒がしく審議が尽くされないまま終了した場合などが該当する。

　(ロ) 決議内容の定款違反（同条2号）　　内容の瑕疵であるが，法令違反に比べれば軽いとして取消原因とされる。たとえば，定款所定の数を超える取締役を選任した場合などである。

(ハ) 特別利害関係者の議決権行使による著しく不当な決議（同条3号）　大株主への営業譲渡が会社に著しく不利な条件で可決された場合などである。

　(c) 提訴期間　総会当日から3カ月以内である（248条）。

　(d) 判決の効力　決議取消判決が確定したときは，判決は訴訟当事者以外の第三者に対しても効力を有する（247条2項→109条1項）。不遡及効についての規定はない。

　(2) 裁量棄却　この訴えでは，決議にまったく影響のないような軽微な手続上の瑕疵まで主張される可能性がある。そこで，総会決議に取消原因があっても，瑕疵が軽微であるのに比べ取消の影響が大きすぎると判断されるときには，裁判所に裁量の余地を認める。裁判所は，主張された取消原因が，招集手続・決議方法の法令・定款違反であっても，その違反が重大ではなく，かつ決議に影響を及ぼさないときには，その裁量により請求を棄却することができる（251条）。

　(3) 濫訴の防止　原告が株主の場合，裁判所は，会社の請求により，原告株主に担保を提供させることができる（249条）。

5.3　決議無効確認の訴え

　内容が法令に違反する決議は無効となる。この無効は，いつでも，誰でも，どのような方法によっても主張できる。主張方法として訴訟が選ばれたときに備えて，252条（決議無効確認の訴え）の規定がある。対世効，担保提供命令などは，決議取消の訴えの場合と同様である。いわゆる確認の訴えであり，訴訟経済上，濫訴を防止するため，その訴えに相当の利害関係を有しない者の提訴は却下される（確認の利益）。

5.4　決議不存在確認の訴え

　手続の瑕疵が非常に大きく，総会決議があったとは法的に評価できないとき，たとえば，決議がまったくなされず総会議事録だけがでっち上げられた場合や，招集手続なしに一部の株主のみが集まって決議を行った場合には，総会決議は不存在であり，訴えおよび判決をまつまでもなく当然に無効となる。これはいつでも，誰でも，どのような方法によっても決議の不存在を主張することができるが，必要があれば，決議不存在確認を提起し，判決によって確認してもらうこともできる（252条，昭和56商法改正で明定された）。

訴えの公告・対世効・担保提供，確認の利益が要求される点，無効の場合と同様である。

§3 取締役および取締役会

1 業務執行機関の分化と権限

　株式会社においては，株主は自ら会社の経営を担当することは不可能なので，これを株主が選任する他の機関に任せざるをえない。その経営を委ねられたのは「取締役」である。しかし，取締役各自が，直接単独で業教務執行機関となるのではなく，取締役全員をもって「取締役会」という会社の業務執行機関を構成し，その会議において業務執行に関する意思決定をする。

　合議体である取締役会は意思決定はできても直接業務を執行し，会社を代表することに適していないので，「代表取締役」をおいて，取締役会の決定の執行・常務（日常の業務）ならびに対外的な代表に当たらせる（261条）こととした。機関たる代表取締役に選任されるためには，取締役であることが必要である。

　株式会社の業務執行機関は，取締役会と代表取締役の両者からなり，取締役は取締役会の構成員たる地位を有するにすぎない。取締役会は代表取締役の選任権，解任権を有するから（261条1項），代表取締役が違法かつ妥当に業務を執行しているかにつき，監査権を有する。

コラム　常務会

　わが国の会社の運営実態をみると，「常務会」なるものを定款または社内規定で設けているものもある。これは社長，副社長，専務取締役など業務担当取締役によって構成され，そこで重要な経営方針や業務執行の大綱が事実上決定されている。これは，企業の大規模化による取締役の増加とそのほとんどが社内重役であるため，取締役会の審議が形式的となり，その機能を充分に果たしえないため，商法に応じた活動，企業秘密の保持などを目的に設けられた。しかし，常務会はあくまで取締役の下部組織または会社の業務執行の統括者である社長の諮問機関であり，取締役会の専決事項について最終決定をなしえない。

2 取　締　役
2.1 選　　任
　取締役は，株主総会の通常決議（239条1項）によって選任される（254条1項）。定款の規定による第三者に委任することはできない。選任決議は，別になされる会社と被選任者との間の雇用契約によって効力を生ずる（188条2項7号，商登79条1項・81条1項）。
　(1) 定足数　　取締役の選任決議の定足数は，定款に定足数を定めていた場合であっても，発行済株式総数の3分の1未満にすることはできない（256条ノ2）。これは，取締役は会社の意思決定を行う機関である取締役会の構成員であるので，その地位の重要性に鑑みて少数の株主の意思だけでなく，できるだけ多くの株主意思を反映した形で取締役を選任することが望ましいからである。
　(2) 累積投票　　同一株主総会で2人以上の取締役を選任するときには累積投票という制度が認められている（256条ノ3）。これは，各株主は1株につき選任すべき取締役の員数と同数の議決権を持ち，その全部を1人の候補者に集中的に投票することも，数人に分割して投票することもでき，これによって最多数を得た候補者から順次当選者とする制度である。この制度は，取締役会に少数派株主の代表者も参加できるようにするための制度である。ただし，累積投票は定款によって排除することができ，実際上多くの会社で累積投票を排除している。

2.2 資格および欠格事由
　(1) 資格　　株主が取締役として選任されてもよいが，定款の規定によって取締役の資格を株主に限るとすることは許されない（254条2項）。これは，広い範囲から経営の専門家として有能な人材を選ぶことができるようにするためであり，未成年者でもかまわない。しかし，法人は取締役になることはできないとされ，また，競争関係にある会社の役員になることは制限されている（264条・独禁13条）。
　(2) 欠格事由　　商法は，①成年被後見人または被保佐人，②破産の宣告を受け復権しない者，③商法，商法特例法または有限会社法に定める罪により刑に処せられ，その執行を終わった日または執行を受けることがなくなった日から2年を経過しない者など，一定の取締役の欠格事由を定めている（254条ノ

2）。したがって，これらの者は取締役になることはできない。

(3) 兼職の禁止　監査役が取締役を兼任することは禁止されている（276条）。ただし取締役が部長，支店長などの従業員を兼ねることはさしつかえない。

2.3　員数および任期

(1) 員数　(a) 取締役の員数の上限はとくに定められていないが，少なくとも3名以上は必要とされている（255条）。

(b) 欠員の場合の措置　取締役の終任，辞任あるいは死亡によって法令または定款に定められた定数に欠員が生じる場合がある。このような場合，取締役の任期満了，辞任の結果による欠員などのように，それまでの取締役が業務執行ができるときには，取締役の業務執行が中断するのを防ぐために新任の取締役が就任するまで，それまでの取締役が取締役としての権利義務を有する（258条1項）。取締役の死亡による場合で権利義務を負うべき取締役がいないか，退任した者に取締役の権利義務を負わせるに不適当な場合には，裁判所が，利害関係人の請求により，一時的に取締役の職務を行うべき者（仮取締役）を選任することができる（258条2項）。

(2) 任期　取締役の任期は2年である。ただし，設立時における最初の取締役の任期は1年である（256条1項・2項）。しかし，再任されることは可能である。また，任期が営業年度の途中で満了する場合には，定款によって任期中の最終の決算期に関する定時総会まで，その任期を延ばすことができる（256条3項）。

2.4　終　任（退任）

(1) 終任事由　取締役と会社の関係は委任関係なので（254条3項），委任の終任事由（民653条）によって終任となる。その他，会社の解散（破産は終任事由でない）（417条1項），定款所定の資格の喪失，欠格事由の発生（254条ノ2），任期満了（256条），辞任（254条3項，民651条）・解任（257条）によっても終任となる。

(2) 辞任　取締役は自らの意思でいつでも辞任することができる（民651条）。ただし，会社にとって不利な時期に辞任した場合，病気などやむをえない事情がないかぎり，会社に損害が生じたときにはそれを賠償しなければならない（民651条2項）。

(3) 解任　(a) 解任決議　会社はいつでも，理由の有無を問わず株主総会の特別決議によって取締役を解任することができる (257条1項・2項)。これは，前述のように株主の監督権限の1つである。ただし，任期満了前に正当な理由なくして解任したときには，解任された取締役は会社に対し，解任によって生じた損害の賠償を求めることができる (257条1項但書)。代表取締役が解任のための総会を開くことを拒否したときは，少数株主による総会招集権を行使することができる (237条)。

(b) 少数株主による解任の訴え　取締役の職務遂行に関し，不正の行為 (たとえば，会社財産の私消) のように不正の行為または法令・定款に違反する事実があるにもかかわらず，株主総会でその取締役の解任を否決したときは，①6カ月前から引続き発行済株式総数の100分の3以上に当たる株式を有する株主は，②決議の日から30日以内に，その解任を裁判所に請求することができる (257条3項)。

2.5　取締役の職務執行停止と職務代行者

(1) 仮処分の申請　取締役を選任する株主総会の決議の取消の訴え，無効・不存在の訴え，または取締役解任の訴えが提起された場合には，その訴えの判決が確定するまでその取締役に職務を行わせると，会社にとって取り返しのつかない不利益な既成事実が作られてしまう可能性がある。そこで，これらの訴えの当事者は，問題となっている取締役の職務の執行を停止する仮処分を裁判所に申請することができ，これと同時にまたはこれに代えてその取締役の職務を代行する者 (職務代行者) の選任を求めることができる。また急迫な事情があるときは，取消・無効・解任という本案訴訟の提起前でも，この仮処分の申請ができる (民事保全法23条2項・56条)。

(2) 職務代行者の権限　職務代行者は登記が必要である，その権限は原則として会社の日常行われている業務 (常務) に限られる (271条・70条ノ2・67条ノ2)。

(3) 効果　職務の執行を停止された者は，取締役としての職務を行うことはできない。違反した行為はすべて無効である。

2.6　取締役の義務

(1) 善管注意義務　取締役と会社の関係は委任関係に従うとされている

(254条3項)。したがって，取締役は善良なる管理者の注意をもってその職務を遂行しなければならない義務を負っている（善管注意義務，民644条）。これは，取締役の地位にある者は，もっぱら会社の利益になるように職務を行わなければならないということを意味している。また，商法では，取締役は法令および定款の定めと総会の決議を遵守し会社のために忠実にその職務を遂行しなければならない義務（忠実義務，254条ノ3）を課している。善管注意義務と忠実義務の関係については，忠実義務を善管注意義務とは別個の英米法にもとづく特別な義務，すなわち，取締役がその地位を利用し，会社の利益を犠牲にして自己の利益を図ってはならないという義務であるとする考え方も有力であるが，通説では，忠実義務は善良なる管理者の注意義務を具体的に，より明確にしたものとすぎないものとしている。

(2) 競業避止（競業禁止）義務　　(a) 定義　　取締役が自己または第三者のために同種の営業取引を行う（たとえば，製パン会社の取締役が，個人として製パン業を営んだり，新たに製パン業を目的とする会社を設立して代表取締役に就任する場合など）ときには，取締役会の承認が必要である（競業避止義務，264条1項）。このような規制が設けられている理由は，取締役は会社の機密に通じているので，会社の利益や得意先を奪ったりするなどして，会社の利益を犠牲にして，取締役個人や第三者の利益を図るおそれが大きいからである。

(b) 競業の範囲　　競業避止規制の及ぶ取締役の競業行為は，会社の営業の部類に属する取引で，自己または第三者の利益のために行われる行為である。そして，営業の部類に属する取引とは，会社の営業活動と利益の衝突が起こるような取引のことをいう。これには会社が現実に行っている営業だけではなく，会社が営業を行うことを予定して準備していたり，一時的に休止している営業も含まれる。また，自己または第三者の利益のためとは，自己または第三者の計算においてなされる行為のことをいう。

(c) 取締役会の承認　　取締役がこのような事業を行う際には，取締役会に取引の相手方，価格など重要な事実を開示して承認を得る必要がある。また，取締役会の承認を受けた競業であっても，取締役は事後的にその取引について重要な事項を報告しなければならない（264条2項）。

(d) 介入権　　取締役会の承認なくしてなされた競業取引は，その取引自体

は有効なものとなる。しかし、取締役が自己のために競業禁止規定に違反して競業取引をなしたときには、取締役会は取引が行われた時から1年以内であれば、その取引を会社のために行ったものとみなすことができる（介入権、264条3項・4項）。このような介入権が認められた理由は、単に会社に対する損害賠償を認めただけでは会社の利益保護としては十分ではなく、得意先を維持させることが必要であると考えられたからである。

　(e) 損害賠償責任　競業取引によって会社に損害が生じた場合には、会社は取締役会の承認の有無にかかわらず、競業取引を行った取締役は会社に対して損害賠償の責任を負う（266条1項5号）。ただし、取締役会の承認がないときには、取締役または第三者が得た利益額が会社損害額として推定されることになる（同条4項）。

　(3) 会社との利益相反取引　(a) 直接取引　取締役が自己または第三者のために会社と取引をする（たとえば、会社から貸付けを受けたり、会社の製品やその他の財産を買い受けたり、第三者の土地を代理人として会社に売却などをする）には、取締役は取締役会に重要な事実を開示してその承認が必要となる（265条1項）。このように利益相反取引が規制されている理由は、取締役が会社の利益を犠牲にして自己または第三者の利益を図ることを防止するためである。

　(b) 間接取引　取締役会の承認が必要な取引には、取締役が自己または第三者のために会社とする取引だけではなく、取締役が第三者に対し負担している自分の債務について会社に保証してもらう場合のように、形式的には、会社と取締役以外の者との間の取引であり、会社・取締役間の取引ではないが、会社には不利で取締役が実質的に利益を受ける場合（間接取引）も含まれる。ただし、会社が取締役から贈与を受けたり、会社の債務を取締役が免除するなど、会社の利益を害するおそれのない行為は取締役会の承認は必要ない。また保険・運送などのように約款にもとづいてする取引は、誰が当事者でも同じ条件で定型的なものであり、取締役だからといってとくに有利な取扱いを予定していない取引であるので、同じく取締役会の承認は必要ない。

　(c) 違反の効果　承認を経ない取引の効力については、かつては絶対的に無効とされた。しかし間接取引の場合には、取引の安全を考えると妥当ではな

い。判例は，第三者がその取引について承認のないことにつき悪意の場合，会社はその無効を第三者に主張できるという立場（相対的無効説）をとっている。直接取引についても同様に解されるが，手形行為については反対説もある。

2.7 取締役の責任

(1) 会社に対する責任　(a) 総説　取締役は会社に対し負っている善管注意義務（254条3項，民644条）や忠実義務（254条ノ3）に違反すれば，会社に対し債務不履行責任（民415条）を負うことは当然である。しかし，取締役における職務の重要性に鑑みて商法266条1項に取締役の会社に対する責任につき，次のような特別な規定を設け，その責任を明確にした。これらの責任は無過失責任であるかどうかで争いがあるが，通説は同条1項5号の法令・定款違反の責任を除いて無過失責任と解している。

(b) 責任の原因　266条では，①配当可能利益の限度を超える違法な利益配当，中間配当（293条ノ5第3項）をなした場合（同条1項1号），②利益供与禁止規定（294条ノ2）に違反して利益を行った場合（同条1項2号），③会社を代表して取締役が他の取締役に金銭の貸付け（265条）を行った場合（同条1項3号），④利益相反取引（265条）を行った場合（同条1項4号），⑤法令（210条や264条のような具体的規定のほか，254条ノ3の一般的義務の規定を含む）・定款に違反する場合（同条1項5号）について，それぞれの取締役の責任を定めている。

(c) 責任を負う取締役の範囲　責任を負うべき者は，その行為をした取締役であるが（266条1項柱書），取締役会の決議にもとづいてそれらの行為がなされたときは，その決議に賛成した取締役もその行為をしたものとみなされ責任を負う（266条2項）。また，決議に参加した取締役で議事録に異議を留めなかった者は，決議に参加した者とみなされる（266条3項）。さらに，取締役会にかけることなく違法行為がなされた場合でも，それを止めなかった取締役は，任務懈怠（260条1項）として，266条1項5号に当たり実行者以外の取締役も責任を負う場合がある。

(d) 責任の内容　①については，違法に配当した全金額（違法な超過分だけではない）。資本充実責任にもとづくものであるから，無過失責任と解される。②は供与した利益の価額（金銭以外の物やサービスの場合はその価額）。

会社に損害が生じたか否かを問わない。③については，弁済期に弁済のない金額。取締役会の承認（265条）の有無とは無関係である。この種の貸付は会社に及ぼす危険が大きいこと，取締役会の承認が馴れ合いで安易になされるおそれがあるので，265条違反の責任とは別に，貸付をした取締役に，この責任を定めている。④については，取締役の承認のある利益相反取引により会社に与えた損害については，当該取締役は賠償の責を負う。責任を負う取締役は，会社を代表して取引を行った取締役と直接取引において会社と取引をした取締役である。⑤については，違反行為により会社に与えた損害額について当該取締役は責任を負う。なお競業禁止義務に違反した場合の損害額については119頁(e)参照。

(e) 責任の免除　この取締役の責任のうち①②③⑤については，総株主の同意がなければ免除されないが（266条5項），④については，株主総会に重要な事実を開示することを条件として，発行済み株式総数の3分の2以上の多数をもって免除することができる（266条6項）。

(2) 第三者に対する責任　(a) 取締役と第三者　取締役は会社に対しては義務を負っているので，その義務に反すれば会社に対して責任を負うことは当然であるが，取締役は会社債権者などの第三者とは直接の法律関係にはないので，取締役の職務上の行為によって第三者に損害が生じさせた場合に，その責任を負うのは会社であって，取締役ではない（取締役が直接第三者に対して不法行為責任（民709条）を負う場合は別である）。しかし，現代社会においては，株式会社は重要な地位を占めており，取締役による会社経営が第三者に重大な影響を与えること考慮して，商法は取締役がその職務を行うに際して，悪意または重大な過失によって，第三者に損害を与えた場合には，その行為をした取締役は第三者に対しても連帯して責任を負うこととした（266条ノ3第1項）。この取締役の第三者に対する責任は，取締役の責任を加重するために特別に認められた責任である。

(b) 責任の成立要件　取締役が職務上の行為によって，第三者に対し損害賠償の責を負うのは，取締役が悪意または重大な過失により，第三者に損害を被らせた場合で，取締役の任務懈怠と第三者の損害との間に相当因果関係があるときである。この場合の第三者には，たとえば支払の見込みがないことを知

りながら，代表取締役が振り出した約束手形を受け取った者（直接損害）のみならず，取締役の放漫経営によって会社が倒産し，その結果損害を被る会社債権者（間接損害）も含まれる。

　そして，損害を受けた第三者が取締役の責任を問う場合には，第三者としては取締役がその職務懈怠について悪意または重過失があったことを立証すればよく，第三者に対する加害についての悪意または重過失まで立証する必要はない。この場合，不法行為の要件（民709条）が備わるときには，一般不法行為による損害の責任も認められる。この取締役の第三者に対する責任は，中小企業の会社の倒産したときなどに会社債権者が取締役個人の財産から会社に対する債権の満足を得るために追及されることことが多い。

> **コラム　損害と商法266条ノ3の適用範囲**
> 　本文のように，本条は直接・間接の両損害のいずれを問わず適用されるとするのが判例・通説の立場であるが，他に①商法266条ノ3の適用は間接損害に限るべきだとする説と②直接損害の場合に限るべきだとする説がある。①は本条を債権者代位権（民423条）の特則とみて，直接損害の場合は一般不法行為の規定に委ねるのがよいとする。②は複雑な職務を迅速に処理しなければならない取締役に軽過失の責任を免除し，その責任を軽減した点で，本条は不法行為規定の特則と解するものである。

　(3)　**取締役の虚偽記載の責任**　取締役が，株式申込書，株式引受権利書，社債申込書，目論見書，計算書類，および附属明細書に記載すべき重要な事実に虚偽の記載をし，または虚偽の登記もしくは公告したときにも，第三者に対して取締役は連帯して損害賠償の責任を負う（266条ノ3第2項）。ただし，取締役が，これらの記載や登記，公告を行ったときに注意を怠らなかったことを証明できる場合には，第三者に対して責任は負わない（266条ノ3第3項）。

2.8　取締役の報酬

　(1)　**報酬**　取締役と会社の関係は委任関係である（254条3項）。民法上委任契約は，無償が原則である（民648条1項）が，取締役の場合には通常は報酬を受けている。その報酬の額については，定款または株主総会の通常決議で定めなければならない（269条）。これは代表取締役または取締役会が定めるとす

ると，お手盛りの危険があるからである。実際には，総会において，取締役全員の報酬総額または最高限度額のみを定め，各取締役への配分額については取締役会決議に委ねられるのが通常である。なお，わが国の取締役の多くは使用人を兼ねているが（使用人兼務取締役），使用人分の給与については，総会の決議は不要である。

(2) 退職慰労金　　取締役が退任するときに支給される退職慰労金は，取締役の在職中における職務執行の対価の後払であり，報酬に準じて考えられる。したがって，269条の規定が適用されることになり，株主総会の決議をもって定める必要がある。ただし，総会決議で一定の支給基準を定めて，それに従って具体的な金額，支払期日，支払方法などを定めるよう取締役会に一任してもよい。

(3) 報酬の一形態としてのストック・オプション　　取締役に対して業績連動型報酬の一種である，新株引受権付与方式（ワラント方式）によるストック・オプション（取締役に予め定められた価額で一定数の新株を会社から引き受ける権利）の付与が認められている（第3章株式譲渡，78頁参照）。

　このストック・オプションにより新株引受権を付与するためには，①定款にその旨の定めがあることと，正当の理由のあることが必要であり（280条ノ19第1項），②その上で付与される者の氏名，新株引受権の目的である株式数，発行価額，権利行使することのできる期間と行使条件などについて株主総会の特別決議が必要である（280条ノ19第2項）。

2.9　会社の損害予防と損害回復についての株主の権利

(1) 取締役の違法行為の差止請求権　　(a) 意義　　取締役は違法行為による会社の損害を賠償する責任を負うといっても，それは事後的救済にすぎない。そこでこのような違法行為のなされる前にこれを阻止することが，より適切である。そこで商法は株主に差止請求権を認めている（272条）。

(b) 差止請求の要件　　取締役が会社の事業目的の範囲外の行為，その他法令・定款に違反する行為をしようとしており，それが行われてしまうと回復困難な損害が会社に生じるおそれがある場合（この要件は監査役の差止請求権（275条ノ2）よりも厳しい）には，6月以上前から，権利行使の時まで継続して株式を保有している株主（無議決権株主も含む）は，その違法行為を行おう

とする取締役に対してそれを止めるよう請求できる（272条）。

(c) 請求と差止の訴え　差止請求権は口頭（裁判外）でもよいが，取締役がこれに応じないときは，差止の訴えを提起し，これを本案（訴訟）として裁判所に仮処分を求めることもできる（民保23条1項・2項）。株主はこの一般的な差止請求権とは別に，新株発行の差止請求権を与えられている（280条ノ10）

(2) 代表訴訟提起権　(a) 意義　取締役が会社に対して責任を負う場合は，会社自らその責任を追及すべきが当然であるが，会社のみにまかせておいては，取締役の仲間意識などがから，現実にはこの責任の追及は余り期待できない。そこで各株主が会社に代って訴えを起し，その責任を追及することができる（267条以下）。

(b) 訴えの提起の要件　①株主は，6月以上前から訴訟提起の時まで継続して株式を保有すれば，1株しか持たない株主でもよい，②会社に対し取締役・監査役の責任の追及する訴えの提起を書面で請求し（267条1項），③会社（監査役）がその日から30日内に訴えを提起しなければ（同条2項）（ただしそれを待っていたのでは回復困難な損害が会社に生じるおそれがあるときは，30日の経過をまたず，またはこの請求を省略することもできる（同条3項）），④請求した株主自身が原告となって会社のために訴えを提起することができる（同条2項）。

(c) 代表訴訟の濫用・馴合訴訟の防止　代表訴訟は1株株主でも提起できる（訴訟手数料は損害賠償の額にかかわらず8,200円である。（民訴費4条2項））ので，株主が取締役へのいやがらせ目的で株主代表訴訟を提起するなど，濫用の心配もある。そこで裁判所は被告の請求により担保の提供を原告に命ずることができる（267条5項）。株主が代表訴訟を提起し，その結果株主が敗訴となった場合，判決の効果は会社に及び，他の株主は重ねて訴えを提起できなくなる（民訴法115条1項2号）。

商法は原告株主と取締役の馴合で訴訟を起こすことを防ぐため，他の株主や会社の訴訟参加を認めている（268条2項本文）。

3　取締役会

3.1　意義，権限

(1) 意義　会社の営業方針・予算の決定といった，取締役が会社のために

行う活動を業務執行という。取締役会とは取締役全員によって構成される機関で，業務執行の意思を決定するとともに代表取締役の執行を監視する必要的・常設的機関である。業務執行の決定は，取締役間の協議と意見交換により，その知識と経験とを結集させるために会議を開いて決定する必要がある。したがって，会議を開かないで，持回り決議または書面決議もしくは個別的同意によりなされた決議は，取締役会の決議としての効力はない。

(2) 権限　(a) 業務執行についての権限　取締役会は，商法または定款をもって株主総会の権限とされている事項を除き（230条ノ10参照），会社の業務執行の権限を有する（260条1項）。これには，業務執行について意思決定をする権限と代表取締役の業務執行を監督する権限が含まれる。

取締役会は，業務執行の決定はもとより，その決定にもとづく実行も本来全体としての取締役会の権限であるが，取締役全員がいちいち共同することは，実際にはその必要がないし，機動的効率的経営の要請にもそぐわないので，取締役会で選任した1人または数人の代表取締役にこれを委ねることとしている（261条）。また，業務執行の決定でも通常の業務は代表取締役に委ねられている。しかし，重要な業務執行は必ず取締役の決議によるものとされ，これを代表取締役の決定に委ねることはできないとされている（260条2項）。

(b) 法定決議事項　法は取締役会が決定すべき事項を商法260条2項に一般的に定めるほか，各所に散在する規定に具体的に定めている。

一般的専決事項としては①重要な財産の処分および譲受，②多額の借財，③支配人その他重要な使用人の選任・解任，④支店その他重要な組織の設置・変更・廃止，⑤その他重要な業務執行がある。なお，合併・解散・営業譲渡など会社の存立に関わる事項は単なる業務執行とはいえず，取締役会決議のほか株主総会の決議が必要である。

具体的な専決事項としては，①株式譲渡の承認および不承認の場合の買受人の指定（204条1項・204条ノ2第3項），②額面・無額面株式の一斉転換（213条1項），③株式の分割（218条1項），④株主総会の招集（議題の決定も含む。231条），⑤代表取締役の選任・共同代表の決定（261条1項・2項），したがって，その解任・共同代表の解消，⑥取締役の競業の承認（264条1項），⑦取締役の利益相反取引の承認（265条1項），⑧新株の発行（280条ノ2第1項），⑨社

債の発行（296条・341条ノ2第2項・341条ノ8第2項），⑩計算書類の承認（281条1項，商特16条1項），⑪法定準備金の資本組入（293条ノ3），⑫中間配当（293条ノ5第1項）がある。

(3) 監督権限　取締役会は他の取締役に対し監督権限を有する（260条1項）。この権限は業務執行の適法性だけでなく，妥当性にも及ぶ。この監督権限は，代表取締役の定期報告義務（260条3項），各取締役の取締役会招集権によって裏付けられる。取締役会にこのような監督権限が与えられているのは，業務執行権限を有するのは代表取締役であるが，業務執行の決定を行った取締役会は，決定通りに執行が行われているかに注意する必要があるからである。

3.2　取締役会の招集

(1) 招集権者　取締役会は各取締役がそれぞれ召集することができるのが原則である。しかし，取締役会で招集する取締役を定めた場合には，その者が取締役会を招集する（259条1項）。実際には定款や取締役会で定められる取締役会規則等で取締役会の招集権者を代表取締役である社長などに定めている場合が多い。取締役会で招集権者を定めた場合であっても，その他の取締役が取締役会を召集する必要があると判断したときには，招集権者の取締役に会議の目的を記載した書面を提出して取締役会の招集を求めることができ，それでも取締役会が召集されないときには，自ら取締役会を召集することができるとしている（同条2項・3項）。また監査役も一定の場合には取締役会の招集をすることができる（260条ノ3第3項）。

(2) 招集手続　取締役会を召集するには，各取締役に準備と出席の機会を与えるために会日から1週間前に各取締役および監査役に通知することが必要となる。ただし，定款でこの期間は短縮することができるとされている（259条ノ2）。実際上には定款によって期間が短縮されている場合がほとんどである。この通知の方法は，株主総会の場合（232条）とは異なり特別に規定されておらず，必ずしも文書による必要はなく口頭でもよく，会議の目的事項も示す必要はない。これは，取締役会は業務執行に関する様々な議題について討議し，決議する機関であるので厳格な手続によらずとも機動的な運用が求められるからである。このため，取締役および監査役の全員の同意がある場合には招集の手続を省略することもできる（259条ノ3）。

3.3 取締役会決議

(1) 決議の方法　取締役会の決議は原則として取締役のうち過半数の出席があり，そのうちの過半数の賛成があれば行うことができる（260条ノ2第1項）。ただし，この要件は定款によって加重することができるとされている。（同条1項但書）。この決議には利益相反行為や競業行為の承認を求める取締役のように取締役会決議に特別な利害関係を有する取締役は参加できず，定足数および出席者にも含めることはできない（同条2項・3項）。これは，このような取締役には公正な議決権行使が期待できないからである。

取締役会の議決権は株主総会とは異なり取締役1人1議決権である。これは，取締役は経営の専門家としての能力を買われて取締役に選ばれるからである。したがって，代理人が決議に参加することも認められない。

取締役会では会社の業務執行の意思決定についての議論が行われるとともに，報告事項として，①代表取締役の業務執行状況の報告（260条3項），②監査役による取締役の法令・定款違反またはそのおそれのある場合の報告（260条ノ3第1項・2項），③競業取引，利益相反行為を行った取締役の報告（264条2項・265条3項）がなされる。

取締役会の議事については議事録を作成しなければならない（260条ノ4第1項）。その議事録には，議事の経過の要領および結果を記載した上で出席した取締役と監査役はこれに署名する（同条2項）。

株主は権利の行使の必要があるとき，あるいは会社債権者が取締役または監査役の責任を追及するために，この議事録について裁判所の許可を得て閲覧，謄写を求めることができるとされている（260条ノ4第3項・4項）。しかし，議事録の濫用的な閲覧・謄写を防ぐため，裁判所は閲覧・謄写を許可しないこともできる（260条ノ4第5項）。

(2) 決議の瑕疵　取締役会決議の内容が法令・定款に違反している場合にはもちろんのこと，取締役会の招集通知期間不足や一部の取締役・監査役への招集通知漏れのような招集手続違反のある場合には，法の一般原則によって，その取締役会の決議は瑕疵ある決議として無効となる。ただし，ごく一部の取締役についての通知漏れのように手続上軽微な瑕疵の場合で，決議の結果に影響を及ぼさない場合には，その取締役会決議は無効とならないと解されている。

無効な決議にもとづきなされた行為のなかで，対外的な取引行為については，取引の安全を考慮して第三者が善意である限り，効力に影響なく有効と解すべきである。

4 代表取締役

4.1 代表取締役の地位

会社の業務には，商品の仕入・販売・資金の借入といった行為のように会社代表を伴う対外的な関わりのある行為と，事業計画・経理のように代表行為を伴わない業務執行がある。業務執行には意思の決定と実行の二段階がある。業務執行の意思を決定する機関が取締役会であり，取締役会が決定した意思にもとづいて会社を代表して実行する機関が代表取締役である（261条1項）。わが国の多くの会社では，定款で代表取締役以外の取締役に専務，常務といった名称を与えて代表権を伴わない内部的な業務執行だけを担当させている。これを業務担当取締役と呼ばれ，代表取締役および業務担当取締役は役付取締役と呼ばれている。

4.2 代表取締役の選任および終任

(1) 選任　代表取締役は取締役会の決議により取締役の中から選任される（261条1項）。代表取締役の員数については特に商法には定められていないので定款や取締役会で必要に応じて定められることになるが，最低1人は必ず選任しなければならない。選任された代表取締役については登記しなければならない（188条2項8号・3項・67条）。

(2) 終任　代表取締役の任期については特に明文で規定はされていないが，代表取締役は前述したように取締役の地位を前提としているので取締役の任期（256条1項）が代表取締役の任期となる。したがって，代表取締役に選任されたものが，取締役の地位を失うと自動的に代表取締役の地位も失うことになる。代表取締役の終任の事由は任期満了によるほか，辞任と解任がある。

代表取締役と会社との関係は委任の関係なので，代表取締役はいつでも，どんな理由でも辞任することができる。ただし，病気等の正当な事由のないかぎり，会社に不利益な時期に辞任して会社に損害を与えた場合にはその損害を賠償しなければならないことは取締役と同様である（民651条）。

また，会社はいつでもどんな理由でも取締役会の決議によって代表取締役を

解任することができる（261条1項参照）。また株主総会の特別決議によって取締役を解任された場合には，取締役の解任と同時に代表取締役も解任されることになる（257条1項・2項）。ただし，任期前に代表取締役を正当な理由なく解任した場合には，解任によって代表取締役に損害が生じたときにはその損害を会社は賠償しなければならない（民651条2項）。代表取締役が終任したときには登記が必要である（188条2項8号・3項・67条）。

任期満了や辞任によって代表取締役が全くいなくなったり，定款で定めた員数を満たせなくなったときには，取締役が欠員になったときと同様に後任の者が就任するまでそれまで代表取締役であった者が代表取締役の権利義務を引き続き負うことになる（261条3項・258条1項）。

4.3 代表取締役の権限

(1) 代表権の範囲　代表取締役が会社を代表するとは，株主総会決議や取締役会決議などで決定された事項を代表取締役が会社の名をもって実際に行為をなし，その行為の結果により発生する権利義務は会社に帰属するということである。代表取締役の権限は会社を代表して会社の営業に関して裁判上，裁判外を問わず一切の行為をことができる（261条3項・78条1項）。

定款や取締役会によって代表取締役の権限に，単独で決定できる取引金額とか担当地区限定するなどの制限を加えても，善意の第三者にはその制限をもって対抗することはできない（261条3項・78条2項，民54条）。

代表取締役は企業活動を迅速に行うため会社事業の通常の経過に伴う日常的な業務執行（常務）については，そのつど取締役会を開催しなくとも単独で決定し，実行することができる（260条2項対照）。

(2) 権限の濫用　代表取締役が客観的に見ると代表権限内の行為であっても，たとえば代表取締役の個人的な借入など代表取締役個人の用途や第三者の便宜を図るために行為をすることは，代表権の濫用であり，代表取締役の任務違反となり，その取引の効果は会社に帰属する。ただし相手方が代表取締役の真意を知っていたか，知ることのできた場合には民法93条但書の規定を類推適用して，その代表取締役の行為は無効となると一般に解されている。

(3) 共同代表　代表取締役が数人いる場合は，それぞれの代表取締役が単独で代表権限を行使できる（単独代表）。しかし，代表権の濫用防止やより慎

重な行使によって会社の利益を守るために，定款または取締役会決議によって，代表取締役間に職務の分担を定め，あるいは数人の代表取締役が共同して代表権を行使しなければならないと定めることができる（261条2項）。共同代表の場合，相手方の意思表示は共同代表取締役の1人にすれば会社に対して効力を生ずることになる（261条3項・39条2項）。共同代表取締役は登記する必要がある（188条2項9号）。

共同代表の定めがあるにもかかわらず，代表取締役の1人が単独で代表行為を行った場合には，それを会社が明示あるいは黙示で認めており，さらに，相手方が共同代表の定めについて善意無過失であれば，表見代表取締役（後述）の規定が類推適用されて，その単独でなされた行為についても会社が責任を負うことになる。

4.4 表見代表取締役

(1) 表見代表取締役の意義　社長，副社長，専務取締役，常務取締役といった役付取締役は必ずしも代表取締役であるとは限らない。代表取締役は登記事項（188条2項8号）であるが，会社と取引する者にとっては取引のたびに登記簿を見ることは煩わしく，多くの会社で社長・専務といった役職者は代表取締役になっているので，第三者はこれらの者を代表取締役と誤認しがちである。そこで，商法は外見上代表取締役であるように見える名称を信頼したこと（代表外観に対する信頼），換言すれば，代表権のない真実を知らないこと（善意）を保護する規定を設け取引の安全を図っている。このように会社を代表すると誤認しやすい名称を付してはいるが，代表取締役でない取締役を表見代表取締役という。商法262条は，表見代表取締役の行為に対する会社の責任を規定したもので外観保護の一表現である。この規定の意味は，取締役の無権代表行為があたかも権限ある代表取締役の行為のように，会社に対し効力を生じ，それに応じて会社が第三者に対して権利・義務を有するということである。

(2) 表見代表取締役の要件　商法262条が適用されるためには，①取締役が，社長，副社長，専務取締役，常務取締役その他代表権を有すると一般（取引通念上）に認められるような名称を使用したこと（代表外観の存在），②会社がそのような名称を取締役に与えたこと（代表外観の存在に原因を付与（＝与因））。これには，代表権のない取締役が勝手にこの名称を名乗っていること

を知りながら放置している場合も含まれる。③第三者がそのような名称のついた取締役に代表権のないことに善意であったこと（代表外観に対する信頼）が必要である。ただし③の要件については，第三者に重大な過失があってそのような名称のついた取締役に代表権のないことを知らなかった場合には保護されない。つまり，軽過失でも保護されることになるので，民法の表見代理（民109条など）より広く保護されているということができる。

(3) 262条の類推適用　商法262条は代表権のない取締役についてしか定めていないが，取締役でない会社使用人の場合や選任決議が無効のため事実上の取締役にすぎない者が，表見代表取締役の名称でした行為や共同代表取締役の一人による単独行為についても判例においては，商法262条が類推適用されている。

§4　監　査　役

1　監査役の意義

(1) 意義　監査役は，取締役の職務の執行を監査することを任務とする必要かつ常置の機関である（274条）。監査役は，取締役と異なり，各自が会社の機関を構成し，複数の監査役がいる場合でも，そのおのおのが単独で監査役の職務権限を有する。

　株式会社では，経営は取締役に委ねられているが，経営が適正に行われず取締役の専横や権限の濫用が行われ会社に損害を与える可能性もないとはいえない。そこで，このようなことに対する監督・是正のシステムが必要である。株主にも違法行為の差止請求権・代表訴訟提起権・取締役の解任訴権・情報収集権等の種々の監督・是正権が与えられている（「株主の権利参照」第3章§2，2参照）が，一般の株主は経営に関する関心も薄く，権利実現の意欲も乏しい。会社の規模が大きいほどこのような状況は顕著であり，しかも経営は複雑になり，専門知識がなければ十分な監視もできないので，法は監査役制度を定めた。

(2) 監査役制度の改正　昭和25年の商法改正で取締役会制度が導入されたことに伴い，代表取締役その他業務執行を担当する取締役の監督は取締役会の任務となり，監査役監査は会計監査に限られることになった。その後も，取締

役会による業務監査が十分に機能せず，監査役の取締役からの独立性も弱く形骸化し，昭和40年前後の大規模会社の粉飾決算や倒産が続発したため監査役制度について再検討がなされることとなった。

昭和49年の商法改正においては，監査役は再び取締役の職務執行および会計の両面について監査するものとして各種権限を定め，かつ監査役が独立してその権限を行使できるようにその地位の強化をはかった。また，他方，商法特例法（株式会社の監査等に関する商法の特例に関する法律）を制定し，会社の規模によって監査役の権限の内容が異なることとした。すなわち，資本金が5億円以上（または負債の合計金額が200億円以上）か，5億円未満で1億円を越えるか，1億円以下かにより，大・中・小の3種の会社に分けて，大会社は中会社と同様の監査役の業務監査のほか，会計監査人の会計監査を受けることを要するものとし，小会社では監査役の権限は業務監査に及ばないとした。

昭和56年の商法改正では小会社以外の監査役による取締役会の招集権限の付与・監査役の報酬と取締役の報酬との区別などを定めて，監査役の権限の拡大と地位の強化を図った。また，商法特例法は，大会社の監査役複数化，常勤監査役制度などを採用し，監査体制を強化した。

平成5年の商法改正，商法特例法改正では，監査の機能をさらに強化するため，監査役の任期の1年伸長，大会社の監査役の増員，社外監査役，監査役会の法制化がなされた。

2 監査役の資格と独立性

(1) 資格　監査役に特別の資格は，とくに要求されていない。公認会計士である必要はなく，株主でなくてもよい。取締役と同じく欠格事由に該当しなければよい（280条1項・254条2項・254条ノ2）。

(2) 独立性　監査役の職務の性質上，その会社または子会社の取締役，支配人その他の使用人を兼ねることはできない（276条）。

大会社にあっては監査役は複数でなければならず監査役のうち1人以上は，監査の独立性を高めるためにその就任前5年間は当該会社またはその子会社の取締役または支配人その他の使用人でなかった者（社外監査役）でなければならない（商特18条1項）。

3 監査役の選任・任期・終任

(1) 選任　監査役の選任は株主総会の普通決議の方法（239条1項）によるが，定足数は必ず発行済株式総数3分の1以上でなければならない（280条1項・254条1項・256条ノ2）。このとき，監査役は監査役にふさわしくない者が選任されることのないように意見を述べることができる（275条ノ3）

大会社には常勤監査役が必要である（商特18条2項），この選任は監査役会の決議よらなくとも監査役の互選でもよい。

(2) 員数　監査役の員数は小会社と中会社では特に規定がないので1人でもよいが，大会社では3人以上でなければならない（商特18条1項）。監査役が複数選任されたとしてもそれぞれの監査役は独立して監査を行うのが原則である（監査役の独任制）。

(3) 任期　監査役の任期は，就任後3年内の最終の決算期に関する定時総会の終結の時までである（273条1項）。取締役の場合には，任期は2年を超えることができない（256条1項）として最長限だけ定められている（短縮は許される）が，監査役の任期は伸長できないだけでなく，短縮も許されない。これは，監査役の独立性を保持するためである。

(4) 終任　監査役の終任に関しては取締役の場合とほぼ同様である（280条1項・257条・258条）。したがって，監査役は理由を問わずいつでも株主総会の特別決議によって解任することができるが，正当な事由なく解任された監査役は，損害賠償を会社に対して請求できる（280条1項・257条1項・2項）。ただ監査役は解任を不当と思えば，監査役は株主総会で意見を述べることができる（275条ノ3）。これは，監査役の不当な解任を防止し，独立性の保障のためである。少数株主には監査役の解任の訴えが認められている（280条1項・257条3項）。監査役の就任および終任は登記事項である（188条2項7号）。監査役の取締役のように会社の解散により当然には終任とはならない。

4 報酬と監査費用

(1) 報酬　監査役の報酬は定款でその額を定めなかったときには，株主総会の決議によって決める（279条1項）。これは，取締役に対する独立性を確保するために取締役会の決定ではなく株主総会によって報酬額を決めることにしたものである。この株主総会においては，監査役は報酬について意見を述べる

ことができる（279条3項・275条ノ3）。監査役が数人いる場合に，株主総会で各監査役の報酬額が具体的に定められなかったときには，株主総会で定められた報酬総額の範囲において監査役の協議によって定めることができる（279条2項）。

(2) 監査費用　監査に必要な費用については，監査役は当然に事前（前払）または事後（立替払分の償還）に会社に請求できる。この場合民法によるとその費用（民649条・650条）が委任事務処理のために必要であったことを受任者は証明しなければならないが，それでは充分な監査活動ができない。そこで，商法では監査役の請求した費用がその職務に必要でないことを会社側で証明しなければ会社は費用請求を拒めないとしている（279条ノ2前段）。

5 権限，義務および責任

(1) 監査役の職務権限　監査役は取締役の職務執行全般を監査する権限を有している（274条1項）。会計監査ばかりでなく，業務監査も行う。また，代表取締役や業務担当取締役の業務執行はもとより，取締役会決議も監査対象となる。そして，監査役の監査の範囲は，異論もあるが，取締役の業務執行の適法性（取締役が法令・定款・総会決議を遵守しているか，および善管注意義務，忠実義務を果たして職務を行っているか）に限って監査することができ，それが会社の経営上合目的的かどうかの妥当性の監査には及ばないとされている（275条・275条ノ2・281条ノ3参照）。これは現行法が，代表取締役の業務執行の妥当性については取締役会が監査するという建前をとっているからである。もっとも，取締役の職務執行に著しく不当な点があるときは，忠実義務違反（254条ノ2）の違反がある場合に当たるから，適法性監査に属することになる。

(2) 業務監査　(a) 業務・財産状況の調査　監査役は監査を行うためにいつでも取締役・支配人などに営業報告を求めたり，業務・財産について調査することができる（274条2項）。この権限と照応して，取締役に監査役への報告義務がある（274条ノ2）。また，子会社の業務・財産の状況が親会社に影響を与えることに鑑みて，親会社の監査役は親会社の監査の必要がある場合には，子会社に対して営業の報告を求め，または，業務および財産の状況を調査することができる（274条ノ3）。さらに，株主総会に提出する議案や書類が法令・定款に違反していないかを調査をすることができ，それらの内容が法令・定款

に違反していたり，著しく不当な事項があると認めるときは，総会にその意見を報告しなければならない。(275条)

(b) 取締役会への出席，意見陳述，取締役招集　監査役は取締役会に出席して違法または定款に反するような決議がなされないように意見を述べることができる（260条ノ3第1項）。そして，取締役の行為が法令・定款に違反していたり，または違反するおそれがあると認めたときには取締役会にその旨を報告しなければならない（260条ノ3第2項）。このとき，必要があるときには監査役は取締役会の招集を請求でき，それにも関わらず一定の期日の間に取締役会の招集がなされないときには，監査役が自ら招集することができる（260条ノ3第3項・4項）。

(c) 取締役の違法行為差止　監査役は取締役が法令・定款に違反する行為をなし，それにより会社に著しい損害が生じるおそれがある場合には，その行為を差し止めることができる（275条ノ2第1項）。なお，この場合の著しい損害が生じるおそれがある場合とは，株主の差止請求権の要件「回復すべからざる損害」（272条）とは異なる。

(d) 各種の訴権　監査役は，公正確保のために会社と取締役間の訴え（275条ノ4前段），および会社に対し取締役の責任追及を求める株主の請求を受けての訴えについては会社を代表する（275条ノ4後段）。これは，公正確保のためである。また，監査役は株主総会決議取消の訴えなどの各種の訴えの提起を行うことも監査役の職務に含まれる（247条1項・280条ノ15第2項・415条2項）。

(e) 会計監査　小会社の監査役は会計監査だけを行う（後述参照）。中会社と大会社の監査役は業務監査に加えて会計監査も行う。しかし，大会社では会計監査人がいるので，実際には監査役の会計監査は補足的なものにとどまる。

(3) 監査報告書の作成　監査役による監査の成果は，期末に作成される監査報告書に示される（281条ノ3第1項）。

この監査報告書には，①監査の方法の概要，②会計帳簿の不実記載脱落・貸借対照表との不整合，③計算書類の適正性，④利益処分案の適法性と不当性，⑤取締役の不正行為，⑥調査不能の時に限りその理由等を記載する（281条ノ3第2項）

(4) 責任　監査役は，取締役と同様に会社と委任の関係にある（280条1

項・254条3項)。したがって，善管注意義務を怠り会社に損害が生じた場合には，監査役は会社に対して損害賠償責任を負う (277条・278条)。また，監査役はその職務に関して悪意または重大な過失によって第三者に損害を与えた場合には，その第三者に対して損害を与えた監査役は連帯して責任を負う (280条2項・266条ノ3第1項) ことも取締役の場合と同様である。

監査報告書に記載すべき重要事項につき虚偽の記載をした場合，無過失を証明しない限り，第三者に対し責任を免れない (280条2項・266条ノ3第2項)。

6 大会社における監査

商法特例法では，資本の額が5億円以上または，負債の合計が200億円以上の会社 (大会社) には，監査役の員数・資格に特則を設けるとともに，会計監査人，監査役会の制度を導入して監査体制の強化が図られている。

(1) 監査役の員数，社外監査役，常勤監査役　中小会社では監査役は1人でもよいが，大会社では監査役は3人以上でなければならないとされている (商特18条1項)。

監査役のうち1人以上はその就任前5年間，その会社または子会社の取締役，従業員 (支配人またはその他の使用人) でなかったものでなければならない (いわゆる社外監査役，商特18条1項)。社外監査役が導入された理由は，取締役の業務執行を監査する監査役は監査される者の影響を受けるようでは，監査の実をあげることは期待できないので，会社内の業務執行体制に組み込まれていなかった者によって客観的，第三者的立場からの監査がなされることを期待したからである。

(c) 常勤監査役　監査役は互選によって1人以上の常勤監査役を定めなければならない (商特18条2項)。常勤監査役とは，他に常勤の仕事がなく，常時監査役としての仕事をする事のできる者とされている。

(d) 監査役の責任　大会社の監査役の責任は，中小会社の監査役とは異ならない。ただ，大会社の監査役の行為が監査役会の決議にもとづく場合には，決議に賛成した監査役はその行為をしたとみなされ，議事録に異議を留めない者は決議に賛成したとみなされる (商特18条4項)。

(2) 監査役会　(a) 総説　大会社では監査役全員によって監査役会が組織される (商特18条の2)。これは，大会社では監査業務が広範となると職務の

分担がなされるので，それぞれの監査役が，会社全体の状況を知っておく必要から，監査役相互の情報交換のために，平成5年の商法改正で監査役会制度が規定された。ただ多くの会社は平成5年以前より監査役が設けられていた。監査役会は，会社内の情報を常には得られにくい社外監査役にとってはその必要性が高い。

(b) 監査役会の招集，決議方法等　　監査役会の招集は各監査役がすることができる（商特18条の3第2項，商259条本文）。また，監査役会の決議は監査役の過半数によって行われるのが原則である（商特18条1項）（ただし，会計監査人の解任については全員一致が必要，商特18条の3第1項但書）。

監査役会の招集権者招集手続の省略，議事録の作成，備置，閲覧，議事，運営，決議に賛成した監査役で議事録に異議を留めなかった監査役の責任等に関しては取締役会の規定の多くが準用されている（商特18条の3第2項・18条の4）。

(c) 監査役会の権限　　監査役会はその決議によって監査の方針，会社の業務および財産の状況の調査その他の監査役の職務の執行に関する事項を定めることができる（商特18条の2第2項本文）。したがって，それぞれの監査役は監査役会の決議によって定められた分担に従って監査を行うことになる。しかし，たとえ職務の分担を決めたとしても各監査役はそれぞれ会社全般に及ぶ調査権や監査権を有しているので，他の監査役の分担領域であっても監査をすることができる（商特18条の2第2項但書）。

監査役は監査役会の求めがあるときにはいつでもその職務の執行状況を監査役会に報告する義務がある（商特18条の2第3項）。これは各監査役が監査の状況を監査役会に報告することによって監査役会を通じて各監査役が監査の状況について把握することができ，組織的で効率的な監査ができるようにするためである。

監査役会は監査報告書を作成，提出する（商特14条2項）。この監査報告書には①会計監査人の監査の方法または結果を相当でないとしたときには，その旨および理由並に監査役の監査の方法の概要または結果，②会計以外の業務の監査方法の概要の他，③商法で定められている監査役監査報告書に記載する事項（ただし，営業報告書，附属明細書に関する記載については会計以外の部分に

限られる。）を記載するとともに各監査役の意見を付記することもできる（商特14条3項）。

その他監査役会の権限として会計監査人の選任・不再任・解任について関与（商特3条2項・3項・6条3項・6条の2第1項・18条の3第1項但書），監査役・会計監査人・取締役からの報告，書類の提出を受けること（商特8条1項・12条・19条1項，商274条ノ2・420条1項，商特13条1項・14条1項・18条の2第3項）がある。

(3) 会計監査人　(a) 総説　大会社においては，監査役監査のほか，会計の職業専門家である会計監査人よる決算の監査を受けなければならない（商特2条）。大企業の会計は複雑で，かつ粉飾を重ねて会社が倒産したときの影響も大きいので職業専門家による公正な外部監査を行う必要があるのである。会計監査人は，監査役と異なり，会社の機関でなく，会社の外部の者であって会社と契約により会計監査の委託を受けた者にすぎないと解されているので，会計監査人監査を外部監査という。

(b) 会計監査人の資格・欠格事由　会計監査人は公認会計士または監査法人であって（商特4条1項），会計監査人が監査の業務以外で監査を行う会社の役員から継続的に報酬を受けている等法定の欠格事由のない者でなければならない（商特4条2項・5条後段）。監査を受ける会社と著しい利害関係があると会計監査人の自主独立性を失い公正な監査を期待することができないからである。

(c) 会計監査人の選任，任期，終任　会計監査人は株主総会で選任される（商特3条1項）。任期は就任後1年以内の最終の決算期に関する定時総会の集結の時まで（商特5条の2第1項）であるが，その地位の安定を図るため株主総会で特別な決議がなければ自動的に再任される（商特5条の2第2項）。会計監査人に欠員が生じた場合には，監査役会が仮会計監査人を選任する（商特6条ノ4，仮取締役・仮監査役は裁判所により選任される）。

(ロ) 解任　株主総会はいつでも普通決議によって会計監査人を解任することができる（商特6条1項）。正当な理由なく解任された会計監査人は損害賠償を会社に対し請求できる（商特6条2項）。また，監査役会は会計監査人に信頼を失わせしめる重大な理由または職務の遂行に支障をきたし，または職務に耐

え難い事由が生じたときには，監査役会の全員一致によって会計監査人を解任することができる（商特6条の2第1項・18条の3第1項但書）。

　（ハ）会計監査人の選任，不再任，解任についての同意，意見陳述権　会計監査人の選任，不再任または解任については議案を株主総会に提出する際には監査役会の同意が必要である（商特3条2項・5条の2第3項・6条3項）。

　また，会計監査人は会計監査人の選任，不再任または解任について株主総会に出席して意見を述べることができる（商特6条の2第3項・6条の3）。

　(d) 会計監査人の権限，義務　（イ）職務・権限　① 決算監査　会計監査人は計算書類およびその附属明細書の監査を行うが，営業報告書とその附属明細書の監査は会計に関する部分に限られ，業務に関する部分には及ばない（業務に関する部分の監査は監査役のみが監査する）（商特2条）。

　② 期中監査　上述の会計監査に必要な情報を得るために，会計監査人は会社の会計帳簿，書類の閲覧・謄写権，取締役や支配人やその他の使用人に対する報告請求権（商特7条1項），子会社に対する報告請求権（商特7条3項），会社および子会社の業務・財産の状況の調査権（商特7条1項・4項）が与えられている。

　（ロ）報告義務　監査を行う際に取締役の職務遂行に関し不正の行為または法令・定款に違反する重大な事実があることを発見してときは，会計監査人は監査役会に報告しなければならない（商特8条1項）。会計監査人は業務監査権限を有するものではないので，かかる事実の発見に努める義務はないが，その職務である会計監査を行うに際してまたはその事実を発見したときは報告義務を負うのである。

　（ハ）会社の決算に関する権限　会計監査人は計算書類を受領した日から4週間以内に監査報告書を監査役および取締役に提出しなければならない（商特13条1項）。この監査報告書には，前述した商法上の会社の監査役監査報告書に記載される内容の会計に関する部分とほぼ同様の内容が記載される（商特13条2項）。

　(e) 会計監査人の責任　会計監査人が任務懈怠よって会社に損害を生じさせてときは，その会計監査人は連帯して会社に対する損害賠償責任（商特9条）を負うことになる。また，会計監査人が重要な事項について監査報告書の

虚偽記載をしたことによる第三者に対する損害についても連帯して賠償する責任がある（商特10条）。取締役・監査役もまた第三者に対し責任を負う場合の会計監査人と取締役・監査役の連帯責任（商特11条）については，監査役と同様である。

（f）監査役との関係　会計監査人は商法281条1項に掲げる計算書類および附属明細書の会計に関する監査の職務権限を有し，監査役は会計監査を含む一般についての業務監査の職務権限を有している（商特14条1項・2項参照）ので，会計書類に関する両者の権限が競合することになり，この点についての関係が問題となる。この点について，商法特例法は，この両者の無意味な重複を避けるために，第一次的には会計監査人が監査し，監査役会は会計監査人の監査を前提として会計監査人監査が相当でないと認めたときにのみその旨と理由，および監査役が行った監査の概要と結果を監査役会の監査報告書に記載することと定めている（商特14条3項1号）。この構造から，監査役と会計人との間には緊密な連携関係が必須である。この関係を維持するため，監査役は会計監査人の監査報告書について説明を求めることができるとしている（商特13条3項・8条2項）。

7　小会社における監査

商法特例法では資本の額が1億円以下で，かつ負債総額が200億円以下の会社（小会社）については，監査役の監査権限を会計監査にのみに限っている（商特22条1項・25条）。これは，このような小規模企業の実状を鑑みると人材等の点から業務監査と会計監査を監査役に課すことはなかなか困難であり，取締役の業務執行の監査については株主に期待できること等を考慮してこのような特則が定められたものである。

したがって，小会社の監査役は会計監査に関する権限以外の取締役会出席権，取締役の違法行為差止権など業務監査に関する権限，会社と取締役間の訴訟において会社を代表する権限，特別清算の申立の権限等は持たない（商特25条）。ただ，会計監査職務を行うに必要なときは会社の業務および財産の状況の調査・取締役・使用に対する報告請求はできる（商特22条2項・3項）。

小会社において会社と取締役間の訴えが提起された場合には，株主総会で会社を代表するものを定めない限り，取締役会が定める者が会社を代表すること

になっている（商特24条1項・2項）。

§5 検査役

　検査役は必要に応じて裁判所または株主総会が選任する臨時の会社の機関である。検査役の員数・資格については法は特に規定をおいていないが、公正な検査のために、その会社の取締役、監査役、使用人を検査役にはできない。

　裁判所が検査役を選任する場合としては、会社設立の場合の変態設立事項の検査（173条1項・181条1項）、株式総数の引受の有無等の調査（184条3項）、株主総会の招集・決議方法の調査（237条ノ2）、新株発行時の現物出資等の検査（280条ノ8第1項）、事後設立（246条2項）の検査、少数株主が請求する総会の招集手続、決議方法（237条ノ2第1項）、事後設立（246条2項）、会社の業務および財産（294条1項）の検査、裁判所が職権によって選任する、会社整理（388条1項）、会社清算（452条1項）の検査がある。

　株主総会または創立総会が検査役を選任する場合としては、設立手続（184条3項）、会社の業務および財産の状況（237条3項・294条1項）、取締役・監査役の提出した書類・報告書（238条、商特15条）、清算人の提出した書類（430条2項）の検査がある。

第5章 株式会社の決算と利益配当はどのようにしてなされているか

§1 会社の計算・計算規定とは

1 企業会計法

1.1 株式会社における計算の重要性

株式会社は，一般投資家が出資を行い，取締役に経営を委ね，その利益の分配にあずかる大規模な企業形態である。したがって，会社の財産状態（財産がどれだけあるか）および経営成績（企業活動の成果＝収益力）を正確に把握することは，株主にとっては利益配当の面だけでなく取締役の監督（取締役を信任するかどうか）という面においても重要であり，取締役が適切な経営をするために不可欠である。また，株主は有限責任しか負わず，会社財産のみがその拠り所（担保）となり，会社債権者の利益保護のためにも会社の財産状況を明らかにすることは必要である。

1.2 企業会計法

これらのことから，株式会社の財産状態や経営成績を真実，かつ明確に表示するのが企業会計であり，この企業会計に対する法規制が企業会計法である。

そこで，まず商法は，株式会社の会計につき詳細な計算規定（281条〜295条）を設け，そこに特別の規定のない事項には商人（企業）一般について定めている商業帳簿に関する規定（32条〜36条）が適用される。さらに，「株式会社の貸借対照表，損益計算書，営業報告書及び附属明細書に関する規則」（通常，「計算書類規則」と略称する）によってこれらの書類の記載方法を定めている。

このほかに，株式会社の計算につき，証券取引法の適用を受ける上場会社などにあっては，商法のほか「財務諸表規則」にもとづいて財務諸表を作成し，これを公認会計士または監査法人の監査証明を受けなければならない。

> **コラム　商業帳簿と会計帳簿**
>
> 　商業帳簿は，企業の財政および損益の状況を明らかにするための帳簿で，会計帳簿と貸借対照表とからなる（32条1項）。
> 　会計帳簿は，営業上の財産とその価額および取引，その他営業上の財産に影響を及ぼす事項を記録しなければならない（33条1項）。日記帳，仕訳帳，元帳，伝票などがこれに当る。

2　会計処理の基本的考え方

　商法では，投下資本に対する利益の分配（多くの利益配当金）を期待して出資した株主と，有限責任の結果，会社財産が唯一の担保であることから，利益配当によって多くの会社財産が流出しない（利益配当はできるだけ少ない）ほうが望ましい会社債権者と，いずれの立場に立って会計処理をするかについて考え方が分れる。

　(1) 財産計算（財産法）の立場　(a) この考え方は，会社債権者の利益保護の観点から，会社財産の確保を重視し，会社の解体価値（会社が消滅して清算したとき金銭に換価して，会社にどれだけ財産が残るか）を問題とする。かつての商法はこの立場に立っていた。

　(b) すなわち，会社に現存する財産を実際に確認（「実地棚卸」）して作成した財産目録を基礎として，貸借対照表および損益計算書を導き出し（「財産目録中心主義」をとり），会社財産の評価は会社債権者に財産の換価価値が明確になるよう時価（または時価以下）で評価する（時価主義・時価以下主義）。そこで配当可能利益についても，債権者のための純資産（会社の総資産マイナス総負債）が確保できるような算定方法がとられる。

　(2) 損益計算（損益法）の立場　(a) この考え方は，株主（投資家の利益）保護の観点から，会社の収益力を明らかにすることを重視する。そこでは，一定期間にどれだけ損益があったか（期間損益）を収益と費用を比較することによって算定する。現行商法はこの立場に立っている。

　(b) 収益力を明らかにするには，会社の継続を前提とし，期間損益を正確に算定することが必要である。

　すなわち，どのような費用・収益があったかを，会計帳簿にもとづいて認識

し（この方法を誘導法という），その期間における収益とそれに要した費用を対応させて（費用収益対応の原則），期間収益と期間費用を確定し，この両者の差額によってその期間の収益（損失）が算定される。資産評価は時価でなく，原価で行うべきもの（原価主義）とされる。というのは，時価評価は会社の解体を前提とするもので，現実に合致しないし，またそれは資産を処分しなければ実現しない（未実現利益である）から，利益として計上すべきではない。この損益計算から算出された純利益が利益として配当される。

(3) 損益計算法の妥当性　(a) 会社債権者は，会社の解体を予定して取引しているのではなく，むしろ会社の継続発展を期待し，存続中の会社から債権の完全な弁済を受けることを考えている。したがって，債権者の保護は，企業の解体を前提とする財産計算によるのが唯一の方法ではなく，企業の継続を前提とする損益計算の考え方によるべきである。

(b) 株主としても，利益配当は単に一時的な配当ではなく，会社が継続し長期にわたる確実な配当が望ましい。その点では，時価の変動や人為的な決算政策によって，利益配当が不当に多く，あるいは少なくなされる余地のある財産計算よりも，損益計算の立場が妥当である。

(c) 債権者の利益と株主の利益の調整　元来，株主利益の保護の計算方法である損益計算法は，債権者の利益保護にも役立つ妥当なものである。そこで，現行商法は期間損益計算方法をとっている。しかし，商法は利益配当の点で，株主と会社債権者の利益の調整を図り，株主への利益配当には，損益計算にもとづく純利益だけを充てるのではなく，純資産から資本，法定準備金を控除して配当可能利益を定めている。

§2　計算書類および附属明細書の作成・監査・公示・承認

商法は，企業一般については商業帳簿という体系をとり，株式会社については計算書類という体系をとっている。「商法281条1項各号ニ掲ゲル書類」を計算書類という。「281条1項ノ書類」というときは，計算書類と附属明細書の双方を指す。

1 計算書類および附属明細書の作成

1.1 計算書類および附属明細書

(1) 商法による会計規制　　株式会社は商人であるから（52条・4条），商法総則の適用を受け，日々の財産状態の変動を明らかにするため，商業帳簿として会計帳簿を作成するほか（32条），毎決算期毎に計算書類（貸借対照表，損益計算書，営業報告書，利益の処分または損失の処理に関する議案）ならびにこれらの附属明細書を作成しなければならない（281条1項）。これらの書類により会社の財産および損益の状況を明らかにし，その期の利益の処分（または損失の処理）をするためである。

(2) 計算書類の意義　　貸借対照表は，決算期等一定の時期における会社の財政状態ないし財産の構成状態を明らかにするために，会社の資産と負債および資本とを対照する概括表である。貸借対照表は，会社では成立の時と毎決算期に会計帳簿にもとづいて作成し（32条2項），それぞれ作成者が署名しなければならない。

計算書類のうち，貸借対照表は会社の財政状態を明らかにするものであり，損益計算書は会社の営業成績を示すもので，会社の会計において重要な意味をもつ。これに対し，営業報告書は，数字によって示される貸借対照表や損益計算書の内容を文章の形でわかりやすく説明したり，それらの書類に表れない事項で必要な情報を提供するための書類である。

以上に対して，利益処分案は，報告書でなく，利益をどのように処分または配当するかについての議案であり，利益準備金・任意準備金の積立（288条），利益の配当（290条）などの利益処分のすべての事項が記載される（損失処理の議案には，損失の繰延べ，準備金の取崩しによる填補など損失の処理について記載される）。

(3) 附属明細書　　計算書類には記載されないが，株主にとって重要な事項（たとえば担保権の設定）および計算書類に記載されるもののうち，株主にとって特に重要な事項（たとえば資本の増減）が記載されるものが，計算書類の附属明細書である。

> **コラム　財務諸表**
>
> 　会計学では計算書類といわずに「財務諸表」の語を使っている。これには，営業報告書はない。また，附属明細書は13種類に分れる。

1.2　計算書類の作成

　計算書類等の作成者は代表取締役である。もっとも代表取締役が必ずしも自らこれらの書類を作成する必要はなく，経理担当取締役あるいは経理業務に従事する使用人にこれを作成させることができる。

　代表取締役は，計算書類等については取締役会の承認を受けたうえ（281条1項），監査役および会計監査人に提出する（同条2項）。

2　計算書類の監査の手続

　代表取締役によって毎決算期に作成された計算書類とその附属明細書は，取締役会の承認を受けた後に監査役の監査を受けなければならない（281条2項）。商法特例法上の大会社の場合は，さらに会計監査人の監査を受けなければならない（商特2条）。

2.1　中会社（資本金の額が1億円を超え，5億円未満の会社）の場合

　中会社は，商法特例法の適用を受けない会社なので，計算書類とその附属明細書について監査役のみが監査を行い，会計監査人の監査は必要としない。

　(1)　**監査日程**　　(a)　まず，代表取締役は定時総会の会日の7週間前までに計算書類を提出し，その提出をした日から3週間以内に附属明細書を監査役に提出しなければならない（281条ノ2第1項・2項）。

　(b)　監査役は，計算書類を受領した日から4週間以内にこれらの書類について監査を行い，その監査報告書を代表取締役に提出しなければならない（281条ノ3第1項）。

　(2)　**監査報告書**　　中会社の場合，会計監査人がいないため，監査役が会計監査と業務監査の双方を行うことになり，その監査報告書にも会計監査事項（281条ノ3第2項1号〜7号・9号・11号）および業務監査事項（281条ノ3第2項6号・8号〜11号）をすべて記載しなければならない。

2.2 大会社（資本金が5億円以上または負債の合計額が200億円以上の会社）の場合

大会社においては，監査役の監査のほか会計監査人監査も受けなければならない（商特2条）。

(1) **監査日程**　(a) 代表取締役は，計算書類を定時総会の会日の8週間前までに，その附属明細書は計算書類の提出日から3週間以内に，監査役会および会計監査人に提出する（商特12条1項・2項）。

(b) 会計監査人は，これらの書類を受領した日から4週間以内に，監査報告書を代表取締役と監査役会に提出する（商特13条1項）。

(c) 監査役会は，会計監査人の監査報告書を受領した日から1週間以内に監査報告書を作成して代表取締役に提出し，またその謄本を会計監査人に送付する（14条1項・2項）。

(2) **監査報告書**　大会社の会計監査については，第一次的に会計の専門家である会計監査人がこれを行い，監査役は会計監査人の監査報告書を調査し，もし監査の方法または監査の結果を不当と認めた場合に独自の監査をすればよいから，大会社の監査役は主として業務監査を行うことになり，監査役会の監査報告書の記載事項も業務監査事項が中心となる（商特14条3項。各監査役の意見を付記することができる）。

会計監査人の監査報告書の記載事項は法定されており（商特13条2項，商281条ノ3第2項），監査役はこの報告書につき，会計監査人に対し説明を求めることができる（商特13条3項）。

2.3 小会社（資本金が1億円以下にして負債総額200億円未満の会社）の場合

小会社において，計算書類とその附属明細書について監査役の権限は会計監査に限られており（商特22条・25条），その決算手続も簡略化されている。

(a) 代表取締役は，定時総会の会日の5週間前に計算書類を，この提出日から2週間以内にその附属明細書を，監査役に提出しなければならない（商特23条1項・2項）。

(b) 監査役は，計算書類の受領の日から4週間以内に監査報告書を代表取締役に提出しなければならない（同条3項）。

3 計算書類の公示

3.1 書類の備置

代表取締役は，定時総会の会日の2週間前から，計算書類・その附属明細書およびこれらの書類に関する監査報告書を，とくに大会社にあっては，これに加えて会計監査人の監査報告書を，本店および支店に備え置かなければならない（282条1項，商特15条）。そして，株主および会社債権者は，いつでもその閲覧，謄本・抄本の交付を求めることができる（282条2項，商特15条）。

3.2 総会招集通知への添付

定時総会の招集通知には，中会社にあっては計算書類および監査報告書の謄本を，大会社にあってはこれに加えて会計監査人の監査報告書の謄本を添付しなければならない（283条2項，商特15条。小会社ではかかる送付は必要でない（商特25条））。

4 計算書類の承認・公告

4.1 定時総会の承認

代表取締役は，計算書類のうち貸借対照表・損益計算書および利益処分案または損失処理案を定時総会に提出して，その承認を受けなければならない（283条1項）。営業報告書はその内容を報告すれば足り，承認は必要ない。

計算書類の承認は，通常決議の方法によって行われ，承認決議により計算書類が確定する。

4.2 大会社の特例

(1) 定時総会への報告　　(a) 会計監査人の監査報告書に，貸借対照表および損益計算書が法令・定款に従い会社の財産および損益の状況を正しく示したものである旨の記載（いわゆる会計監査人の適法意見）があり，かつ監査役会の監査報告書に上の会計監査人の監査結果を相当でないと認める旨の記載がないときは（いわゆる監査役の適法意見があるとき），貸借対照表および損益計算書について総会の承認を必要とせず，その内容を総会に報告すれば足りる（商特16条1項）。貸借対照表および損益計算書は，取締役会の承認だけでその内容は確定したことになる。

(b) この場合でも，代表取締役は定時総会に貸借対照表および損益計算書を提出して，その内容を報告しなければならない（同項後段）。

(c) よって，定時総会の承認決議を要するのは，利益処分案のみとなる。

(2) 総会の承認の必要な場合　以上に反し，計算書類が法令・定款に適合するかどうかについて，会計監査人の意見が監査役会または監査役の意見と異なるときは，定時総会の承認決議が必要となる。この場合には，会計監査人はすすんで定時総会に出席して意見を述べることができ（商特17条1項），また総会は決議をもって会計監査人の出席を求めることができる（同条2項）。

4.3 計算書類の公告

会社債権者を保護するため，代表取締役は，定時総会で計算書類の承認を得た後，遅滞なく貸借対照表またはその要旨を定款で定めた方法によって公告しなければならない（283条3項）。また，大会社においては，さらに損益計算書またはその要旨を公告しなければならない（商特16条2項）。なお，この公告違反には過料の罰則がある（498条1項2号）。

§3　各種の計算書類および附属明細書

計算書類の作成にあたっては，会社の財産・損益の状況を明らかにする（32条1項）という計算書類の目的に沿った情報を利用者がそこから得られるように，計算書類は作成されなければならない。そのために，商法は，事実に即して（真実性の原則），整然かつ明瞭に（明瞭性の原則）記載することを求めている（33条1項）。また，同一の作成方法が毎期継続的に適用され，各年度の書類につき容易に比較検討できるものでなければならない（継続性の原則）としている（32条2項参照）。計算書類規則は，各書類ごとに記載方法その他の様式などを詳しく定めている。

1　貸借対照表

貸借対照表とは，決算期（事業年度終了日）現在における会社の資産と負債および資本を項目別に対比させ，一覧表として示すことによって，会社の財政状態を表示する計算書類である。損益計算書が1年間の事業活動の推移（動態）を表わすのに対し，貸借対照表は一定時点（決算期）に静止させた状態（静態）を表わす。

1.1 構　成

　貸借対照表は,「資産の部」,「負債の部」および「資本の部」に区分されている（計算規4条）。記載の方法には,一列に書き流す形の「報告式」と,左右対照に表示させる「勘定式」がある。商法はその形式を特に規定していない（財務諸表規則では報告式に限られている（財規6条））。一般に多く用いられている勘定式では,資産の部は左側（借方）に,負債の部と資本の部は右側（貸方）に記載する。左側は投下されている資金の運用形態を表し,右側はこの投下資金はどのようにして調達されたかという調達源泉を表している。この勘定式は,一定時点において投下された資本の運用と調達源泉を左右対比させるもので,それぞれの合計額は一致する。

　(1) 資産の部　　資産の部は,その流動性（換金性）の有無・強弱によって,流動資産,固定資産および繰延資産の3つに大別し,さらに固定資産の部は,有形固定資産,無形固定資産,投資等の各部に区分したうえ（計算規5条）,これらの各部は,現金,預金,受取手形,建物など,資産の性質を示す適当な名称を付した科目に細分しなければならない（計算規6条）。

　(a) 流動資産　　流動資産とは,流動性が強い資産をいい,①現金・当座預金・売掛金・受取手形,原則として決算日から1年以内に換金できる短期保有の有価証券（株式・社債など）などのいわゆる当座資産と,②商品・製品・半製品・仕掛品・原材料などの棚卸資産がある。

　(b) 固定資産　　固定資産は,流動性が弱い（長期間継続的に使用・保有する）資産で,換価のサイクルが長い点で,流動資産と区別される。これは,①土地,建物・構築物,機械,設備などの有形固定資産,②特許権・著作権などの知的財産権,電話加入権など事業に継続的に使用される権利および暖簾（営業権）などの事実関係等の無形固定資産,③子会社株式,その他長期保有の有価証券,長期の金銭債権等などの投資等がある。

　(c) 繰延資産　　(イ) 意義　　繰延資産は,本来は費用の性質を有する支出であって,財産権の性質を持たないという点で流動資産や固定資産とは異なる。これを資産として取扱う理由は,ある年度に支払われた金額であっても,たとえば試験研究費・開発費のように,後年度の収益に貢献する費用は,そのうちで後年度の収益に対応する部分を後年度の負担とすることにより,費用と収益

を対応させるのが合理的と考えられることにある。

そこで，すでに支出した費用であるが，その効果が次期以後に継続するので，その額をとくに貸借対照表の資産の部に計上して，次期以降の収益に負担させるため，次期以降の損益計算書に数年度にわたり漸次落としていく（償却していく）ことを認めている。

(ロ) 繰延資産の範囲　繰延資産は，実際に支出された額を資産として計上するものであるから，その計上をみだりに許すことは資本の充実が害されるおそれがあるため，商法が規定する以下のものだけを認めて，それぞれ所定期間内に，毎決算期に均等額以上の償却を命じ，とくに危険の多い以下の②③については配当制限の措置を講じている（290条1項4号）（163頁参照）。

繰延資産には，①創立費（創業費）（286条），②開業（準備）費（286条ノ2），③試験研究費・開発費（286条ノ3），④新株発行費用（286条ノ4），⑤社債発行費用（286条ノ5）のような繰延費用のほか，⑥社債（発行）差額（287条）のような一種の前払費用，⑦建設利息（配当額）（291条4項）のような繰延損失が含まれる。なお，⑦は資産ではないが，政策的に資産の部に計上される繰延勘定の一種である。

(2) 負債の部　会社の資産はすべて負債または資本のいずれかにより調達され，貸借対照表には株主以外から資産を調達した場合は負債の部に，株主から資産を調達した場合には資本の部に記載される。

負債の部は流動負債と固定負債の各部に区分され，引当金がある場合には別に引当金の部を設けることもできる（計算規25条・33条1項）。

(a) 流動負債　流動負債は流動性の強い負債で，原則として決算日から1年以内に返済しなければならないものをいう。仕入先から購入した商品や原材料のうちまだ支払っていない支払手形，買掛金（仕入債務），銀行などから借り入れた短期借入金，製品の販売時点よりも前に販売先から受け取った前受金（手付金，予約金）などがある。

(b) 固定負債　流動負債以外の債務であり（計算規30条），返済期間が長期に渡るもので，社債や銀行などから借り入れた長期借入金などがある。

(c) 引当金　(イ) 意義　商法は，本来の債務ではないけれども，将来における特定の支出または損失が確実に予想される場合に，それに備える準備額

として，当期の負担とするのが合理的なものを引当金と呼び，その額を事前に貸借対照表の負債の部に計上することを認めている（287条ノ2）。

たとえば，ある年度に購入した機械で生産を続けると5年後には修理が必要になることが明白な場合，修繕費をその年度に一度に支出すると利益が減少する。修繕が必要となるのはこれから5年間稼働することによってであり，しかも，この稼働が今後5年間の収益に寄与するわけであるから，期間損益の観点からこの修繕費用をこの5年間の費用としてとらえることが合理的である。そこで，このような修繕に備えて当期も各年度に負担すべき額（5分の1）を貸借対照表の負債の部に引当金として計上することを認めている。

「計上スルコトヲ得」とは，計上するか否か任意というのではなく，引当金の要件に合うものは計上しなければならないということである。そうでないと，期間損益計算が正確でないからである。

(ロ) 引当金の範囲　引当金には，前述のような固定資産の修繕に備える修繕引当金のほか，製品保証引当金，退職給与引当金，損害補償損失引当金などがある。これらはいずれも，費用見越としての性質を有するので，商法上の引当金である。

(ハ) 費用見越　繰延資産はすでに支出された費用の「繰延計上」（繰延費用）であるのに対して，未だ支出されていないが，引当金は将来その支出が確実に予想される費用の「見越計上」（見越費用）である。

引当金の場合，見越費用をそれが発生する年度の収益だけに負担させないで，その一部を当期の収益に負担させるため，当期の貸借対照表に負債として計上して，それと同額を当期の損益計算書に費用として落としていくものである（繰延資産参照，150頁）。

(3) 資本の部　資本の部は，資本金，法定準備金および剰余金の各部に区分され，純資産の額が資本および法定準備金の額に不足している（資本の欠損）の場合には，剰余金の部に代って欠損金の部として表示しなければならない（計算規34条）。

(a) 資本は資本金として記載される。商法上の資本とは，この資本金を意味する（後述の資本参照，158頁）。

(b) 法定準備金の部は，さらに資本準備金と利益準備金に区分し記載される

(計算規35条1項)。

(c) 剰余金の部（または欠損金の部）には，任意積立金（特定積立金）と当期未処分利益（または当期未処分損失）とがある。任意積立金はその内容を示す適当な名称を付した科目に細分し（計算規35条2項），当期未処分利益（または当期未処分損失）については，当期利益（または当期損失）を付記しなければならない（計算規35条3項）。なお，1株当りの当期利益（または当期損失）の額は，注記する（計算規35条の2）。

1.2 資産の評価

貸借対照表に記載される財産には，その価額を記載しなければならない（33条1項）。しかし，会社の財産を評価する際に，資産が過大に評価されると見せかけの利益が生じて株主や会社債権者を惑わすことになり，また逆に低く見積もられると株主の利益配当請求権が害されるおそれがある。

そこで商法は，株式会社の資産評価を適正なものとするために，総則に定める財産評価に関する一般原則（34条）のほか，次のような評価基準に関する特則を定めている（285条～285条ノ7）。この評価基準は原則として原価主義を採用するものであり，評価益（資産の評価替えによって生じる帳簿上の利益）の計上，秘密準備金（資産の過小評価または債務の過大評価によって会社に留保された財産）の発生を禁止している。

(1) 固定資産　固定資産については，その取得価額または製作価額を付け（原価主義），毎決算期に相当の減価償却をなすことを要するが，予測することのできない減損（災害などによる物理的減損のほか，新製品・新技術の開発による陳腐化・不適応化などの機能的減損を含む）が生じた場合にも相当の減額をしなければならない（285条・34条2号）。

(2) 流動資産　流動資産については，原則としてその原価（取得価額または製作価額）を付さなければならない（原価主義，285条ノ2第1項本文）が，時価が原価よりも低いときは時価を付す（低価主義）こともでき（同条2項），原価と時価の選択が認められる（選択主義）。ただし，時価が原価より著しく下回り，それが将来原価まで回復する見込みがないときは時価を付すことが強制される（低価強制主義，同条1項但書）。よって，市況の変動や資産の損耗，品質低下または陳腐化などによる減価により著しく時価が下がった場合には，

時価を付さなければならない。これは，株式会社では会社財産のみが会社債権者の拠り所になるということから，資産の評価について慎重な態度を採っているためである。

(3) 金銭債権　金銭債権については，長期の債権か短期の債権か，また売掛金，受取手形，預金，貸付金などの種類のいかんを問わず，その債権金額を付すことを原則とする（285条ノ4第1項本文）。しかし，手形を割り引いて取得したときのようにその取得金額（原価）が債権金額よりも低い場合，その他相当の理由がある場合（たとえば無利息の債権であるとき）には，相当の減額をすることができる。また，取立不能のおそれがあるときには，その取立不能見込額を控除しなければならない（同条1項但書・2項）。

(4) 社債その他の債券　社債・公債・国債などの債券については，原則として取得価額を付すことを要するが（原価主義），その取得価額が社債金額と異なるときは（たとえば，割引発行などにより額面未満で取得し，または逆に割増発行により額面超で取得したとき），相当の増額または減額をすることができる（285条ノ5第1項本文・但書）。取引所の相場のある債券については，前述の流動資産の評価に関する規定（選択主義（285条ノ2第2項）および低価強制主義（285条ノ2第1項但書））が準用され，原価主義と時価主義の選択ができ，また取引所の相場のない社債については，金銭債権の評価に関する商法285条ノ4第2項が準用され，償還不能見込額を控除しなければならない（285条ノ5第2項）。

(5) 株式その他の出資による持分　株式の評価については，それが短期保有の株式（自己株式・親会社株式はすべて）であると，投資として長期保有の株式（子会社株式はすべて）であるとを問わず，その取得価額を付すのが原則である（原価主義，285条ノ6第1項）。しかし，取引所の相場のある株式については，流動資産の評価に関する規定（選択主義，低価強制主義（商285条ノ2第1項但書・2項））が準用されるが，親会社が持っている子会社株式は，投資目的で長期保有するものであるから，必ず原価を付ける（285条ノ6第2項後段）。また，取引所の相場のない株式については，低価主義選択の余地はないが，その発行会社の資産状態が著しく悪化したときは相当の減額をしなければならない（285条ノ6第2項・3項）。

§3 各種の計算書類および附属明細書　155

　なお，取引所の相場のない株式に関する評価基準は，有限会社の社員の持分その他の出資による持分（人的会社の社員の持分や，民法上の組合または共同組合の組合員の持分など）にも準用される（285条ノ6第4項）。

　(6) 暖簾　　暖簾(のれん)とは，得意先関係，仕入先関係，営業の名声，営業上の秘訣などの営業活動で蓄積した財産的価値ある事実関係のことをいう（老舗(しにせ)とか営業権と呼ぶこともある）。これは一種の無形固定資産であるが，これを他人から有償で譲り受けた場合か合併によって取得した場合だけ，取得価額をもって貸借対照表の資産の部に計上することができる。しかし，その経済的価値は不確実なので，繰延資産と同じように5年内に毎年において均等額以上を償却しなければならない（285条ノ7）。

1.3 繰延資産と引当金

　(1) 資産と負債（形式的相違点）　　繰延資産は「資産」であり，引当金は「負債」であるので，形式的にみて両者に共通性はない。しかも，繰延資産は，流動資産や固定資産と異なる資産である（というのは，それは繰延費用の性質を持つだけで，財産権の性質を持たないから）。また，引当金も，流動負債や固定負債と異なる負債である（それは見越費用としての性質を持つが，債務の性質を持つとは限らないからである）。

　繰延資産と引当金は，その形式・本質は異なるが，期間損益計算を明らかならしめるという目的は共通である。

　(2) 繰延費用と見越費用（本質的相違点）　　繰延資産は，すでに支出された費用の繰延計上（繰延費用）であるのに対して，引当金は，未だ支出されてないが，将来確実にその支出が予想される費用の見越計上（見越費用）である。

　(3) 費用と収益の対応（共通目的）　　繰延資産の本質は「費用の繰延」であり，引当金は「費用の見越」が本質である。この繰延と見越は，共に収益力の表示を目的とする費用収益対応の原則にもとづいて，費用配分を貸借対照表に示す処理方法である。

2　損益計算書

　損益計算書は，一営業期間内の収益と費用を対比させて，会社の営業成績を表示する計算書類で，当期の事業経営の成果を示す経常損益の部と，臨時の損益や繰越損益を示す特別損益の部とに分けて記載される（計算規37条）。最後に

この両者の集計額として当期損益が表示され（計算規43条），これが損益計算書の結論となる。記載の方法には，費用項目と収益項目を左右に振り分けて表示する勘定式と，一列に並べて表示する報告式とがあるが，後者が用いられることが多い。

(1) 経常損益の部　　経常損益は営業年度に発生した費用と収益で，経営の成果を表す指標である。経常損益の部は，さらに営業損益の部と営業外損益の部に区分される（計算規37条）。これらの各部には，適当な名称を付した営業収益（売上高）および営業費用（売上原価・販売費・一般管理費等）を記載する（計算規38条）。そして，営業収益の合計額と営業費用の合計額との差額が，営業利益または営業損失として記載されなければならない（計算規39条）。なお，子会社や支配株主との営業取引による取引高の総額は，注記することになっている（計算規40条）。

さらに，営業利益または営業損失の額に，営業外収益（受取利息・受取配当金・有価証券売却益等，通常の営業活動によらない収益）の合計額と営業外費用（支払利息・割引料・有価証券売却損等，営業外で経常的に生ずる費用）の合計額を加減した額を，経常利益または経常損益として記載しなければならない（計算規41条）。

(2) 特別損益の部　　特別損益の部は，前期損益修正損益（過年度の減価償却の過不足修正額・棚卸資産評価の訂正額等），固定資産売却損益その他の異常な利益または損失につき，その内容を示す適当な名称を付した科目を設けて記載しなければならない（計算規42条）。

(3) 当期損益・当期未処分損益　　当期損益は損益計算書の結論であり，以上のような経常利益または経常損失の額に，特別利益または特別損失の額を加減した額が，プラスならば税引前当期利益，マイナスならば当期損失として記載され（計算規43条1項），それから法人税その他の税を控除した額を当期利益として記載しなければならない（計算規43条3項）。そして，この当期利益の額に前期繰越利益（損失）等の額を加減し，その結果がプラスならば当期未処分利益，マイナスならば当期未処分損失として記載することになる（計算規44条）。

3 営業報告書

営業報告書は，特定の営業年度における営業の経過と会社の状況に関する重要な事項を記載した報告書であり，他の計算書類と異なり文章による説明書である。その記載事項として，①主要な事業内容，営業所および工場，株式の状況，従業員の状況その他会社の現況，②その営業年度における営業の経過および成果，③企業結合（親会社との関係，重要な子会社の状況）その他関連会社の概要（その経過および成果を含む），④営業の推移，⑤会社が対処すべき課題，⑥その営業年度の取締役および監査役，⑦大株主，⑧メインバンク等，⑨自己株式の取得処分（210条ノ2・212条ノ2・210条5号・210条ノ3），⑩決算期後に生じた後発事象の記載等が規定されている（計算規45条1項〜3項）。いずれの事項も，営業報告書の目的に照らして明瞭に記載しなければならない（計算規2条2項）。ただし，営業報告書に関する上記の定めは，小会社には適用されない（計算規45条4項）。

4 利益処分案（損失処理案）

損益計算書および貸借対照表によって算出された当期未処分利益について，取締役会はどれだけの金額を利益配当に回すか，役員の賞与としていくら払うか，またどれだけの金額を準備金として会社に留保するかについての案となる利益処分案を作成しなければならない（281条1項4号）。これに対し損失処理案とは，未処理の損失がある場合にこれをどのように処理するかの案を株主に示すものである。いずれも定時総会に提出され，承認を受けなければならない。もっとも，利益の処分権は株主総会が有するから，株主総会はこれに拘束されることなく，定時総会において修正，変更を行いこれを決することができる。

5 附属明細書

附属明細書は，貸借対照表，損益計算書および営業報告書の記載を補足する重要な事項が記載されるもので（計算規46条1項），株主に上述の3つの計算書類の重要項目の内容・変動の状態などの明細を記載した書類である。株主，会社債権者に対して企業内容を開示する（282条2項）とともに，とくに株主に対し会社の財産および損益の状態や取締役の責任を生ずるおそれのある事項を知らせるために作成される。附属明細書は，会社の本店または支店において株主・会社債権者の閲覧に供されるのみ（直接交付は不要）なので（282条1項），

いわゆる間接開示制度に属するものである。

この附属明細書の記載事項については，計算書類規則によりすべての会社に共通して適用されるもの（計算規47条）と，商法特例法上の小会社以外の会社に適用されるもの（計算規48条）とに分けて具体的に列挙されている。たとえば，社債・借入金，取締役・監査役の報酬や取締役・監査役と会社との取引等はすべての会社で記載が求められるが，小会社以外の会社では，子会社との取引の明細，取締役・監査役の兼任の状況，営業費用のうち販売費および一般管理費等の記載が求められる。

§4 資本および準備金

1 資本・準備金の意義と機能

1.1 資本とは何か

資本は，会社債権者を保護するために，会社に資産を確保するための基準額である。株式会社においては，その所有者である株主は有限責任を負うに過ぎないため，会社財産のみがその財産的基礎になり，会社債権者にとっては会社財産が唯一の担保となる。よって，会社財産を確保することが会社債権者を保護し，会社の信用を維持するために必要となる。そこで商法は，株式会社に対し，一定の額を定めてこれを公示し，この額に相当する現実の財産を保持させることとしている。この一定の基準額を資本といい，資本の額に相当する会社資産は，社外に流出することが許されないとする。また，資本の額は，登記と貸借対照表で公示し（188条2項6号・283条3項），その増減は附属明細書に記載する（計算規47条1項1号）。

1.2 準備金とは何か

資本に上述のような機能が期待されるとしても，仮に会社財産が資本の額を超えて，その超過額の全部を株主に利益として配当を行うと，次年度以降に損失が発生した場合には，それを塡補する財源がなく，ただちに資本の欠損が生じることになる。そこで，さらに商法は，会社の財産的基礎を強固にし，経営の安定をはかるため，資本の額を超えて会社が保有すべき財産の額を定めるとともに，会社がこれを自治的に積み立てることも認めている。この金額を準備

金という。準備金も資本と同様に，貸借対照表の資本の部に控除項目として計上される計数上の数値である（計算規34条・35条）。準備金は，特定の財産を現実に会社に保管するのではなく，資本の部に掲げた金額を配当可能利益の算定にあたり控除する（準備金の額に見合う額の資産が会社に留保される）ものである。

2 資本額の算定

(1) **資本金（額）** 資本とは，会社債権者に対して会社が保持すべき財産の基準の額を表す金額である。会社の資本の金額は，次の式のように発行済株式総数の発行価額の総額である。

　　　　資本の額＝発行価額×発行株式数

会社が額面株式と無額面株式の双方を発行したときは，原則としてその発行価額の合計額が資本として入れられる（284条ノ2第1項）。株主の出資額を基礎に資本の額を定める原則に対し，次に述べる払込剰余金の場合のほか，準備金を資本に組み入れて新株を発行しない場合（293条ノ3）などにおいて，例外が認められる。

(2) **払込剰余金** 会社はその発行する額面，無額面株式のいずれについても，発行価額の2分の1を超えない額を資本に組み入れないことができる（284条ノ2第2項本文）。この発行価額中資本に組み入れない額を払込剰余金という。ただし，会社の財産的基礎を薄弱にしないため，額面株式については券面額，会社の設立に際して発行する無額面株式については5万円を必ず資本に組み入れなければならない（284条ノ2第2項但書）。そしてこれを資本準備金として積み立てなければならない（288条ノ2第1項1号）。

(3) **資本の増減** 資本の額は，新株発行や準備金・剰余金の資本組入によって増加する。他方，減資手続をとらない限り，減少しない（財産は資本と無関係に増減する）。

> **コラム　資本と会社財産**
>
> 　会社財産の中核を占めるものが資本であるが，資本は，会社財産を確保する基準額にすぎず，必ずしもその額に相当する財産が会社に存在することを意味するものではない。換言すれば，資本は一定不変の数額であり，会社財

産の額は日々変動する現実の数額であって，会社に存在する純資産額（総資産額から負債総額を引いたもの）が資本金額に達しないことも起こりうる。

3 準備金

3.1 準備金の機能と種類

(1) 機能　準備金とは，貸借対照表の資本の部に記載されるもので，純資産額（資産の部の合計から負債の部の合計を控除した額）が資本の額を超えるときに，その超過額のすべてを株主に利益配当することを認めず，一定額を会社に積み立てておくことを求める金額をいう。準備金は，会社財産を社内に拘束する点で資本と同じであるが，資本ほど拘束性がないので，会社に欠損が生じたときなど，資本より簡単に取り崩して**塡補**に当てることができる点で異なる。

(2) 種類　準備金には，①商法の規定によって積立を強制される法定準備金と，②定款の定めまたは株主総会の決議によって積立を自治的に行う任意準備金（任意積立金）とがある。①は法定の目的にしか使えない。それだけ強く資産を留保し，資本の安全性を高める。②はそれより拘束力は弱いが，内部留保を厚くする。

3.2 法定準備金

商法の規定によって積立を強制される準備金を法定準備金といい，これはさらにその財源により，利益準備金と資本準備金とに区分される。

(1) 利益準備金　利益準備金とは，会社の毎決算期において，利益の一部から積み立てられる準備金のことである。利益準備金の積立は，株主に対する利益配当を制約することになるが，不測の損失に備えてその一部を会社に留保しておくことは，企業の健全な発展や債権者保護のために必要であるとするものである。

会社は，その資本の4分の1に達するまでは，毎決算期に利益処分として支出する額の10分の1以上を，また中間配当（293条ノ5）を行う場合にはその10分の1を，利益準備金として積み立てなければならない（288条）。準備金の積立限度は資本の4分の1に達するまでであって，これを超えて積み立てた超過額はもはや利益準備金ではなく任意準備金であるとする。

(2) 資本準備金　資本準備金とは，利益以外の財源から積み立てられる準備金で，会社は以下の3種類の財源に限り資本準備金の積立を強制される（288条ノ2第1項）。

　(a) 株式払込剰余金　株式の発行価額のうち，資本に組み入れなかった額（288条ノ2第1項1号）。

　(b) 減資差益金　資本減少にあたって，株式の消却または払戻に要した金額および欠損の塡補に当てた金額よりも多く資本を減少した場合における両者の差額である（288条ノ2第1項4号）。

　(c) 合併差益金　合併によって消滅した会社から承継した純財産の価額が，その会社から承継した債務の額およびその会社の社員に支払った金額（合併交付金）ならびに存続会社の増加した資本の額または新設会社の資本の額よりも多い場合における，両者の差額である（288条ノ2第1項5号）。なお，解散会社の利益準備金その他会社に留保した利益の額（各種の任意準備金・前期繰越金）に相当する金額は，これを資本準備金としないこともできるが，この場合の利益準備金に相当する金額は，存続会社または新設会社の利益準備金とすることを要する（288条ノ2第3項）。

以上のように，資本準備金はその財源が資本に準ずる性質を有しており，利益以外の財源から積み立てられるものであるから，利益配当とは無関係であり，その積立額に限度はない。

3.3　任意準備金

任意準備金は，定款または株主総会の決議によって積み立てられる準備金であり，会社が自由に処分できる利益（利益準備金を積み立てたあとの残余の利益など）を財源として積み立てられるものである。任意準備金には，別途積立金のように目的が特定されていないものと，配当平均積立金，株式償還積立金等のようにその目的が特定されている特定積立金とがある。

3.4　準備金の使用（取崩し）

(1) 法定準備金　法定準備金については，商法は資本の欠損の塡補に当てる場合と，資本に組み入れる場合に限り，その使用を認めている（289条1項）。

　(a) 欠損の塡補　資本の欠損とは，会社の純資産額が，資本と法定準備金の合計額より少ない場合に，その差額（欠損金）のことをいう。欠損を塡補す

るとは，法定準備金と欠損金とを対等額で切り捨てる（資本の部の法定準備金の額をその差額だけ減少させ，これに相当する資産の部の損失額を消去する）ことである。欠損塡補は計算書類上の処理なので，計算書類を確定させる権限を持つ機関（株主総会，大会社の一定の場合は取締役会）がそれを決める。これにはまず利益準備金を当てて，それでもなお塡補しきれない場合にはじめて資本準備金を使用することができる（289条2項）。資本の欠損があっても，その塡補義務があるわけではないが，塡補の結果，欠損が消滅または減少すれば，次期以降の利益配当が容易になる。

（b）資本組入　会社は取締役会の決議により，法定準備金の全部またはその一部を資本に組み入れることができる（239条ノ3）。資本準備金は積立額に限度がないため，資本と比べて法定準備金が過大に積み立てられている場合に，会社がこの法定準備金を資本に振り替えることにより，資本構成の不均衡を是正することができる。この場合に，取締役会の判断により，資本組入と株式分割（218条）とを合わせて行うことにより，新株の無償発行を行うこともできるし，株金額の一部に資本組入額を当て残部を株主に払込ませて新株を発行する（抱合せ増資）こともできる（280条ノ9ノ2）。

（2）任意準備金　任意準備金の使用については，使途目的を定めて積み立てた特定積立金をその目的に従って使用するときは，営業年度の途中でも取締役会の決議でこれをなすことができる。これに対し，特定積立金を目的外に使用する場合および目的を特定しない別途積立金を使用する場合は，その積立を決めたのと同じ方法によることになる。

§5　配　　当

1　利益配当

1.1　利益配当とは

営利法人である株式会社は，一定の企業活動を行い，これによって得た利益を出資者である株主に分配することを目的として設立されたものであるから，株主に対する利益配当は基本的な要請である。利益の分配は，会社解散の場合に残余財産分配の方法により一度になすことができ，事業の最終の損益はこの

§5 配当　163

時になって初めて定まる。しかし一般に，会社は存続期間の定めがなく，継続性を前提として企業活動を行うので，定期的に決算を行い，株主に得た利益を配当することが必要である。株主は利益配当請求権を奪われることのない固有権として認められている。よって，企業経営のために合理的に必要とされる範囲を超えて，この権利を恣意的にまたは長期にわたって剥奪，制限することは許されない。

　他方，株式会社は物的会社であり，会社債権者の債権の引当てとなるのは会社財産しかない。したがって，株式会社においては，「利益なければ配当なし」という原則の厳守も要請される。

1.2　利益配当の要件

(1) 配当可能利益　商法は，債権者保護のために利益配当については厳格な規制を置き，配当可能利益が存在する場合に限って，利益配当を行うことを認めている。配当可能利益とは，貸借対照表上の純資産額（総資産から総負債を控除した額）から，①資本の額，②既存の資本準備金および利益準備金の合計額，③その決算期に積み立てることを要する利益準備金の額，④開業準備費・試験研究費および開発費が繰延資産として計上されている場合にその合計額が②③の合計額を超えるときはその超過額，さらに，⑤会社が取得した自己株式（210条5号・210条ノ2第1項・210条ノ3第1項）について貸借対照表の資産の部に計上した金額の合計額を控除した額，⑥市場価格のある金銭債権，社債，株式を時価評価したことにより増加した貸借対照表上の純資産額（285条ノ4第3項・285条ノ5第2項・285条ノ6第2項），以上を控除した額が配当可能限度額となる（290条1項）。

(2) 配当可能利益の算定　これを算式でまとめると，次のようになる。
　(a) ④の繰延資産の超過額がない場合（②+③≧④の場合）

　　　　配当可能利益＝純資産額－（資本額＋既存の法定準備金＋利益準
　　　　　備金当期積立額＋⑤＋⑥）

ところで，③の利益準備金当期積立額＝$1/10$×配当可能利益（288条）であるから，

　　　　配当可能利益＝｛純資産額－（資本額＋既存の法定準備金額＋⑤＋
　　　　　⑥)｝×$10/11$

となる。

(b) ④の繰延資産超過額がある場合（②+③<④の場合）

配当可能利益＝純資産額－(資本額＋既存の法定準備金＋利益準備金当期積立額)－(繰延資産合計額－既存の法定準備金－利益準備金当期積立額)

すなわち，

配当可能利益＝純資産額－(資本額＋繰延資産合計額＋⑤＋⑥)

となる。

(a), (b)のうち，いずれか少ない方が配当可能利益の最高限度額となる。実際には，任意準備金を積み立てている場合には，その合計額を純資産額から控除し，さらに役員賞与を差し引いた額が，配当に当てられる。

1.3 利益配当の手続

(1) 利益配当の決定　会社が利益配当を行うためには，利益処分案が株主総会で承認されることを要する（283条1項）。利益配当議案の承認よって，各株主の受けるべき配当額が決定し，配当金支払請求権（具体的な利益配当請求権）が発生する。

(2) 利益配当の標準　利益配当は，各株主が有する株式の数に応じてなされることになる（239条）。優先株，後配株等，内容の異なる数種の株式が発行されている場合には，定款の定めに従って格別の扱いがなされる（293条但書・222条）。また，会社の有する自己株式については利益の配当はない（293条但書後段）。

(3) 利益配当金の支払　配当金の支払方法は，「会社の配当する利益叉は利息の支払に関する法律」（昭23法64）によって行われる。配当金の支払は，会社がその費用を負担して，株主名簿に記載した株主の住所または株主が会社に通知した場所においてなされなければならない（持参債務）。実際には，株主の指定した銀行へ配当金が振り込まれるか，または配当金額の記載された配当金領収証が株主に送付され，この領収証と引換えに会社の指定した銀行で支払を受けるという方法がとられることになる。

2　違法配当の効果

(1) 違法配当の意義　配当可能利益がない，あるいは配当可能利益を超え

てなされた利益配当は，違法配当（いわゆる蛸配当）とよばれる。違法配当は，通常架空の収益の計上や，費用の計上の除外により，現実に配当可能利益が存在するかのように粉飾決算をした上で行われる。貸借対照表上では，資産の過大計上，負債の過小計上として記載されることになる。

(2) 違法配当の返還請求　　上述のような配当は，当然に無効である。この場合，株主は受け取った違法配当額を不当利得として会社に返還しなければならない（民703条）。したがって，会社は株主に対して違法配当額の返還を請求できるが，さらに会社債権者（配当時の債権者ではない）も株主に対して，違法配当額を会社に返還するよう請求することができる（290条2項）。これらの場合において，返還請求を受ける株主の善意，悪意は問われないものと解されている（通説）。

(3) 取締役の責任　　違法配当議案を株主総会に提出した取締役，および取締役会でその承認決議に賛成した取締役は，会社に対し連帯して違法配当額を弁済しなければならない（266条1項1号・2号）。違法配当額を会社に弁済した取締役は，違法配当であることを知っている悪意の株主に対してのみ求償することができる（266条ノ2）。罰則も科される（489条3号）。

3　配当可能利益の資本組入（株式配当）

(1) 利益配当の方法　　会社は，配当可能利益を株主への利益配当に当て，この利益配当は金銭で行うのが原則であるが，株主総会の利益処分決議（283条1項）によって，配当可能利益の全部または一部を資本に組み入れることもできる（293条ノ2）。この場合に，新株を発行するかどうかは会社の任意である。

(2) 利益配当と資本組入　　上述の場合，会社が新株を発行するときは，株式分割の方法による。それはこの配当可能利益の資本組入と株式分割（218条）とを合わせて，株式による配当を行うものである（「株式の分割」59頁参照）。株式配当は，株主に配当すべき金額を資本に組み入れて，それに見合う新株を株式分割によって発行するものであり，これにより会社は現金が社外に流出することを避けることができる。また，株主にとっても，株式の時価が高いときには，現金よりも株式を受け取ることができるという有利な点がある。

4 中間配当

(1) 中間配当制度の趣旨・要件　利益の配当は，期末の決算によって発生した利益を，定時株主総会の利益処分決議によって確定し，株主に分配するものであるから，営業年度を1年とする会社は，年1回しか利益配当できない。しかしながら，営業年度を1年とする会社でも，定款をもって1営業年度中に1回に限り，営業年度の一定の日の株主名簿上の株主に対して取締役会の決議により，法定の金額（財源）の限度内の金銭の分配をなし得る（293条ノ5第1項）。これを中間配当という。

これにより1年決算の会社でも，実質的に年2回の配当を行うことができる。ただし，営業年度の途中で，決算手続も利益の確定もなく行うわけであるから，商法はこれを「金銭の分配」と称し，利益配当と区別している。「中間配当」は俗語である。

(2) 中間配当の財源と取締役の責任　(a) 限度額　中間配当は，最終の決算期における配当可能利益から，①その定時総会において利益限度額より配当しもしくは支払うものと定めた金額（役員賞与等），またはその定時総会において資本に組み入れた額，②210条ノ2第2項・212条ノ2第1項により取得すべき自己株式の取得価額の総額，③この中間配当にともない利益準備金として積み立てられる分配額の10分の1の額（288条）を控除した額（ただし，開業準備費，試験研究費・開発費の繰延額が法定準備金の額を超える場合には③は除かれる）を限度としてなされる（293条ノ5第3項）。

(b) なお，この限度額内のものであっても，最終決算期後の営業成績の悪化により，期末に会社の純資産額（土地の再評価による再評価差額金がある場合にはこれを控除した額）が290条1項各号の金額の合計額を下回るおそれがある場合には，会社は中間配当をなすことができない（293条ノ5第4項）。

(c) 中間配当の手続　この中間配当は，定款所定の一定の日の株主に対して，その日から3カ月以内に，取締役会決議によりなされる（293条ノ5第1項・2項）。

(d) 取締役の責任　取締役は，限度額を超えて中間配当したときは会社に対する責任（266条1項1号）を負い，上述の(b)の要件に違反したときも責任を負う（293条ノ5第5項本文）。

5 建設利息の配当

(1) 建設利息の趣旨　開業までに長期間を要する事業（鉄道・港湾・道路・電気など）では，会社設立後，相当長期にわたり無配当にならざるを得ない。しかし，それでは会社の設立に際して株主の募集が困難となり，このような事業を営む会社の設立が阻害される。そこで商法は，このような会社の設立時の株主募集を容易にするため，設立後2年以内に営業の全部を開業できないような会社については，開業前に一定の利息を株主に配当することを認めている（291条1項）。これを建設利息といい，それは利益の配当ではなく，開業後発生する利益の前払いであるが，実質的には出資の一部払戻であると解されている。

(2) 建設利息配当の要件　建設利息を配当するためには，原始定款をもって一定の株式につき，営業全部の開業前の一定期間内に一定の利息を株主に配当する旨を定め，この定款の規定につき裁判所の許可を得なければならない（291条1項・2項）。また，配当すべき利息の額については，年額が株式の発行価額の20分の1以下に制限される（291条3項）。

§6　株主の経理検査権

株主は，会社の経営に関してはもっぱら取締役に委ねており，会社経営に対して直接干渉することはできない。そこで，取締役の違法行為を是正し，株主の利益を保護するため，商法は株主に取締役の解任請求権（257条3項），代表訴訟提起権（267条），取締役の違法行為の差止請求権（272条）を与えている。株主がこれらの権利を適切に行使するためには，会社の業務および財産の状況を詳細かつ正確に知っておくことが必要であるが，他方，その濫用の防止も考慮する必要がある。そこで商法は，株主に計算書類・その監査報告書の閲覧権のほか，少数株主権として会社の帳簿および書類の閲覧権を認め，また会社の業務および財産の状況を調査させるため検査役の選任請求権を認めている。これらの権利を，株主の経理検査権を呼ぶ。

1 帳簿閲覧権

(1) 株主は定時総会の招集通知とともに，計算書類およびその監査報告書の

送付を受け (283条2項, ただし商特25条), また会社の本支店に公示の附属明細書とともに閲覧できるが, 会社の業務経理状況の詳細を知るために, 原資料である会計の帳簿書類の閲覧も必要である。

(2) そこで発行済株式総数の100分の3以上に当たる株式を有する株主は, 会社の会計の帳簿および書類の閲覧または謄写を求めることができる (293条ノ6第1項)。なお, この請求は理由を付した書面をもってなされなければならない (296条ノ6第2項)。

株主が, 株主の権利の確保もしくは行使に関する調査の目的とは無関係に請求を行ったとき, また, 会社の業務の運営もしくは株主共同の利益を害するために請求を行ったときなど, 一定の事由が存在するときには, 会社は閲覧請求を拒否できる (293条ノ7)。しかし, 会社がこれを口実に, 不当に請求を拒否するならば, 株主の閲覧請求権が十分に機能しないという弊害が生ずるので, 商法は会社がその拒否できる場合を, 具体的に規定している (293条ノ7)。

2 業務・財産の検査権

(1) 帳簿閲覧請求権による調査は, 会計の帳簿・書類に限られるため, 会社の業務および財産の状況全般にわたる調査の必要性が生じた場合につき, 検査役の選任請求権が認められる。

(2) すなわち, 会社の業務の執行に関し不正行為または法令・定款に違反する重大な事実があると疑われる場合には, 発行済株式総数の10分の1以上に当たる株式を有する株主は, 会社の業務および財産の状況を調査させるため, 裁判所に検査役の選任を請求することができる (294条1項)。これを前述の帳簿閲覧権より厳重な少数株主権としているのは, 業務・財産の調査は一層強力な調査であり, その濫用の危険性が多いことを考慮したものである。

(3) 裁判所に選任された検査役は, その調査結果を裁判所に報告しなければならないが, さらに裁判所が必要と認めたときは, 代表取締役に株主総会を招集させることができる (294条2項・237条ノ2第2項・3項)。この総会では検査役の報告書が提出され, 取締役および監査役はその報告書を調査して, 総会にその意見を報告しなければならない (294条2項・237条ノ2第3項・181条3項・184条2項)。

第6章 株式会社はどのようにして資金を調達しているか

§1　総説（資金需要と資金調達）

1　外部資金と内部資金

　会社が営業活動を継続していくためには，資金が必要である。資金を調達するには，外部から調達する場合と内部から調達する場合とがある。会社設立時においては，株式を発行して資本を形成するが，その資金はすべて外部からの調達ということになる（166条1項6号参照）。会社成立後は，営業活動によって得た収益を株主に配当しないで社内に留保し，新たな営業資金として利用することも可能である（内部資金）。また，内部資金では不足するような場合には，再度外部から資金を調達することになる（外部資金）。外部資金とは，会社外から新たに取り入れる資金であり，株式，社債，コマーシャル・ペーパー（CP），借入金，債権譲渡（ファクタリング），企業間信用（支払手形）などによって調達する。これに対して，内部資金とは，会社の内部から，すなわち会社の営業活動によって生じた利潤のなかから生まれてくる資金であり，利益の内部留保，利益準備金，資本準備金，引当金，減価償却費などがある。資金調達全体の中で占める割合は小さいが，重要な意味をもつのが株式・社債などの証券の発行である。

2　他人資本と自己資本

　(1)　企業の資本（資金）については，企業が返済する義務を負う資金であるか否かによって，会計学上，他人資本と自己資本とに分けることができる。
　他人資本は，金融機関等からの借入金，支払手形，社債などによって形成され，会社は定期的に利息を支払い，弁済期が到来すれば元本などを返済しなければならない。

これに対して，自己資本は，社員（株主）の出資金と企業内に留保された利潤（内部資金）によって形成され，他人資本のような支払義務や返済義務はないから企業財務が安定し，企業にとってはきわめて有利である。しかし，この内部資金の調達（自己金融）による資本形成の拡大は，1株当りの利潤量の増大や株価高騰の要因を含み，さらには株式の流動性や分散度が低下し，資本調達の場としての証券市場への影響も大きいという危険性も併せ持っている。

(2) ところで，従来わが国の会社は，自己金融の比率が低く，自己資本率も低下し借入金に依存している割合が多かった。それには，次のような要因があると指摘されている。すなわち，戦後の急速な復興と高度経済成長，銀行中心の金融政策（銀行の企業系列化），そして税制上の仕組み（利息の支払は損金勘定に，配当は益金処分となる）などである。しかし今日では，自己金融比率も高まってきているようである。そしてこの自己金融は，自己資本の充実をはかり国際競争力を強化するためにも重要性が増しているが，バブル経済の崩壊により，新株発行，転換社債，新株引受権付社債など（エクイティ・ファイナンス）による資金調達が，困難な状況にあるといえる。

3 資本減少
3.1 序　説
(1) 資本（資本金）の意味　　資本（資本金）とは，貸借対照表の資本の部に計上される一定の計算上の数額であり，それは，原則として，発行済株式の発行価額の総額からなる。したがって，資本は，原則として，株主の出資の総額を表す数額である（他人資本はもとより，自己資本でも法定準備金や剰余金は，ここにいう資本ではないし，会社が発行する株式の総数を意味するいわゆる授権資本も，ここにいう資本ではない）。資本は，会社が保有すべき財産の最低基準であって，会社債権者の唯一の担保となる会社財産を確保するのに役立ち，会社の損益計算の基礎となり，会社の信用の基礎となるものである。しかし，会社財産が過剰となったり，会社に欠損が生じたときに，資本の額を減らす必要が生じてくる。そこで商法は，一定の厳格な手続によって資本の減少を認めている（375条以下）。

(2) 資本の減少の目的　　資本減少とは，商法の定める資本減少の手続によって会社の資本の額を減らすことである。

(a) 実質と形式　　資本の減少には，①会社財産の減少をともなうものと②そうでないものとがある。①前者を実質上の資本減少といい，②後者を計算上の（名義上の，あるいは形式上の）資本減少という。

　(b) 減資の目的　　たとえば，会社の事業を縮小することにより会社財産が過剰となったときに，その財産の一部を株主に返還する場合に，実質上の減資が行われる。また，会社に欠損が生じたとき，資本の額を純資産額と一致させ，利益配当を可能にする場合に，名義上の減資が行われる。

　実際上多く行われる減資は，計算上の減資である。また，計算上の減資とともに，資金調達のために新株発行を行い，会社再建を図ることもある。

　なお，株式会社においては，資本の総額は1,000万円を下ることができないので（168条ノ4），その資本額を1,000万円未満に減少することはできない。

3.2　資本減少の方法

　資本を減少するには，額面株式のみを発行している会社では，(1)株金額の減少，(2)株式数の減少，(3)資本額のみの減少，(4)株金額の減少と株式数の減少の併用，という方法が考えられる。

　他方，無額面株式を発行している会社では，(2)株式数の減少，および(3)資本額のみの減少という方法が考えられる。

　(1) 株金額の減少　　額面株式の株金額を減少させ，減少した分だけ資本金額を減少させる方法である。株金額は定款の記載事項であるから（166条1項4号），定款に記載されてる株金額を変更する必要がある。また，会社設立時においては，額面株式は5万円を下ることを許されないが（166条2項），会社成立後においては，別段の定めがなく，株金額を5万円未満にすることも可能である。実質上の減資の場合には，株金額を切り下げ，その分に相当する金額を株主に返還する（払戻）。計算上の減資の場合には，株金額を切り下げるだけで，株主への払戻はしない（切捨）。

　(2) 株式数の減少　　額面株式・無額面株式，いずれの場合にもとられる方法である。この方法には，株式の消却と株式の併合とがあり，発行済株式総数を減少させて，その減少した株式に相当する資本金額を減少させるものである。

　株式の消却には，強制消却と任意消却とがある。強制消却は，株主の意思に関係なく，特定の株式を絶対的に消滅させる方法であり，任意消却は，会社と

株主との契約によって会社が株式を取得し，その株式を消滅させる方法である。また，株式の消却にあたり，株主に対価が与えられる有償消却（実質上の減資）と対価が与えられない無償消却（計算上の減資）とがある。

株式の併合は，数個の株式を併せて従来よりも少数の株式とする方法であり，計算上の減資の方法として用いられる。いずれの場合にも，株主平等の原則に従って行われなければならない。

(3) 資本額のみの減少　　株金額や株式数の減少によらないで，資本額のみを減少させる方法である。無額面株式の場合においては，株金額が存在しないため，このような方法をとることに何ら問題はない（資本と株式との関係）。額面株式の場合においては，資本の額が資本の最低組入基準である株金総額を上回っているときには，それを限度としてこの方法をとることができると解されている。また，実質上の減資であれば，資本の減少額に相当する金額を株主に払い戻される。

(4) 株金額の減少と株式数の減少の併用　　額面株式の場合にとられる方法であるが，手続が複雑となるため実際にはあまり用いられていない。

3.3　資本減少の手続

(1) 資本減少の決定　　資本を減少するには，株主総会の特別決議が必要である（375条1項）。この総会では，減少すべき資本の額および資本減少の方法を決定しなければならない（376条1項）。これらは，株主に重大な利害関係を有するため，株主の利益を保護する必要がある。資本減少のための株主総会の招集通知には，議題の記載に加え，減少すべき資本の額および資本減少の方法を具体的に記載することが必要である（375条2項）。

(2) 債権者保護手続　　資本の減少は，会社債権者にも重大な利害を及ぼすため，会社債権者の保護をも図らなければならない。会社は，資本減少の決議の日から2週間内に債権者に対し，資本減少に異議があるならば1カ月を下らない一定の期間内にそれを述べるべきことを公告し，かつ，知れたる債権者には各別に催告することを要する（376条2項・100条1項）。

この期間内に債権者が異議を述べなければ，資本減少を承認したものとみなされる（376条2項・100条2項）。債権者が異議を述べたときは，会社は，その者に対して弁済をするか相当の担保を提供するか，またはその者に弁済を受け

させるために信託会社に相当の財産を信託しなければならない（376条2項・100条3項）。なお，社債権者が異議を述べるには社債権者集会の決議によらなければならない（376条3項）。

(3) 資本減少の実行手続　資本減少の実行手続は，資本減少の方法によって異なる。

株金額の減少による方法では，株主および端株主にその旨を通知・公告して，株券および端株券を提供させて券面額を変更する。なお，払戻の場合には，さらに現実の支払が必要となる。

株式数の減少による方法のうち，任意消却の場合には，会社が株主との契約により自己株式を取得し，これを失効させる（210条1号・211条）。また強制消却の場合には，株式の併合と同様に，株券・端株券を会社に提供させることによって行う（212条2項・215条1項）。株式の併合による場合には，会社は1カ月を下らない一定の期間内に株券および端株券を会社に提供すべき旨を公告し，かつ株主および登録質権者には各別にこれを通知しなければならない（377条1項・214条2項・215条1項・3項・4項）。株式の併合はこの株券の提出期間が満了したときにその効力を生じる（377条1項・215条2項）。なお，旧株券および旧端株券を提出することができない者がいる場合に，会社は公告して，異議を述べる者がなければ，新株券および新端株券を交付するという措置がとられる（377条1項・216条）。

資本額のみの減少の方法による場合には，その旨を株主および端株主に通知・公告すればよい。

3.4　資本減少の効力

資本の減少は，原則として，債権者保護の手続および資本減少の手続がすべて完了した時に生じる。

減資の方法により違いはあるが，資本額の減少，額面株式の1株金額の減少，発行済株式総数の減少は，いずれも登記事項であるから（188条2項6号・1号・5号・166条1項4号），資本減少の効力が生じたときは，2週間内に変更の登記をしなければならない（188条3項・67条）。

また，資本減少によって減少した資本額が，株式の消却または払戻に要した金額および欠損の填補に充てた金額を超えるときは，その超過額（減資差益）

は資本準備金として積み立てられる（288条ノ2第1項4号）。

3.5 資本減少の無効

(1) **資本減少の瑕疵**　資本減少の手続やその内容に瑕疵がある場合，（たとえば株主総会の資本減少の決議が無効であったり取消されたとき（247条・252条），債権者保護の手続がとられなかったとき，または減資の方法が株主平等の原則に反するときなど），その資本減少は無効となる。この場合には，設立の無効や合併の無効の場合と同様に，訴えによってのみ無効を主張させて法律関係を画一的に処理する必要がある。そこで，商法は資本減少無効の訴えという制度を設けている。

(2) **資本減少無効の訴え**　資本減少の無効の訴えは，変更登記の日から6カ月内に，株主・取締役・監査役（小会社の監査役は除く。商特25条）・清算人・破産管財人・および資本減少を承認しなかった債権者だけが提起することができる（380条1項・2項）。この訴えの手続は，設立無効の訴えとほぼ同様である（380条3項・88条・105条2項・3項・4項。また，106条・109条2項・249条参照）。この資本減少の無効判決には対世的効力が認められるが（380条3項・109条1項），遡及効を否定する規定が設けられていないので，資本減少は無効判決により遡って無効となる。

§2　新株発行による資金調達

1　新株の発行

新株の発行とは，広義では，成立後の会社が発行予定株式数（166条1項3号）のうち未発行株式の全部または一部について，新たに株式を発行する場合がすべて含まれる。

新株発行には，①会社が直接に新たな資金を調達するために株式を発行し，株式引受人に出資をさせてなされる場合と②それ以外の目的で，出資をさせないでなされる場合とがある。①を通常の新株発行といい，280条ノ2以下に「新株ノ発行」と題して規定されている。②を特殊な新株発行という。

いずれの新株の発行も，定款所定の会社が発行する株式の総数（166条1項3号）の範囲内で行わなければならない。

1. 1 通常の新株発行

(1) 新株発行の方法　(a) 通常の新株発行　会社は新株の引受人を求め、その新株を引き受けた者に株金を払い込ませることになる。新たな出資を伴う有償増資である。これにより、会社の自己資本は増加し、会社の人的・物的規模は拡大する。その点では、会社設立時の株式発行と同様であり、新株発行をあたかも会社の一部設立と見ることもできる。

(b) 設立における株式発行との相違点　その経過は募集設立の手続と類似している（280条ノ14参照）。しかし、新株発行には、設立にない特色がいくつか見られる。すなわち、既に存在する会社の問題であるから、設立の場合のような厳格な制約（資本確定の原則など）はなく、引受・払込のあった分だけ新株発行が認められたり、また、簡易迅速な手続（失権手続（179条）や創立総会（180条）に当たるものがない）によって資金調達が行われる一方、既存の株主の利益が損なわれないように配慮している（有利発行の場合の株主総会の特別決議など）などの特色である。

(2) 新株引受人の定め方　通常の新株発行は、新株を引受ける者（新株引受人）をどのように定めるか（新株を割り当てるか）により、(a)募集、(b)株主割当、(c)第三者割当、(d)取締役または使用人への割当に分けることができる。具体的手順は後述（2. 2(1)(a)(b)(c)）参照。また、いわゆる抱合せ増資（有償・無償抱合せ増資）による新株発行（280条ノ9ノ2）は、資金の一部が内部資金であるが残りの部分を株主に払い込ませる方法であり、右の株主割当の一形態である。

(a) 募集　募集には、新株の引受人を特定せず、一般公衆から新株の引受人を募集する方法（公募・一般募集）と、株主・取締役・会社の取引先など特定の範囲の者から新株引受人を募る方法（縁故募集）とがある。

(b) 株主割当は、既存の株主にその持株数に比例して新株引受権を与え、申込のあった株主に対して新株を割り当てる方法である。

(c) 第三者割当は、株主以外の特定の者に新株引受権を与えて行う新株発行である。

(d) 取締役・使用人への割当は、ストック・オプション制度のため新株を割り当てるものである。

(3) 新株の発行価額　　新株の発行価額には，額面発行と時価発行とが利用される。わが国では従来，株主割当による額面発行が主流であったが，現在では公募による時価発行が一般的になっている。公募や第三者割当によって新株を発行する際に，その発行価額がいわゆる特に有利な発行価額に当たるときは，厳格な手続を経なければならない（280条ノ2第1項8号・同条2項〜4項）。なお，商法が新株の発行として規定しているのは（280条ノ2以下），通常の新株発行の場合である。

1.2　特殊の新株発行

特殊の新株発行には，株式併合（214条〜217条・377・416条3項），株式分割（218条〜220条），転換株式の転換（222条ノ2），取締役・使用人に付与された新株引受権（新株引受権方式によるストック・オプション）の行使（280条ノ22）転換社債の転換（341条ノ2），吸収合併（409条2号），新株引受権付社債の新株引受権の行使（341条ノ16），株式交換（353条2項5号），吸収分割（347条ノ17第2項3号）などによる新株発行等がある。

この特殊の新株発行には，新株の発行を受ける者が確定しているので株主募集の手続を必要としないし，また，会社がすでに保有している財産を引当てに新株の発行がなされるので出資の履行の手続も必要としないなどの点に，通常の新株発行と異なるところがある。

2　新株発行進行の過程

2.1　新株発行事項の決定

(1) 決定機関　　通常の新株発行（株主割当・募集・第三者割当）は，原則として取締役会がこれを決定する。ただし，商法に特別の定めがあるとき，または定款で株主総会の決議事項と定めているときは，それによることになる（280条ノ2第1項）。

(2) 決定事項　　取締役会で決定すべき新株発行事項は，新株の額面・無額面の別，種類および発行数，発行価額および払込期日，発行価額のうち資本に組み入れない価額（払込剰余金）などである（280条ノ2第1項）。

額面株式の発行価額は，定款所定の額面額以上でなければならない（202条2項）。額面額以上である場合を「プレミアム付発行」という。無額面株式の発行価額についても最低の制限はない。また，発行価額・払込期日その他の発

§2 新株発行による資金調達　177

行条件は，原則として発行ごとに均一でなければならない（発行条件均等性の原則。280条ノ3）。ただし，株主割当・第三者割当による新株発行の場合（280条ノ2第1項5号・2項〔後述 2.2(1)(b)(c)参照〕）はこの原則は適用されない（280条ノ3ノ3）。

(3) 資本組入・払込剰余金　新株の発行において，発行価額の全額を資本に組み入れるのが原則であるが（284条ノ2第1項），取締役会は，発行価額の2分の1を超えない額を資本に組み入れないこと，いわゆる払込剰余金を決定できる（284条ノ2第1項4号・284条ノ2第2項）。払込剰余金は資本準備金として積み立てられる（288条ノ2第1項1号）。

このほか，現物出資，新株引受権の付与・譲渡，抱合せ増資などについても，取締役会は決定することができる（280条ノ2第1項3号・5号～7号・9号）。

2.2 新株発行の手続

新株発行に関する重要事項についての取締役会の決定に従って，代表取締役が新株発行手続を進める。その手続は，株主の募集，株式の申込，新株の引受，出資の履行など，募集設立における株式発行の手続に類似するので，これに関する規定が多く準用されている（280条ノ14）。

(1) 新株の募集　新株発行事項が決定されると，会社はその新株の引受人を募集することになる。この場合，証券取引法による規制があり，また目論見書を作成しなければならない（証取4条以下・13条以下）。

(a) 公募　会社の定款に別段の定めがないかぎり，株主は新株引受権を有しないから，新株の引受人を公募することができる。

公募の方法には，発行会社が自ら募集手続を行う直接募集（自己募集）と証券会社に募集を委託する委託募集（間接募集）とがある。委託募集には，証券会社が発行会社に代わって株主の募集事務を行うにすぎない取扱募集，証券会社が発行会社の公募株式の募集を受託するとともに，募集期日までに申込のなかった株式を引受ける義務を負う残株引受，証券会社が発行会社から公募株式総数の全部を一括して自己名義で引き受け，これを引受価額と同額で払込期日までに一般公衆に対して売り出し，売れ残りの株式を買い取る買取引受（総額引受）がある。上場会社が公募を行う場合には，買取引受の方法がよく用いられる。なお，公募の場合には，新株発行に関する事項が取締役会の裁量に任さ

れている。

(b) 株主割当　(イ) 株主の確定　株主割当は，既存の株主に新株引受権を与え，持株数に応じて新株を割り当てる方法である。この場合には，新株引受権を行使しうる株主を確定する必要がある。そこで，まず，会社は一定の日（割当日または割当期日という）を定めて，その日において株主名簿に記載のある株主が新株引受権を有すること，割当日の2週間前に公告しなければならない（280条ノ4第2項）。この公告は，まだ株主名簿の名義を書き換えていない株式譲受人が，新株引受権を行使する機会を失わないようにするためである。

(ロ) 申込の催告　株主の確定がすむと会社は，これら株主に引受権の内容（株式の額面・無額面の別，種類および数）を知らせ，申込期日までに株式の申込みをしないときは，その失権する旨（新株引受権の譲渡を認めるときはその旨，株主の請求があるときにのみ新株引受権証書を発行するときはその旨）を申込期日の2週間前に予告し申込を催告することを要する（失権予告付申込催告，いわゆる割当の通知）（280条ノ5第1項・3項）。新株引受権を有する株主が申込期日までに株式の申込をしないときは，新株引受権を当然に失う（280条ノ5第4項）。

(c) 第三者割当　商法に規定はないが，会社は取締役会決議だけで，株主以外の特定の第三者（役員・従業員・取引先・金融機関など）に，新株引受権を与えて新株を発行することができると解されている。株主になってもらいたい者が引き受けやすいよう発行価額を時価より低くすることが多い。このような発行価額がとくに有利な場合には，株主総会の特別決議が必要となる（280条ノ2第2項）。

(2) 新株発行事項の公示　違法な新株発行を事前に防止できるようにするため，株主には新株発行の差止請求権が認められている（280条ノ10）。しかし，新株発行が秘密のうちに行われると，株主は新株発行の差止請求権を行使する機会を奪われてしまう。そこで会社は払込期日の2週間前までに新株発行に関する一定事項を公告し，または株主に通知しなければならない（280条ノ3ノ2）。ただし，株主割当による新株発行の場合や株主総会の特別決議により第三者に対して有利発行がなされる場合には，株主割当の通知（280条ノ5）または総会決議（280条ノ2第2項）によってすでに株主に新株発行の情報が開示さ

れているので，この通知・公告は必要でない（280条ノ3ノ3第1項）。

(3) 株式の申込・割当（新株の引受）　株式の申込は，現物出資の場合を除き，会社が作成した株式申込証（280条ノ6）に法定事項を記載して行う。新株引受権証書が発行されている場合には，この証書によって申し込む（280条ノ14第1項・280条ノ6ノ4第1項・175条1項・3項）。株式の申込に意思表示の瑕疵があっても無効・取消の主張が制限されることは，設立の場合と同様である（280条ノ14・175条5項・280条ノ12）。

株式の申込に対し会社は割当をする。この場合，取締役会は割当に関し自由な決定権を有する（割当自由の原則，第Ⅱ編第2章§4，2.3(1)参照）。したがって，会社は株式引受金額が高い者に優先割当をしてもよい。申込と承諾（割当）によって株式引受契約は成立し，株式申込人は新株引受人となり，金銭出資の場合払込義務を負い，現物出資の場合現物の給付義務を負う（280条ノ14・176条）。新株引受権者に対する株式申込の催告（280条ノ5第1項）は，申込を条件とする割当の意思表示を含むと解されるので，その申込に対しては，改めて割当を要しない。

実際には，株式の申込に際して，株式申込人は発行価額と同額の申込証拠金（第Ⅱ編第2章§4，2.4(3)参照）を添えて株式の申込をなすのが一般である。そして，会社は払込期日にこれを払込金に充当するのである。

(4) 出資の履行・現物出資　(a) 出資の履行　新株の引受人は，払込期日までに，各株式につき発行価額（引受価額）全額の払込をなし（280条ノ7），または現物出資全部の給付をしなければならない（280条ノ14・177条3項・172条）。

(b) 株金の払込　払込の際の払込取扱金融機関やその保管証明等については，募集設立の場合と同様である（280条ノ14・177条2項・178条・189条）。払込の仮装は会社設立の場合と同様の預合・見せ金によるほか，会社資金による払込によっても行われる。ともに資本充実の原則に反する結果を生ずる。

(c) 現物の給付　現物出資に関する事項は取締役会の決議により定め（280条ノ2第1項3号），かつ株式申込証に記載しなければならない（280条ノ6第3号）。

現物出資の検査については，出資の目的物が過大に評価されると，会社資本

の充実を害し，会社の財産的基礎を危うくするおそれがあるので，設立の場合と同様に，原則として裁判所の選任する検査役の調査が必要とされる（280条ノ8第1項本文）。ただし，現物出資をなす者に対して与える株式の総数が，発行済株式総数の10分の1を超えず，かつ新たに発行する株式の数の5分の1を超えないとき，または，現物出資の目的たる財産の価格の総額が500万円を超えないときには，その価額が資本額の5分の1を超えているかどうかを問わず（この点で設立の場合よりも緩か。第Ⅱ編第2章§5，2.2参照）検査役の調査は必要ではない（280条ノ8第1項但書）。このほか，現物出資の目的たる財産が過大評価のおそれが少ない場合，すなわち，取引所の相場のある有価証券（280条ノ8第2項・173条2項後段）や評価方法が定まっている不動産である場合には（280条ノ8第2項・173条3項），会社設立の場合と同様に，検査役の調査が不要である。

　裁判所は，検査役の報告を聞いて現物出資を不当と認めたときは，割当株式数に変更を加えて取締役と現物出資者に通告する（280条ノ8第3項）。この変更に不服の現物出資者は，株式の引受を取り消すことができる（同条4項・5項）。

　(5) 新株発行の効力発生と変更登記　　(a) 新株発行の効力の発生　　払込期日までに払込または現物出資の給付をしたときは，新株は払込期日の翌日にその発行の効力を生じ，新株引受人は株主となる（280条ノ9第1項）。払込期日までに払込または現物出資の給付をしないときは，設立の場合のような失権手続（179条）によらず，新株引受人は当然にその権利を失う（280条ノ9第2項）。引受や払込がなかった株式は未発行株式として残る。機動的な資金調達を確保するために，新株発行については，資本確定の原則が妥当しない。払込または現物出資の給付がないことにより会社が損害を受けた場合には，会社は，失権した新株引受人に対して損害賠償を請求することができる（同条3項）。また，会社は，新株の効力発生後には遅滞なく株券を発行しなければならない（226条）。

　(b) 新株発行による変更登記　　新株発行の効力が生じると，発行済株式総数，額面・無額面の別，種類および数，ならびに資本が増加する。会社はこれらについて変更の登記をしなければならない（188条2項5号・6号・3項・67条）。この変更登記によって，次の付随的効果が生じる。

§2 新株発行による資金調達 181

(イ) 新株引受の無効・取消の制限　新株を引き受けた者は，新株発行による変更登記の日から1年を経過した後，またはその新株につき株主としての権利を行使したときは，錯誤もしくは株式申込証ないしは新株引受権証の要件の欠缺を理由としてその引受の無効を主張し，または詐欺もしくは強迫を理由としてその引受の取消を主張することはできない（280条ノ12）。

　その趣旨は，新株発行の法律関係を速やかに確定して，新株発行による資本の増加を信頼する債権者を保護しようとするものである。しかし，会社設立時の場合とは異なり，新株引受の無効・取消の主張に，登記後1年という余裕を設けている。それは，新株引受の無効・取消を主張する機会を確保するためや，一部の新株引受の無効・取消は他の新株引受の効力に影響がないことなどの理由からである。

(ロ) 新株発行における取締役の資本充実責任　(i) 取締役の引受担保責任
　新株発行による変更の登記がなされたのにもかかわらず，なお引受のない株式があった場合，または株式の申込が取り消された場合には，取締役は共同してこれを引き受けたものとみなされる（280条ノ13第1項）。この場合，取締役は連帯して払込の義務を負う（203条1項）。
　(ii) 現物出資不足額塡補責任　取締役は，原則として，現物出資の目的である財産が過大に評価された場合にも，実価との差額（不足額）を会社に対して連帯して支払う義務を負う（280条ノ13ノ2第1項）。
　これらの取締役の引受担保責任・財産価格塡補責任は，資本充実の要請から法が認めた無過失責任であり，設立時の発起人・取締役の資本充実の責任に相当するものである。これらの責任は，総株主の同意をもってしても免除することができず，その追及については株主代表訴訟が認められている（267条〜268条ノ3）。

2.3　抱合せ増資
(1) 意義　会社が額面株式を発行する際に，利益もしくは法定準備金を資本に組み入れた場合（293条ノ2・293条のノ3），または額面株式の発行価額のうち券面額を超えて資本に組み入れたものがある場合（284条ノ2第2項）には，それら資本組入額を新株の発行価額の一部に充て（無償），その残額を株主に払い込ませて（有償）新株を発行することがある（280条ノ9ノ2第1項）。こ

れを抱合せ増資（有償無償抱合せ増資）という。

(2) 性質と機能　抱合せ増資は，実質的には株式の割引発行であるが，株主による株式の引受・払込を伴う点から見て，法律的には通常の新株発行の一形態であるといえる。抱合せ増資によると，無償交付の場合に生じやすい株価の下落を抑えられるとともに，新株の引受・払込を促進し資金調達を容易にできるという利点がある。

(3) 抱合せ増資の要件　抱合せ増資を行うためには，会社が，券面額を発行価額として額面株式を発行する場合で，株主に新株引受権を与え，かつ，その引受権を譲渡することを認め，そして，発行価額のうち払込を要しない額は，上述の資本組入額の総額を発行する新株の数で除した額を超えず，また，抱合せ増資による新株発行後の1株当りの純資産額が5万円以上でなければならない（280条ノ9ノ2第1項）。

抱合せ増資の決定は，原則として，取締役会の決議で行われる（280条ノ9ノ2第1項・280条ノ2第1項5号・280条ノ4第2項・280条ノ2第1項9号・280条ノ6ノ2第1項）。

(4) 端株主・失権株主の保護　抱合せ増資の場合に，失権株や端数が生じたときは，会社は失権株および端数の合計数に相当する株式について株主を再募集することを要する（280条ノ9ノ2第2項）。これは，失権株主や端数株主が本来利益を得ることができた無償分を失うことになってしまうのを防ぐためである。金銭による分配方法も認められている（280条ノ9ノ2第3項以下）。

3　新株引受権

3.1　新株引受権の意義

新株引受権とは，会社が新株を発行する場合に，その新株を優先的に引受けることのできる権利である。会社（取締役）は新株引受権を有する者からの申込に対して，優先的に新株を割り当てなければならない。いわゆる割当自由の原則の例外ということになる。新株引受権は，株主または第三者（取締役または使用人を含む）に付与することができるが，この権利を株主が有する場合と第三者が有する場合とでは新株引受権の譲渡などにつき差異がある。本来の新株引受権には，発行価額などの発行条件につき有利な取扱いを受けるということはない。しかし，実際には，新株引受権を有する者に対して，他の者よりも

§2 新株発行による資金調達 183

有利な発行価額で引き受けさせる場合が少なくない。

3.2 株主の新株引受権

(1) 株主の新株引受権　既存の株主に新株引受権を付与してする新株発行を株主割当という。

(a) 新株の株主割当の権能　会社が新株を発行する際に既存の株主に対して新株を割り当てないとすると，既存の株主の地位は，持株比率（会社の支配）および持株の経済的価値（株価，利益配当率など）の両面において低下することになる。しかし，既存の株主に新株引受権が与えられれば，株主は持株比率を維持することができるし，新株発行に伴う経済的な損失を蒙らないですむ。その反面，会社にとっては割当自由の原則が制限され，資金調達の機動性を失うことになる。この既存株主の利益保護と会社の資金調達の機動性の確保という2つの要請をどのように調和させるかが株主の新株引受権の立法的課題であって，現行法では，資金調達の機動性の確保を優先させ，株主の地位の維持を後退させている。

(b) 株主への新株引受権の付与　現行法では，株主は当然には新株引受権を有しない。しかし，株主の新株引受権は定款の規定（280条ノ2第1項本文）または定款にこの定めがないときは，新株発行に際して取締役会の決議で，与えることができる（280条ノ2第1項5号）。ただし例外として，定款で株式譲渡を制限する旨を定めている会社では，法律上当然に株主に新株引受権が認められている（280条ノ5ノ2第1項）。閉鎖的会社では，株主は会社支配に対する持株比率を維持することが極めて重要であるため，株式引受を権利として保障しているのである（もっとも，閉鎖会社であっても，株主総会の特別決議（343条）があれば，株主以外の第三者に対して新株を発行することができ，その限度で株主の新株引受権は排除される（280条ノ5ノ2第1項但書））。

(c) 抽象的新株引受権と具体的新株引受権　上述のように，株主の新株引受権が，商法または定款で定められている場合，株主のそれはいわば抽象的な新株引受権であって，取締役会の決議において，株主の新株引受権の目的たる株式の額面・無額面の別，種類，数，および発行価額（280条ノ5第1項5号），割当日（280条ノ4第2項）などを定めることで，はじめて新株引受権が具体的なものとなる。

(2) 新株引受権の譲渡　(a) 譲渡を認める理由　新株引受権を有する株主が，その権利を行使して新株を引き受けるか否かは任意であるが，引き受けるにあたっては発行価額に相当する払込資金がなく新株引受権を行使しないと，株主は，新株の発行価額と増資後の株式の時価発行価額の差額（プレミアム）を失うことになる。しかし，新株引受権の譲渡が認められるならば，このプレミアムを確保できることとなり，株主は経済的利益を失うことはない。ところが，新株引受権の譲渡性を常に認めることとすると，会社にとっては事務処理上の負担が増大し，新株発行を迅速に処理できなくなる。

(b) 新株引受権譲渡の規定　商法は，会社は定款または取締役会の決議で株主の新株引受権を譲渡しうる旨を定めたときだけ，新株引受権を譲渡することができるとした（280条ノ2第1項6号）。この権利の譲渡について定めをしなかったときは，新株引受権を譲渡できないのではなく，その譲渡は会社に対抗することができないと解される（280条ノ14第1項・190条）。

(c) 新株引受権証書による譲渡　新株引受権の譲渡が認められた場合，その譲渡は譲受人に新株引受権証書の交付によって行われる（280条ノ6ノ3第1項）。会社は株主全員に対して新株引受権証書発行するのが原則であるが，株主の請求があるときだけ発行することもできる（280条ノ2第1項7号・280条ノ6ノ2第1項）。

新株引受権証書は，新株引受権を表章する有価証券であり，法定事項を記載して代表取締役がこれに署名しなければならない（280条ノ6ノ2）。新株引受権証書の占有者は適法な所持人と推定され（280条ノ6ノ3第2項・205条2項），その占有者から悪意または重大な過失なくして新株引受権証書を譲り受けた者は，善意取得が認められる（280条ノ6ノ3第2項，小21条）。

会社が新株引受権証書を発行した場合には，株式の申込はその証書によってなされる（280条ノ6ノ4第1項前段）。新株引受権証書を喪失した者は，会社から株式申込証の交付を受け，これによって株式の申込をなすことができる（280条ノ6ノ4第2項）。これは，喪失した新株引受権証書につき除権判決を得る時間的余裕がない点を考慮して，喪失者の保護を図るためである。しかしこの場合に，同一の新株につき株式申込証による申込と新株引受権証書による申込が競合したときは，後者の申込が優先する（同項但書）。

3.3 第三者の新株引受権

(1) 第三者割当　会社は，しばしば第三者との関係（資本結合や業務提携など）の強化のため，また，時には取締役の株主総会における支配力の維持・強化などのために，第三者割当による新株発行を行うことがある（前述2.2(1)(c)）。この場合，その新株が有利な価額で発行される場合とそうでない場合とがある。後者の場合には，たとえ第三者に新株引受権が与えられたとしても，従来の株主の経済的利益を害することは少ないという理由で，特別の規制はなされていない。この場合には，株主総会の特別決議は不要であり，定款または取締役会の決議で第三者に新株引受権が与えられる。第三者の新株引受権は譲渡を認める必要性が乏しいため，第三者の新株引受権は譲渡が認められず（280条ノ2第1項5号・6号対照），新株引受権証書も発行されない（280条ノ6ノ2・280条ノ6ノ3対照）。また，失権予告付催告も認められていない（280条ノ5対照）。

(2) 第三者に対する有利発行　(a) 株主総会の特別決議　株主以外の者に対してとくに有利な発行価額で新株を発行するには，定款にこれに関する規定があっても，その者に対して発行することのできる株式の額面・無額面の別，種類，数および最低発行価額について，取締役の決議（280条ノ2第1項8号）とは別に，株主総会の特別決議を経なければならない。この総会において，取締役は，株主以外の者に対し特に有利な発行価額で新株を発行することを必要とする理由を開示し，その招集通知には議案の要領を記載しなければならない。また，総会の決議は決議後最初に発行する新株であり，かつ決議の日から6カ月内に払込をなすべきものについてのみその効力を有する（280条ノ2第2項〜4項）。なお，新株引受権の譲渡が認められないことなどは，有利発行でない場合と同様である。

(b) 特に有利な発行価額　特に有利な発行価額とは，公正な発行価額と比べて特に低い価額をいうものと解されている。「特に」有利というのは，僅かに有利な場合を除く趣旨であって，濫訴を防止する趣旨であるといわれている。公正な発行価額について，上場会社の場合には，株式市場における旧株式の時価を基準として算定することになる。判例によれば，上場会社の新株の「公正な発行価額は，発行価額決定前の当該会社の株式価格，右株価の騰落性，売買

出来高の実績，会社の資産状態，収益状態，配当状況，発行済株式数，新たに発行される株式数，株式市況の動向，これから予測される新株の消化可能性等の諸事情を総合し」て決定される（最判昭50・4・8民集29巻4号350頁）。

3.4 新株引受権（ワラント方式）付与方式によるストック・オプション

(1) 取締役・従業員とストック・オプションの導入　平成9年の改正商法により，取締役または使用人に業績向上へのインセンティブ（誘因）を与えるために，新株引受権を付与する方式のストック・オプション制度が導入された。会社は，定款に定めがあり，かつ正当な理由があるときは，取締役または使用人に新株引受権を与えることができる（280条ノ19第1項）。

なお，自己株式譲渡方式によるストック・オプションについては前述（第3章§4，3.3(1)(c)）参照。

(a) 新株引受権付与の要件・手続　この場合には，まず，このストック・オプションを取締役等に付与する旨の定款の定め（280条ノ19第1項）と株式申込証への記載（175条2項4号ノ3）が必要である。次に，株主総会で新株引受権の付与を必要とする理由を開示し（280条ノ19第6項），新株引受権が付与される取締役または使用人の氏名，新株引受権の目的である株式の額面・無額面の別，種類，数および発行価額ならびに新株引受権の行使期間等につき，株主総会の特別決議を経なければならない（同条2項）。新株引受権の目的である株式の総数は，発行済株式総数の10％を超えることはできない（同条3項）。

(b) 新株引受権の行使　新株引受権の行使期間は，特別決議の日から10年以内（同条4項）とされているが，この新株引受権は譲渡できない（280条ノ20）。新株引受権は株主総会の決議後1年以内に付与しなければならず，1年以内にオプションを付与しなかった場合には，その決議の効力は失われる（280条ノ19第5項）。新株引受権を行使する者は，請求書を会社に提出し，新株の発行価額の全額を払い込まなければならず，そしてこの払込の時に株主となる（280条ノ22）。新株引受権付与について株主総会の特別決議があったときは，新株引受権によって発行すべき株式に関する登記をしなければならない（280条ノ21）。

4　不公正な新株発行の救済

新株の発行は，原則として取締役会の決議によって決定される（280条ノ2第

§2 新株発行による資金調達　187

1項）ので，株主は株主総会を通して新株の発行を監督することができない。新株の発行に際して不公正な発行がなされると，一般の株主や会社債権者の利益が害される。そこで商法は，株主の新株発行差止権（280条ノ10）と不公正な発行価額による新株引受人の責任（280条ノ11）に関する2つの措置を設けている。

4.1　新株発行の差止

(1) 差止請求原因　会社が法令・定款に違反し，または著しく不公正な方法によって新株を発行し，これによって株主が損害を受けるおそれがある場合には，株主は会社に対し新株発行の差止を請求することができる（280条ノ10）。

(a) 法令・定款に違反する場合としては，取締役会の決議によらない新株発行（280条ノ2第1項本文参照），定款所定の発行予定株式総数を超える新株発行，株主総会の特別決議を経ないで第三者に対し特に有利な発行価額である新株発行（280条ノ2第2項参照），商法・定款所定の株主の新株引受権（280条ノ4・280条ノ5ノ2第1項本文参照）を無視して行う新株発行などがある。

(b) 著しく不公正な方法による新株発行の場合とは，不当な目的を達成する手段として新株を発行する場合であり，たとえば取締役が会社支配を維持するために自己または自己の関係者にのみ新株を発行するような場合などがある。

(c) 株主の不利益のおそれ　新株発行によって株主が不利益を受ける場合とは，所有株式の経済的価値が減少する場合や既存株主の議決権の割合が低下する場合などが考えられる。判例では，新株発行に既存株主の持株比率を低下させる目的があっても，会社に資金調達の必要性がある場合には，著しく不公正な発行とはいえないとしている（新潟地判昭42・2・23判時493号53頁）。他方，その新株発行により特定の株主の持株比率を著しく低下させ，現経営者の支配権の維持を主要な目的とする新株発行は，この新株発行を正当化しうる合理的理由がない限り，不公正な新株発行にあたるとする判例もある（東京地判平元・7・25判時1317号28頁）。

(2) 差止請求権の行使　この差止請求権は，不公正な発行によって不利益を受ける株主の利益を保護することを目的とする。

(a) したがって，差止請求権を行使できる株主は不利益を受けるおそれのある当該株主に限られる。この株主には持株数や株式保有期間の制限はない。

(b) 差止の請求は，新株発行の効力が発生する前（払込期日以前。280条ノ9第1項参照）にしなければならないが，裁判外において請求することはもちろん，差止の訴えを提起して請求することもできる。また，差止の訴えを本案として新株発行差止の仮処分を求めることもできる。

(3) 取締役の違法行為の差止請求権との関係　①違法または不公正な新株発行の差止請求は，不利益を受けるおそれのある株主が，自己のために，会社に対し株式発行の差止をなすものである。②取締役の違法行為に対する差止請求は，株主の利益が害されるおそれはないが，会社に回復すべからざる損害を生ずるおそれがある場合（272条）に差し止めることができるのである。なお，違法または不公正な新株発行行為は①②双方の差止の対象となることがある。

4.2 通謀引受人の責任

(1) 取締役と通謀して著しく不公正な発行価額で新株を引き受けた者は，会社に対して，公正な発行価額との差額に相当する金額を支払う義務を負う（280条ノ11第1項）。

(2) 責任発生の要件　著しく不公正な発行価額とは，株式の時価ないし価値を基準にして決定されると解するほかはないが，時価の変動等を加味して，それより若干低い発行価額はそれに該当しないと解すべきである。新株引受人と取締役との間に通謀がなければならない。

(3) 責任の性質　通謀引受人は，不公正な発行価額と公正な発行価額と公正な発行価額との差額を支払う義務がある。この支払義務は，法律的には会社に対する一種の不法行為にもとづく損害賠償責任であるが，実質的には資本充実のための追出資義務である。したがって，引受人はその差額の支払につき相殺をもって会社に対抗することはできない（200条2項）。支払われた差額は，資本準備金に計上すべきものと解される（288条ノ2第1項1号）。

(4) 新株引受人の責任の追及については，株主の代表訴訟が認められる（280条ノ11第2項）。通謀引受人が会社に対し(1)の責任を負う場合，取締役も，会社に対して任務懈怠にもとづく損害賠償責任を負う（266条第1項5号）が，両者の責任は不真正連帯債務の関係にある（なお，取締役の資本充実責任（2.2(5)(6)）は別にある）。なお，株主総会の特別決議で第三者に対する有利発行の決議がなされた場合（280条ノ2第1項8号・2項）は，新株引受人の差額

支払義務は生じない。

5 新株発行の無効

　新株の発行は払込期日の翌日に効力を生じる（280条ノ9第1項）。個々の新株引受が無効または取り消されたときは、その引受だけが無効となり他に影響を及ぼさない。しかし、新株の発行の手続や内容および方法に全体として瑕疵があるときは、新株の発行全体が無効となる場合がある。この場合、無効の主張を一般原則に委ねると、新株発行は当初から当然無効となって、新株発行に付随する様々な法律関係にも影響を与えることとなる。そこで商法は、設立無効の場合に準じ、新株発行無効の訴えの制度を設け、法律関係の安定をはかっている。提訴期間の制限（280条ノ15第1項）、提訴権者の制限（同条2項）や法律関係の画一的処理（280条ノ16・109条1項参照）、無効の不遡及（280条ノ17）の措置を講じている。

5.1 無効原因

　(1) 商法は新株発行の無効原因を定めていないが、利害関係人（新株引受人、新株譲受人、会社債権者など）との株式取引の安全を保護するために、その原因は特に重大な法令・定款違反の場合に限定されると狭く解されている。

　(2) 無効原因とされる場合　　一般に、新株発行の無効原因とされているものは、発行予定株式総数を超えた新株の発行、定款に定めのない種類の株式の発行、額面株式の額面未満の発行、法律または定款に定められた株主の新株引受権の全部または大部分を無視した発行などである。また、判例によれば、新株発行の通知・公告（280条ノ3ノ2）を欠く新株発行（最判平9・1・28民集51巻1号71頁、判時1592号134頁）や新株発行差止の仮処分命令に違反した新株発行（最判平5・12・16民集47巻10号5423頁）は無効とされる。

　(3) 無効原因とされない場合　　多数説および判例によれば、取締役会の決議なしに代表取締役が新株を発行した場合（最判昭36・3・31民集15巻3号645頁）、有利発行につき株主総会の特別決議を欠く場合（最判昭40・10・8民集19巻7号1745頁、最判昭46・7・16判時641号97頁）、著しく不公正な方法により新株が発行された場合（最判平6・7・14判時1512号178頁）などは、取引の安全などを理由に有効であるとされている。

5.2 新株発行無効の訴え

(1) **新株発行無効の訴えの提起** (a) **新株発行無効の主張** 新株発行の無効の主張は，発行の日より6カ月内に訴えをもってのみすることができる（280条ノ15第1項）。ここにいう発行の日とは，新株発行の効力の発生する日，つまり払込期日の翌日のことである。この訴えの原告（提訴権者）は，（新・旧）株主（訴訟中を通じて株主資格必要），取締役（代表取締役でなくてもよい）または監査役（ただし，商特25条参照）のみである（280条ノ15第2項）。第三者は新株発行により不利益を受ける者でも提訴できない。被告は会社（会社合併の場合存続または消滅会社に承継される）である。

この訴えの手続に関する，専属管轄，口頭弁論の開始時期，弁論・裁判の併合，提訴の公告，原告株主の担保提供などは，その他の会社訴訟の場合と同様である（280条ノ16）。

(2) **新株発行の無効** 新株発行を無効とする判決が確定したときは，訴訟当事者以外の第三者に対しても効力を生ずる（対世的効力。280条ノ16・109条1項）。

新株は将来に向かって無効となり，その株券または端株券は当然無効となる（無効の不遡及。280条ノ17第1項）。無効判決が確定したとき，会社は遅滞なくその旨および3カ月を下らない一定の期間内に株券および端株券を会社に提出すべき旨を公告し，かつ，株主および株主名簿に記載のある質権者に各別に通知しなければならない（280条ノ17第2項）。そして，会社は，新株の株主に対してその払い込んだ金額を払い戻さなければならない。その払戻金額が新株発行無効判決の確定の時の会社財産の状況に照らして著しく不相当なときは，裁判所は，会社または株主の請求により，その払戻金額の増減を命ずることができる（280条ノ18第1項・2項）。無効判決の確定によって新株は失効するので，会社の発行済株式総数や資本金額なども新株発行前の状態に復することになる。この変更については登記の更正が必要となる（280条ノ16・137条）。

6 新株発行不存在確認の訴え

新株発行不存在確認の訴えは商法上明文はないが，最高裁平成9年1月28日判決（民集51巻1号40頁）は，新株発行無効の訴えに準じてこれを肯定する余地があり，この訴えは少なくとも新株発行無効の訴えと同様に，会社を被告と

してのみ提起することが許されると判示している。

§3 社債発行による資金調達

1 社債の意義

　会社が，新株発行のほかに広く一般公衆から資金を調達するもう１つの手段が社債である。社債とは株式会社が債券（社債券）という有価証券発行の方法（起債）によって一般公衆から債権者を募集して負担する会社の債務である。その名の通り，会社にとっては一種の借金で，社債を有する者は社債権者と呼ばれ①利息が確約され②定められた期限に元本が返済（償還）されるが③会社の経営に参与する権利はない（株主は①配当可能利益の有無・多寡に応じ，かつ株主総会の決議を経てはじめて配当を受け②会社存立中は株式払込金の払戻を受けられず，会社が解散しても一般債権者が弁済を受けた後でないと残余財産の分配を受けられない③経営に参与する権利を有する）。これにより集められた資金は「資本金」ではない（§１，１，２の分類に従えば外部資金でかつ他人資本となる）。しかし，金融機関等からの借入金とは異なり，必要な資金を一定単位に細分化して多数募集するものであり，譲渡も自由で，有価証券が発行される。発行手続も株式に類似している。投資家にしてみれば，株式同様の投資商品である。さらに，後述の転換社債や新株引受権付社債と，無議決権優先株式等とを考えあわせると，株式と社債との差異はそれほど大きなものではないともいえる。

2 社債と担保

　社債も借金の一種であるから，返済を確保する方法が講じられなければならない。その１つが社債権者集会・社債管理会社などによる管理であり，もう１つが付担保である。社債管理については項を改めて説明する。
　まとまった借金には多くの場合担保が付される。社債も例外ではなく，かつて，社債が発行される場合には物上担保をつけるのが普通であった。これは担保付社債（モーゲージ社債）と呼ばれる。担保付社債には，商法のほか，担保附社債信託法（以下担信法と呼ぶ）も適用される。
　無担保社債も以前から認められてはいたが，非常に優良な企業でなければ発

行は難しかった。しかし，昭和54年頃から，まず転換社債で（性質上株式に近いので）完全無担保のものが現れ，昭和62年からは一定基準以上の会社で無担保社債を公募することが認められ，以降，社債は無担保で発行されることが一般的になった。無担保社債については，通常，社債契約中に，支払を確保するための何らかの条項（財務制限条項）がつけられる。たとえば，償還資金を積み立てること，発行会社の財産の一部を留保物件とし他の債務の担保としないこと，などである。

3 社債の種類

3.1 普通社債

転換や新株引受などの付随条項がついていない，基本的な社債をいう。発行会社が，定期的に（通常年2回）約定の利息を支払い，一定期限に元本を償還すると約束する。額面から割引いて発行し額面で償還するタイプ（割引債），額面で発行し償還額を割り増しするタイプ（割増償還）などがある。発行額や償還方法・利率などの発行条件は社債申込証で明示され，社債券に記載される（301条・306条）。

社債券および社債原簿に社債権者の氏名が記載される記名社債と，記載されない無記名社債（日本ではこちらの方が多い）とがあるが，権利の内容は変わらない。これらは相互に転換することができる（308条）。

3.2 転換社債

社債として発行されるが，株式に転換できる権利（転換権）がついており，社債権者の請求により株式に転換できる社債である。いわば社債の衣を着た潜在的株式である（着たままなら社債，脱ぎ捨てれば株式となる）。

社債の確実性と株式の投機性とを併有しているわけで，社債権者としては，転換時期に，償還額と利息・株価と配当額とを比較検討して，社債と株式とより有利な方を選べ，普通社債より魅力的である。

会社としても，転換権をつけると，社債を低利発行でき，社債の消化が容易となるほか，転換により社債が消滅し株式となるので，社債の償還額（借金）は減少し自己資本が増加する。もっとも，株式数の増加は理論上株価を引き下げることになるものの，新株発行とは違い，急激な増加ではないから，実際上はさほどの影響はない。

転換時期・転換価額（転換により発行される株式の価額）などの転換条件は，その他の発行事項と同時に決定され（取締役会決議，341条ノ2第1項・2項），公示または株主に通知される（341条ノ2ノ2）。

3.3 新株引受権付社債（ワラント債）

社債権に発行会社の新株引受権が（付録としてもれなく）ついてくるものである。

社債権者が引受権を行使して新株の株主となっても社債は残るので，社債権者としての地位も継続する。もちろん，新株を引き受けるには株金を払い込まなくてはならないが，社債の繰上償還を受け，それを新株の払込資金に流用すれば，転換社債の転換と同じ結果にもなる。

新株引受権付社債の形式には，社債から新株引受権を切り離してそれぞれ別に譲渡できる分離型と，切り離せない非分離型とがある（341条ノ8第2項5号）。分離型の場合，引受権については別に新株引受権証券（ワラント，これも有価証券である）が発行される（341条ノ13）。

引受権の内容・引受権行使の時期・分離型かどうかなどの条件は，その他の発行事項と同時に決定され，公示される（341条ノ8第1項・2項・341条ノ9）。

新株引受権の行使によって発行すべき新株には発行限度がある。新株引受権はあくまで付属物なので，これにより発行される株式の発行価額の合計額は，各新株引受権付社債（元の社債）の金額を超えてはならない（341条ノ8第3項）。

4 社債発行の手続

株式会社が社債を発行することは商法上自由であるが，商法・担信法に定める手続に従うことを要する。

4.1 社債発行の決議

原則として，取締役会決議によって社債の発行を決定する（296条）。以下の場合には株主総会の特別決議が必要である。①転換社債・新株引受権付社債を株主以外の第三者に特に有利な条件で発行する場合（341条ノ2第3項・341条ノ8第5項），②定款で株式譲渡を制限する会社が，転換社債・新株引受権付社債を株主以外の者に発行する場合（341条ノ2ノ6・341条ノ11ノ2），③分離型の新株引受権付社債を発行する場合（341条ノ8第4項）。ただし，その社債について，その新株の発行価額総額が社債残高を超えるときには償還・消却しな

い，という条件をつけている場合には必要ない（同項但書）。

発行額は，発行のつど決定してもよいし，あらかじめ総額を決めておき，分割して発行してもよい（分割発行）。

4.2 社債管理会社の設置

無担保社債の場合には，発行会社は社債を募集するために社債管理会社を設置しなければならない（297条）。社債管理会社になることができるのは，銀行・信託銀行，担信法5条の免許を受けた会社に限られる（297条ノ2）。社債管理会社の役割については後述する。

4.3 担保付社債の受託会社

担保付社債の場合には，社債発行会社（委託会社）は担保を設定し，これを受託会社に信託する手続が別に必要となる（担信2条）。担保には，動産質・債権質・不動産抵当・工場抵当・企業担保など19種類が認められる（担信4条）。受託会社は，信託会社・長期信用銀行・そのほか担信法上の免許を得た会社でなければならない（担信5条）。受託会社は社債管理会社を兼ねる。

普通社債発行の手順

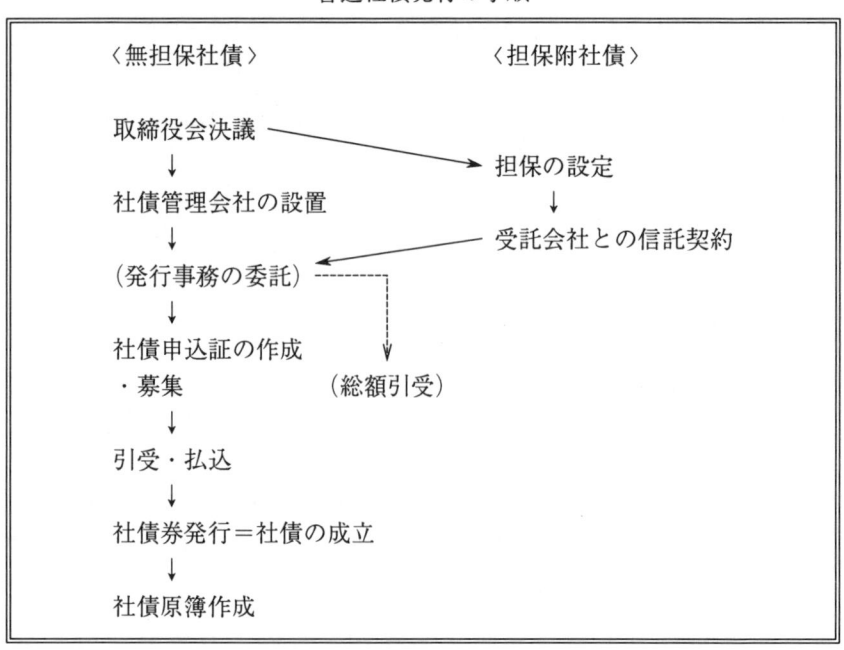

```
〈無担保社債〉              〈担保附社債〉

取締役会決議 ──────────→ 担保の設定
    ↓                         ↓
社債管理会社の設置          受託会社との信託契約
    ↓              ←─────
（発行事務の委託）←┐
    ↓              ┊
社債申込証の作成    ┊
  ・募集         （総額引受）
    ↓
引受・払込
    ↓
社債券発行＝社債の成立
    ↓
社債原簿作成
```

4.4 募集・引受・払込

(1) **社債の発行方法（募集方法）**　社債の募集方法としては，株式と同様，①社債発行会社が不特定多数の者から募集する場合（公募）と，②株主や特定の第三者が引受ける場合とがある。発行会社自身が募集してもよいが，ある程度大きな会社では，証券会社などに募集事務を委託するのが普通である。このときには，以下の手続を証券会社が代行する。①の場合応募不足（応募額が社債全額に達しない）が出たらその分を証券会社自身に引き取らせる約束（残額引受）をつけるのが普通である。②では，証券会社が社債全額を引き受け，その後顧客に売る総額引受（買取引受）の方法も認められる。

(2) **社債の申込と払込**　取締役が社債申込証を作成し，申込者は，これに引受数と住所を記入し，署名して申し込む（社債申込証主義，301条1項）。総額引受の場合にはその作成は強制されない（302条）。

募集が完了したら，取締役は払込を求める（303条）。株式と違い，払込は現金に限られず，また，代物弁済や他の債務との相殺も認められる。

4.5 債券（社債券）の発行

(1) 全額の払込がなされたときに社債券が発行され（306条），社債の効力が発生する。ただし，社債権者が希望すれば，社債券を発行しない登録制度を利用する事もできる（社債等登録法）。このときには登録済証が交付される。頻繁に売却したりしない金融機関などの大口社債権者がもっぱら利用する。

(2) 債券には記名式と無記名式とがある。無記名債券には小型の利札(りさつ)（クーポン）が付けられる。利札は社債の各利払期における利息の支払を約する有価証券で，無記名債券と一体として発行される（利付債）。

4.6 社債原簿

社債が成立したら社債原簿が作成される。社債原簿は，株主名簿に対応するもので，機能も類似している（307条，民365条・318条1項・224条）。これには社債権者が債券に関する一定の記載事項が法定されている（317条）。社債原簿は，本店などに備え置かなければならない，発行会社の帳簿の1つである（263条）。

5 社債の管理

5.1 社債権者の保護

社債は長期の債権であり，しかも，社債権者には比較的小口の一般投資家も多いため，社債の償還までの間に，発行会社の財務内容が悪化し，利払いや償還を怠るなどの不履行があったとき，個別に権利保全の措置をとることは困難であろう。そこで，社債権者保護のために，商法は，①権利保全や回収を任せる専門家として社債管理会社を，②社債権者を団結させて総意をまとめるために債権者集会を，それぞれ規定する。

5.2 社債管理会社

(1) 設置強制の原則　前述のように，社債を発行する際には社債管理会社の設置が義務づけられている（297条，担保付社債の場合には受託会社がその任をつとめる）。

(2) 商法上の例外　各社債の金額が1億円以上の大口の社債発行の場合，および社債総額を最低社債額で割った数が（つまり募集口数が）50未満である場合には必要ない（同条但書）。前者ほどの大口投資家ならば自分で自分の権利は守れるだろうし，後者のように少数であれば，社債権者集会で容易に意思決定ができるからである。

(3) 社債管理会社の権限・義務・責任　社債管理会社は，社債権者のために弁済を受け，または債権の実現を保全する（民保1条）に必要な一切の権限を有する（309条1項）。また，社債権者のため公平かつ誠実に社債を管理することを要し，これにつき善管注意義務を負う（297条ノ3第1項・2項）。これらの義務または社債権者集会の決議に違反し，それにより社債権者に損害が生じた場合には，管理会社は損害賠償責任を負う（311条ノ2第1項）。

(4) 社債管理会社設置強制の理由　社債発行会社の権限が限定され，きびしい義務や責任が課せられていることには次のような事情がある。従来，会社が社債を発行するときは，実務慣行としてほとんどの場合，取引銀行が募集事務の受託会社となり，発行条件等の決定に介入した。社債と借入金とは競合することから，銀行が自己の利益のため過度に干渉する傾向があり，発行額を押さえたり，必要以上にコストをかけたりという弊害も多かった。そこで，社債権者保護のため，平成5年の改正商法は，受託会社を社債管理会社とし，その

行動を規制したのである。

5.3 社債権者集会

(1) **社債権者集会の意義**　社債権者集会は,株主総会のように会社の機関ではなく,社債権者の利害に重大な関係を有する事項について決議し,同種類の社債権者の総意を決定する合議体である(したがって,異なる種類の社債権者全員を構成員とする集会は存在しない)。

(2) **権限**　社債権者集会は,商法で規定される決議事項(たとえば発行会社に対する支払猶予や免除・社債についての訴訟・社債管理会社の解任など)のほか,社債権者の利害に重大な関係のある事項を,裁判所の許可を得て,決議することができる(319条)。

(3) **招集**　招集は,原則として無担保社債の場合には発行会社または社債管理会社が,担保付社債の場合には委託会社(発行会社)または受託会社が行う(320条1項)。しかし,社債発行総額の10%以上を有する社債権者のイニシアチブで招集することもできる(320条3項・同4項→237条2項,少数株主による株主総会招集の規定を準用)。

(4) **議決権**　社債権者は,社債発行最低額ごとに1議決権を行使できる(321条1項,資本多数決と類似する)。

(5) **株主総会との異同**　招集手続・議決権の代理行使・書面投票・決議方法・議事録の作成と備置,などは株主総会とほぼ同じである(339条1項・321条ノ2・339条)。無記名社債については,招集のさい公告を要し(320条2項),その議決権行使のためには社債管理会社に債券を供託しなければならない(321条)。

株主総会との顕著な違いは,特別決議により代表者(資格は社債発行総額の0.1%以上を有すること)を1人または数人選任して決議事項の決定を委任できることである(329条1項)。

(6) **決議の効力**　社債権者集会の決議は裁判所の認可を受けてはじめて効力が発生する(327条1項)。

6　利払と償還

社債も借金である以上,約定に従って利息を支払い,期限には元本を返済(償還)しなければならない。いずれも社債管理会社が一括して受け取り,各

社債権者に通知・分配することになる。

(1) 利払　債券に記載された支払方法に従い，支払を受ける。無記名社債の場合には，社債券に利札が利息の支払回数だけ付属しているから，所持人はこれを切り取って，それと引換えに利息を受け取る（315条参照，切り離された利札も独立した有価証券で，債券と別に譲渡できる）。利息支払請求権は5年の消滅時効にかかる（316条3項）。

(2) 償還　これも債券記載の償還方法による。抽選などで一部の社債を満期前に払い戻す（繰上償還）場合もある。償還請求権は10年の時効にかかる（316条1項）。

7　社債の流通

(1) 社債も株式同様事由に譲渡することができる。

(a) 債券が発行されている場合　無記名社債は動産と看做されるから（民86条3項）債券の交付により譲渡できる（民178条）。記名社債も，債券が発行されている限り債券の交付により譲渡の効力が発生するが，会社その他の第三者に対抗するためには社債原簿の書換を要する（307条1項）。

(b) 登録社債の場合　社債の大部分については，実際上債券が発行されず，社債登録法による登録制度が利用されている。この制度では，社債権者が登録機関の社債登録簿に登録する。譲渡の際には，譲渡人と譲受人の請求で移転登録がなされる（社登5条）。

(2) 新株引受権証券・利札も同様に独立して流通する。

第7章　会社の基本構造の変更はどのような手続によるか

§1　定款の変更

1　定款変更の意義

　株主総会の決議によって定款を変更することができる（342条1項）。定款には，会社の組織および活動の根本規則である実質的意義の定款と，このような規則を記載した書面定款の2つの意味がある。定款変更の対象となるのは実質的意義の定款である。定款変更には，既存の規定の変更および削除のほかに新規定の追加も含まれる。しかし定款の規定が事実に基礎を置く事項または実質的な内容に影響を及ぼさない場合には当然に変更され，ここにいう定款の変更には当たらない。

2　定款変更の手続

　通常の定款変更は株主総会の特別決議によって行われ（343条），決議要件を緩和したり，ほかの機関に決定権限を委ねることは認められない。株式の譲渡制限の規定を設けるための定款変更には，総株主の過半数でかつ発行済株式総数の3分の2以上の賛成による決議が必要とされ（348条1項・2項），額面株式の株金額（166条1項4号）を引き上げる定款変更が，株主の追加出資の方法による場合には，全株主の同意が必要とされる。なお定款を変更して会社が発行する株式総数の発行枠を拡大することができるが，発行済株式総数の4倍を超えて株式総数を増加させる定款変更は許されない（347条）。

　定款変更のための株主総会の招集通知には，会議の目的事項のほかに議案の要領を記載することを必要とし（342条2項），書面投票制度の適用会社では参考書類に定款変更の提案理由も記載しなければならない（商特21条の2，参考規3条1項10号）。また定款の変更によってある種類の株主に損害を及ぼすとき

は，株主総会の決議に加えて種類株主総会の決議が必要とされる（345条）。

3 定款変更の効力

定款変更の効力は原則として株主総会の決議があったときに生ずる。しかし条件付または期限付の決議の場合には，その条件または期限の到来によって，また種類株主総会の決議を必要とする場合には，その決議が行われたときに効力を生ずる。書面定款の変更は定款変更の効力発生要件ではない。なお定款変更が登記事項の変更になる場合にはその変更の登記を必要とする（188条3項・67条，商登79条1項）。

§2 企業結合

1 総説

企業は利潤の拡大を図るために既存の事業部門を拡大し，他方では他企業との合併や買収（M&A），さらには業務提携などの手段を利用している。いずれにせよ現在の企業は商品や原材料の取引，資金融資のほか，株式所有，役員派遣などの何らかの形でほかの企業と結びついている。この結びつきがある程度強いつながりになるとはじめて企業結合と呼ばれるわけである。企業集団および企業グループでの株式相互保有や系列取引については企業活動の閉鎖性や市場の不公正さを理由とする批判が続いているが，他方では純粋持株会社を中核とした新たな企業結合を結成する動きも見られる。

商法は企業結合法の視点からの体系的な法規制を行ってはおらず，株主および会社債権者の利益に影響を及ぼす企業結合に対して個々的な規制を加えてきた。

合併，株式交換・株式移転，営業譲渡，契約による結合である企業提携（営業賃貸借・経営委任・利益共同・カルテル），株式取得による企業買収や資本提携，および会社分割などが企業結合の形成に関わる制度として整備されてきたが，派遣役員の責任，従属会社の少数株主の保護，親子会社や株式相互保有企業間での支配株主の責任，さらに連結計算制度など，企業結合に関わる多くの問題が残されている。

2　合　併
2.1　合併の意義
　(1)　合併の意義　　合併とは，2社以上の会社が契約により1社に合同することであり，その当事会社の一部または全部が解散・消滅して，その財産が存続会社または新設会社に包括的に移転するとともに，その株主が存続会社または新設会社の株主になるという効果が生ずるものである。合併は複数企業の結合関係が残らない点で完全な企業合同であり，市場競争力の強化，競争の回避や経営の合理化など規模の利益を目的とするほかに，新技術の獲得，証券取引所の上場基準の維持や額面金額の引下げなどの目的でも利用されてきた。

　合併には吸収合併と新設合併がある。吸収合併は当事会社のうちの1社が存続してほかの会社は存続会社に吸収されて解散する形態であり，新設合併は合併当事会社の全部が解散すると同時に新会社を設立してすべての会社が新設会社に入る形態である。しかしながら新設合併では，営業についての官庁などの許認可は改めて取得せねばならないこと，証券取引所への株式の上場手続を改めて行わねばならないこと，設立に際して発行する株式の額面および発行価額は5万円以上でなければならないこと，新会社の株券発行に多額の費用と手間を必要とすること，さらに登録免許税が高いことなどを理由として，対等な当事会社間の合併でも吸収合併の方法が利用されることが多い。

　商法は合併の自由を認めており，同種類の会社間のほか，種類の異なる会社間の合併も原則として可能である（56条1項）。ただし株式会社が人的会社と合併する場合には，存続会社または新設会社は株式会社でなければならず（56条2項），また社債の償還を完了していない株式会社が他の株式会社または有限会社と合併する場合には，存続会社または新設会社は株式会社でなければならない（有59条4項。有限会社は社債の発行が禁止されている（有60条参照））などの制限が設けられている。

　(2)　合併の効果　　合併によって，吸収合併の場合は当事会社のうち合併後に存続する1社以外の会社は解散し，新設合併の場合は当事会社のすべてが解散する（404条1号・94条3号）。しかし合併による解散では清算は行われず（417条1項），合併の登記によって解散すると同時に会社は消滅する（416条1項・102条）。なお解散会社の株主は，持株数に応じて存続会社または新設会社

の株式の割当を受け,その株主として収容される。

存続会社または新設会社は解散会社の権利義務を包括的に承継する(416条1項・103条)ので,営業譲渡の場合とは異なって個別の移転行為は必要ではなく,また契約によって一部の権利義務の留保も認められない。なお従業員との労働契約のような継続的な法律関係も原則として移転するが,当事者間の信頼関係に配慮して特約で排除される場合もある。

なお合併の本質をどのように理解するかについては,合併を会社の合同を生ずる組織法上の特別の契約ととらえる人格合一説と解散会社の営業全部の現物出資による存続会社の新株発行または新設会社の設立ととらえる現物出資説を中心とした学説上の対立が続いてきた。しかしながらいずれの説に立っても,具体的な会社法上の問題についての結論には,ほとんど違いがないと解される。

> **コラム 債務超過会社の合併**
>
> 債務超過会社を解散会社とする合併の是非については,現物出資説では暖簾の計上による資産の再評価を行えば債務超過でなくなる場合には合併を認め,人格合一説では反対に資産の再評価によっても債務超過の場合には存続会社または新設会社の資本充実の要請から合併を認めないとするので,結論に違いはない。これに対して,存続会社または新設会社が債務超過会社の場合の合併についてはいずれの説によっても認められると解されているが,解散会社株主の持分の一部放棄につながるので解散会社の株主全員の同意がない限り合併を認めないとする有力見解もある。

2.2 合 併 手 続

(1) 合併手続の特色 株式会社の合併手続は合併契約書の作成に始まり,株主総会での承認を経て合併登記で終了する一連の複雑な手続である。合併の条件や相手会社の財産状態は当事会社の株主および会社債権者にとって重要な問題であるので,合併契約書や各当事会社の貸借対照表等の備置を義務づけるなど,開示規制を充実させるとともに,個別催告などの債権者保護手続も別に定めている。

独占禁止法は一定額以上の総資産を持つ会社の合併については公正取引委員会への事前の届出を義務づけ,審査のために原則として届出受理の日から30日

間の待機期間を設けて，その期間内の合併を禁止している（独禁15条2項・3項・4項）。なお合併によって一定の取引分野における競争を実質的に制限することになる場合や不公正な取引方法による合併は認められない（独禁15条1項1号・2号）。

(2) 通常の合併手続　(a) 合併契約　(イ) 合併契約の成立　合併をするにはまず当事会社の代表取締役が合併契約を締結して，合併の条件，存続会社または新設会社における必要な措置・体制や合併手続の進行時期などの事項を決定するが，株主保護のために合併契約書を作成することが要求されている（408条1項）。

(ロ) 合併契約書　合併契約書の法定記載事項は以下のとおりである。

(i) 吸収合併　① 定款を変更するときは，変更予定のすべての規定を記載する（409条1号）。

② 存続会社が発行する新株（合併新株）の総数，額面・無額面の別，種類，数および合併比率などの解散会社の株主への割当に関する事項を記載する（409条2号）。

③ 存続会社が保有する自己株式を合併新株の発行に代えて解散会社株主に割当てる場合に，当該株式の総数，額面・無額面の別，種類および数を記載する（409条ノ2）。

④ 合併新株の発行により増加する資本および準備金の額について記載する（409条3号）。資本増加額は解散会社から承継する純資産額から合併交付金を控除した額を超えることはできない。承継する純資産額から存続会社の資本増加額および合併交付金を控除した残額がいわゆる合併差益（合併差益金）であり，これは原則として資本準備金に組み入れなければならない（288条ノ2第1項5号）。なお合併差益のうち解散会社の利益準備金，任意準備金や繰越利益に相当する金額は存続会社の資本準備金には組入れなくてもよいが，利益準備金相当額を存続会社の利益準備金としなければならない（288条ノ2第3項）。

⑤ 合併比率を調整して簡単な数字にするために存続会社が解散会社の株主に新株の割当に加えて一定額の金銭（合併交付金）の支払をなす場合は，これについて記載する（409条4号）。さらに合併比率を単純化するために，解散会社において株式の分割や併合の手続を行うことができる（413条・416条3項・

214条2項・215条—217条)。

⑥ 合併契約書を承認する株主総会の開催期日を記載する（409条5号）。

⑦ 解散会社の財産や帳簿書類等が存続会社に引継がれ内部的に会社が合体する日（合併期日）を記載する（409条6号）。合併の効果は合併登記によって発生するので，合併後二週間以内（支店所在地においては3週間以内）に，存続会社については変更の登記を，新設会社については設立の登記を，さらに解散会社については解散の登記を行わなければならない（414条1項・188条1項，商登90条〜92条）。

⑧ 合併期日までの利益配当または中間配当は合併比率に影響を及ぼす可能性があるので，その限度額を記載する（409条7号）。

⑨ 合併によって新たに存続会社の取締役または監査役として就任する者を記載する（409条8号）。

(ⅱ) 新設合併　新設会社の定款規定はすべて記載する必要がある（410条1号）ほか，合併新株の種類，数ならびに合併比率，新設会社の資本の額および準備金，合併交付金，合併承認総会の期日，合併期日，利益配当または中間配当の限度額に関する事項については吸収合併の場合とほぼ同様である（410条2号〜5号）。なお新設会社の取締役および監査役は必要的記載事項である（410条6号）。

(b) 合併決議　合併契約書を承認する株主総会の決議を合併決議といい，特別決議の方法によらなければならない（408条1項3号）。なお存続会社または新設会社の定款に株式の譲渡制限の規定がある場合には，定款にその定めのない解散会社での合併決議は348条1項の方法によらなければならず（408条4項），また存続会社の定款を変更して株式の譲渡制限の規定を設ける場合も同様である（408条5項）。

合併承認総会の招集通知には，議案だけでなく合併契約書の要領を記載しなければならない（408条2項）。書面投票制度の適用会社ではさらに合併を必要とする理由の記載も必要とされる（参考規3条1項8号）。

なお合併に反対の株主には株式買取請求権が認められる（408条ノ3第1項・2項）。

(c) 株主および債権者の保護手続　(イ) 合併情報の事前開示　株主が合

併比率の公正さを確認し，また債権者が自らの債権の弁済の可能性を判断するためには，合併についての情報提供が不可欠である。そこで取締役は以下の書類を合併承認総会日の2週間前から合併登記日より6カ月を経過する日まで会社の本店に備え置き，株主および会社債権者に閲覧謄写させなければならない（408条ノ2）。

　すなわち，①合併契約書，②合併比率の算定理由書，③合併承認総会前6カ月以内に作成された各会社の合併貸借対照表，④合併貸借対照表が最終（直近）の決算貸借対照表でないときには最終の決算貸借対照表，⑤最終の決算貸借対照表に対応する各会社の損益計算書，⑥合併貸借対照表とともに任意に作成された損益計算書が該当する。

　(ロ)　合併情報の事後開示　　合併後の存続会社または新設会社の取締役は，債権者保護手続の経過，合併期日，解散会社から承継した財産および債務の額，その他の合併に関する事項を記載した書面を合併登記日から6カ月間本店に備え置き，株主および会社債権者に閲覧謄写させなければならない（414条ノ2）。

　(ハ)　債権者保護手続　　債権者に合併異議の機会を提供するために官報の公告および知れたる債権者への各別の通知を合併承認決議の日から2週間以内に行うことが義務づけられているが，官報とともに定款記載の日刊新聞にも掲載するときには各別の催告は必要ない（412条1項）。

　合併に異議を述べた債権者には，弁済もしくは担保の提供，または相当の財産の信託が要求されているが，合併が債権者に損害を与えるおそれのないときには，これらの保護方法をとる必要はない（412条2項・100条3項）。

　(3)　簡易合併手続　　親会社が完全子会社を吸収合併する場合のように，存続会社の規模が解散会社に比べて著しく大きく，存続会社の株主の利益に重大な影響を及ぼすおそれのない場合には，合併手続の簡素化を図るために存続会社での合併承認総会の省略が認められている。

　(a)　簡易合併要件　　合併新株の数が存続会社の発行済株式総数の20分の1以下であり，かつ合併交付金の金額が存続会社の現存する純資産額の50分の1以下であるときには簡易合併を行うことができる（413条ノ3第1項）。存続会社が保有する自己株式を解散会社の株主に割当てる場合には，この自己株式は合併新株数に算入される（413条ノ3第2項）。

合併に反対の株主には株式買取請求権が与えられているが、発行済株式総数の6分の1以上が反対したときには、簡易合併は認められない（413条ノ3第4項〜8項）。

(b) 簡易合併手続　通常の合併手続とは以下の点が異なっている。

(イ) 合併契約書　簡易合併であることを明らかにするために、存続会社では合併決議によらずに合併を行う旨の記載が必要である（413条ノ3第3項前段）。また合併承認総会が開かれないので、定款の変更および取締役・監査役の任命に関する規定を記載することはできない（413条ノ3第3項後段）。

(ロ) 情報開示　存続会社は、合併契約書の作成日から2週間以内に、簡易合併であることおよび解散会社の商号、本店、合併期日を公告するかまたは株主に通知することが必要である（413条ノ3第4項）。債権者保護手続（公告および各別の催告）も合併契約書の作成日から2週間以内に行わねばならない（413条ノ3第9項）。商法408条ノ2第1項に掲げる合併に関する書類の備置期間は、公告、催告または通知の日のうち最初の日から、合併登記の日より6月を経過する日までである（413条ノ3第9項）。

2.3　合併無効の訴え

(1) 合併無効原因　合併手続により会社に損害が生じるような場合には、株主または監査役はその差止を請求できる（272条・275条ノ2第1項）。合併の効力の生じた後は、合併無効の訴えによる是正措置のみに制限される（415条）。

合併当事会社は、①存続会社または新設会社が不適格である場合、②合併契約が無効または取り消された場合、③合併契約書が作成されずまたは法定要件を充足していない場合、④合併決議が存在せずまたは決議に無効・取消原因がある場合、⑤情報開示手続に不備がある場合、⑥債権者保護手続に欠ける場合、⑦新設会社の定款が作成されない場合、⑧独占禁止法による合併制限に違反する場合など、重大な手続違反が無効原因となる。

(2) 無効の主張　合併無効の訴えの提起は、各会社の株主、取締役、監査役（小会社の監査役を除く、商特25条）、清算人、破産管財人または合併を承認しない債権者に限り、合併登記後6カ月内に行うことできる（415条・105条1項）。なお会社は債権者の訴提起には相当の担保の提供を請求しうる（415条3項・106条1項）。このほか独占禁止法15条2項に違反する場合には、公正取引

委員会に提訴権が与えられる（独禁18条）。

(3) 合併無効判決の効力　　無効判決の効力は第三者にも及ぶ（415条3項・109条1項）。しかし遡及効は否定されるので判決の確定によって会社は将来に向かって分割され，存続会社または新設会社と株主，第三者との間に生じた権利義務には影響しない（415条3項・110条）。

合併前から存在する財産や債務は元の会社に当然に復帰することになるが，存続会社または新設会社が合併後に負担した債務は当事会社の連帯責任となり，合併後取得した財産は当事会社の共有となる（415条3項・111条1項・2項）。無効判決の確定により，存続会社は変更の登記を，新設会社は解散の登記を，解散会社は回復の登記をなすことが必要である（415条3項・108条）。

3　その他の企業結合規制
3.1　株式交換・株式移転

(1) 純粋持株会社の創設　　平成9年の独占禁止法9条の改正によって純粋持株会社が解禁されたが，このような完全親子会社関係の創設手段としては，①抜殻方式，②公開買付方式，③第三者割当方式，④銀行持株会社創設特例法方式（三角合併方式）のほか，平成11年商法改正で株式交換および株式移転の制度が新設された。

株式交換が既存の会社間に完全親子会社関係を創設する制度であるのに対して，株式移転は既存の会社が単独もしくは共同して完全親会社を新設する制度である（352条1項・2項・364条1項・2項）。なお株式交換・株式移転の法的性質は合併に類似する組織法的行為として理解すべきであろう。

(2) 株式交換　　(a) 株式交換手続の特色　　株式交換により，完全親会社となる会社は完全子会社となる会社の発行済株式のすべてを取得し，完全子会社となる会社の株主は完全親会社の株主となる。そこで株主の権利保護の視点から，株式交換契約書の作成と株主総会による承認のほかに株式交換に関する事前事後の情報開示が要求されるなど，合併に準じた一連の手続が要求されている。

なお株式交換では当事会社が一体となる合併の場合とは異なって，会社債権者の保護手続はとくに設けてはいない。

(b) 株式交換契約書の作成および承認決議　　当事会社の代表取締役が株式

交換契約を締結して株式交換手続を進めることになるが，株式交換契約書の作成が要求されている。法定記載事項（353条2項1号～7号）は合併契約にほぼ相当し，①定款の変更，②新株発行と株式交換比率，③資本・資本準備金の増加，④株式交換交付金，⑤株式交換承認総会の期日，⑥株式交換日，⑦利益配当等の限度額の記載が要求される。株式交換日は完全子会社となる会社の株主が有する株式を完全親会社となる会社に移転し（353条2項6号），その株券および端株券が無効となる日である（359条1項）が，具体的には株券の失効手続における株券提出期間満了の日の翌日をさす。

株式交換契約書は各当事会社の株主総会で特別決議による承認を受けなければならず（353条1項・4項），招集通知にはその要領を記載する（353条3項）。反対株主には株式買取請求権が認められている（355条1項・2項）。

(c) 開示制度　当事会社は合併と同様な事前・事後開示を義務づけられる。前者は株式交換契約書，株式交換比率理由書，貸借対照表および損益計算書などの備置（354条1項・2項），後者は株式交換日などの株式交換に関する事項を記載した書面の備置を要求する（360条1項）。株主には閲覧謄写権が認められる（354条2項・360条2項）。

(d) 簡易株式交換　完全子会社となる会社に比べて完全親会社となる会社の規模が著しく大きな場合には，後者の株主の利益に重大な影響を与える危険性は通常は認められないので，適用要件および交換手続が簡易合併制度にほぼ準じた形で，株式交換承認の決議を要しない簡易株式交換の制度を設けている（358条）。

(e) 株式交換無効の訴え　株式交換手続等に違法な点があっても，株式交換日以後の無効の主張は株式交換無効の訴えだけに制限され，その内容は合併無効の訴えに準じている（363条）。

(3) 株式移転　株式移転の承認は株式交換契約書の承認に相当するが，株式移転日までは親会社となる会社は成立していないので，子会社となるべき会社での承認決議のみで足りる。

株式移転決議の対象となる法定事項は株式交換契約書の記載内容にほぼ準じる（365条1項1号～8号）。さらに株式移転承認決議の方法（365条3項），株式買取請求権（371条1項・3項）および事前開示（366条1項・2項）についても

株式交換に準じた規定を置いている。

　株式移転の場合には完全親会社となる会社が新設されるので，株式交換の場合と異なり，完全親会社は株式移転をなした日（株券失効手続における株券提出期間満了の日）から一定期間内に設立の登記を行うことが必要である（369条・188条）。なおこの登記によって株式移転の効力が生じる（370条）ので，完全子会社となる会社の株券および端株券はこの日に無効となると解される（368条）。

　なお株式移転無効の訴えも株式交換無効の訴えにほぼ準じた手当てがなされている（372条1項・2項）。

3.2 営業譲渡

　複数の事業を営む会社が経営の合理化・効率化を図るために子会社等に一部の事業部門を譲渡し，さらに会社の営業全部を譲渡して事業の転換をはかることがある。また逆に営業譲受によって企業規模の拡大が新事業への進出が可能となる。営業譲渡および譲受は合併と同様な経済的効果を有するので独占禁止法による規制が加えられているが，合併とは異なって全財産の包括的な承継ではなく個別的な移転が行われる。すなわち各個の権利ごとの移転行為および対抗要件の充足や個別的な債務引受の手続が必要である。

　なお営業全部の譲渡の手段を使って行われる事実上の合併の場合といえども株主の移転は生ぜず，会社も当然には解散しない。そこで譲渡会社では株主総会での解散決議を行った上で，清算手続の中で株主に営業譲渡の対価として取得した譲受会社の株式を分配する方法がとられる。

　営業譲渡は株主への影響も大きいので，一定の営業目的のため組織化され，有機的一体として機能する財産（得意先関係などの経済的価値のある事実関係を含む）の全部または重要な一部を1個の債権契約で移転し（245条1項1号・3号），かつ譲渡会社が競業避止義務を負う場合（25条1項）には，株主総会の特別決議を必要とする。なお重要な営業財産の処分および譲受の場合には取締役会決議で足りる（260条2項1号）。

3.3 企業提携契約

　複数会社間での契約による継続的な企業結合関係は，一般的には企業提携とか業務提携と呼ばれる。契約の内容は当事会社間で自由に決定できるが，とく

に株主への影響が大きい以下の契約関係については株主総会の特別決議が要求される（245条1項2号）。

(1) 営業全部の賃貸借　会社の営業の全部を一括して賃貸する契約であるが，これにより営業財産の占有は賃借会社に移転し，賃借会社がその名義と計算において経営を行い，賃貸会社に賃料を支払うことになる（民601条）。経営困難から営業を賃貸する場合には，賃貸会社が賃借会社の支配下に入り，その後は合併へと進むことが多い。

(2) 経営の委任　会社の経営を他の会社に委任する契約であるが，営業全部の賃貸借とは異なり，経営は常に委託会社の名義で行われる。経営の委任には，①経営に関する総括代理権を受託会社に与え，損益の計算も受託会社に帰属し，委託会社は一定額の報酬を請求できるだけで，実質的には営業の賃貸借に近い内容をもつ狭義の経営委任契約と，②委託会社が広範な指揮権を発揮し，受託会社はいわば委託会社の事業の一部分を分担するにすぎず，損益の計算も委託会社に帰属し，受託会社は一定の報酬を受けるにとどまる経営管理契約に分けることができる。

(3) 損益共通契約　複数の会社が法律上の独立性を保ちながら損益の共同計算を行う契約である。各当事会社は独自の経営と損益計算を放棄し，統一的な指揮のもとで事業活動をし，所定の比率での損益の分配を受けることになる。内部関係は民法上の組合であり，コンツェルンに移行するための準備段階として理解される。

(4) その他の企業契約　前述の諸契約に準ずると解されるものに販売カルテルがあるが，これは複数の会社がその営業全部をあげて販売カルテル契約ないしは協定に参加し，全製品について生産の割当を受け，商品のすべてを共同販売会社を通じて販売する場合に限られるので，株主総会決議を必要とする契約例はほとんどない。

この他の企業提携は，会社の重要な業務執行に該当する場合に取締役会決議が必要となる（260条2項）。

3. 4　株式取得による企業買収

(1) 大量株式の取得　株の買占めなどの大量の株式取得は会社支配権の獲得につながり，また第三者割当増資による安定株主の確保は現経営陣の支配権

の維持につながる。このような株式の取得による結合関係の形成は，①支配株主などの大株主との相対取引，②証券市場での株式買付，③証券市場外での不特定多数株主からの公開買付，④新株の第三者割当の方法によって実現される。商法は既存株主保護の視点から，新株の不公正発行を差止めの対象としまた新株の有利発行には株主総会の特別決議を要求している。

(2) 証券取引法による開示規制　大量の株式取得は取得方法や目的によっては株式市場での公正な株価の形成を妨げ，投資家に損害を与える可能性がある。そこで証券取引法は上場会社の株式（転換社債および新株引受権付社債を含む）を発行済株式総数の5％を超えて保有する場合には大量保有報告書を大蔵大臣に提出し，発行会社と証券取引所にその写しを送付して公衆の縦覧に供することを要求する（証取27条ノ23～27条ノ30）。

上場会社の株式を発行済株式総数の5％を超えて証券市場外で取得するには，原則として公開買付の方法によらなければならない（証取27条ノ2～27条ノ22）。

3.5 役員派遣

企業結合関係の強化を目的として支配会社が取締役を派遣する場合があるが，商法は監査役が子会社の取締役または支配人等の従業員の身分を兼ねることを禁止する（276条）。なお独占禁止法では競争制限を生じさせることになる役員兼任を禁止している（独禁13条）。

3.6 親子会社

(1) 支配従属基準　親子会社という言葉が支配従属会社と同義語的に用いられることも多いが，商法は子会社による親会社株式の取得を禁止する目的で，過半数株式所有基準によって会社の親子関係を定義し（211条ノ2第1項・3項），これを支配従属の基本概念として利用している（241条3項・244条4項・260条ノ4第4項・5項・263条4項・274条ノ3・276条・281条ノ3第11号・282条3項・285条ノ6第2項・293条ノ8第1項・294条2項，商特4条2項2号・7条3項・4項・5項・13条2項など）。

他方，証券取引法上では，平成10年11月に財務諸表規則を改正し，平成11年4月1日以後開始する事業年度から，連結財務諸表の作成に当たっての親子会社および関連会社の判定基準が従来の持株基準から，支配力基準および影響力基準へと変更された（財務規8条3項～6項）。ここでいう親会社とは，他の会

社等の財務および営業または事業の方針を決定する機関を支配している会社（財務規8条3項）をいい，具体的には他の会社等の議決権の過半数を自己の計算により所有している会社（財務規8条4項1号）または他の会社等の議決権の100分の40以上から100分の50以下を自己の計算において所有している会社であって，一定の支配要件に該当する会社（財務規8条4項2号）を指す。さらに関連会社も含めて，実質的な支配従属関係を連結財務諸表の作成に反映させることが可能となった。

(2) 支配従属関係と株主利益　企業間で実質的な支配従属関係が生じると，支配会社は派遣役員などの従属会社の取締役に対する支配力を通じて従属会社に不利益な業務執行を指図し，その犠牲において不当な利益を得たり，また企業グループ全体の利益極大化をめざす統一的な指揮のもとで，特定の従属会社に利益獲得の機会の放棄を強いる危険性もある。このような場合に，従属会社の不利益ないしは損失に対する支配会社または企業グループからの補償や利害調整が適切でないと，従属会社の少数株主および債権者の利益侵害の問題が生じる。

　また逆に，親会社株主が子会社の経営状況に重大な利害関係を有することも多く，子会社の業務内容等の開示制度の充実などによる親会社株主の利益擁護も叫ばれてきた。そこで平成11年商法改正によって，親会社株主に裁判所の許可を得て子会社の書類等について閲覧謄写する権利を認めるとともに（244条4項・260条ノ4第4項・263条4項・282条3項・293条ノ8），また親会社の監査役に子会社に対する営業報告聴取権とともに業務財産状況の調査権を与える（274条ノ3第1項）などの措置がとられた。

3.7　株式の相互保有

　株式の相互保有は企業集団やグループの形成およびその結合関係の強化をはかるために用いられるほか，敵対的な企業買収を防ぐための安定株主工作の手段として利用される。株式相互保有には資本を空洞化し，株主総会決議を歪曲化するなどの弊害があるので，商法では発行済株式総数の4分の1を超えた株式をほかの会社に保有されている会社が所有する当該保有会社の株式についての議決権行使を禁止する（241条3項）。しかしながらこの規制は株式の取得および保有自体を制限するものではないので，資本の空洞化には直接対処できな

い。また日本企業は環状的相互保有形態が多く，個々の会社間での持株比率は低いのが普通であり，前述の規制すら及ばないことが多い。

3.8 連結決算制度

(1) 連結情報の開示　支配従属関係にある複数の会社が企業グループとして経済的に一体として活動する場合に，単独の会社の計算書類だけではその会社の経営財務の状況を正確に把握できないことが多い。そこでこのような企業集団や企業グループを1つの企業と考えて全体としての財政状況を明らかにするのに不可欠なものが連結決算制度である。

証券取引法の適用会社については，開示省令で有価証券報告書等の記載事項として連結財務諸表（連結貸借対照表，連結損益計算書，連結剰余金計算書，連結キャッシュ・フロー計算書および連結付属明細書）の開示を義務づけているが，平成11年4月1日以後開始する事業年度からはさらに有価証券報告書等の記載は記載方式および内容とも連結情報を中心に充実させ，個別企業情報を簡素化する方向に改正された。

これに対して商法への連結計算制度の導入については，昭和54年に法務省民事局が公表した「株式会社の計算・公開に関する改正試案」四1において，会計監査人を強制される大会社に連結貸借対照表および連結損益計算書の作成を義務づけようとしたが，配当可能利益の算定を主目的とする商法計算制度の趣旨にあわないなどの理由からの反対が強く，いまだ実現にはいたっていない。

(2) 計算書類規則と企業結合の開示　現行商法は部分的な結合情報の開示を求めるにすぎない。すなわち，企業の結合状態の開示として，①貸借対照表での親会社および子会社株式の区分表示（計算規12条2項・23条），②営業報告書での親会社との関係，重要な子会社や企業結合の状況および大株主に関する事項（計算規45条1項3号・7号），③附属明細書での子会社に対する出資の明細と各子会社が有する親会社の株式数（計算規47条1項8号）および株式相互保有関係や役員兼任の状況の記載（計算規48条1項2号・3号・4号）を要求する。また結合企業間の取引の開示としては，①貸借対照表での子会社および支配株主に対する債権債務の区分表示または注記（計算規9条・29条・30条2項），②損益計算書での子会社および親会社との取引総額についての注記（計算規40条)，③営業報告書での主要な借入先と借入額および借入先が有する会社の株

式数の記載（計算規45条1項8号），④附属明細書での支配株主に対する債権債務の明細や子会社に対する債権の明細（計算規47条1項7号・9号）および子会社との取引の明細および子会社に対する債権債務の増減の記載（計算規48条1項3号）が要求されている。

4 会社分割
4.1 会社分割の目的

企業の再編成を行うために1個の会社を2個以上の会社に分離独立させることを会社の分割というが，これは一般的には合併の反対現象として理解されている。すなわち大規模会社では特定事業部門の独立専業化による経営の効率化や不採算事業部門の切離しによる収益性の向上などを目的とする。

商法が平成12年に包括的な会社分割規定を設ける以前には，以下のような手段を利用して事実上の会社分割を実現してきた。すなわち，①分割する事業部門の営業を現物出資して新会社を設立する方法（168条1項5号），②分割する事業部門の営業を会社の成立を条件として譲渡して財産引受の形で新会社を設立する方法（168条1項6号），③あらかじめ新会社を設立したのち新株発行の際に分割する事業部門の営業を現物出資する方法（280条ノ2第1項3号），④新会社を設立したのちに事後設立の形で分割する事業部門の営業を譲渡する方法（246条1項）がある。いずれも原則として検査役の検査を必要とする（173条1項～4項・181条1項・2項・280条ノ8第1項～3項・246条2項・3項）。事後設立および分割される営業が重要な一部にあたるときには，株主総会の特別決議が必要である（246条1項・245条1項1号）。

4.2 包括的な会社分割法制

会社分割を迅速で確実に行うためには事実上の会社分割の方法では不十分であり，権利義務の包括承継や株主の分割を内容とする包括的な会社分割制度の必要性は明白である。平成12年にようやく法制化に至ったが，おおむね以下の内容をもつ。

(1) 新設分割と吸収分割　まず会社分割には①既存のA会社がその営業の全部または一部を，分割により新設されるB会社に承継させる「新設分割」（373条）と，②A会社がその営業の全部または一部を既存のB会社に承継させる「吸収分割」（374条ノ16）の2種類の方法がある。新設分割が複数の事業部

門を持つ会社が各事業部門を独立させ経営の効率化を図るために利用しやすい制度であるのに対して，吸収分割は持株会社の下にある複数の子会社の重複する事業部門を各子会社に集約することで組織の再編成を実現するのに適した制度である。

(2) **物的分割と人的分割** ①②いずれについても，B会社が営業の承継の対価として発行する株式（①の場合）または新株（②の場合）を(イ)A会社に割当てる場合と(ロ)A会社の株主に割当てる場合とが認められている。(イ)の場合は，A会社株主がB会社株主にならない（株主の変動を伴わない）ので「物的分割」，(ロ)の場合は，A会社株主がB会社株主にもなり（株主の変動が生ずる）ので「人的分割」と呼ばれている。新設分割で物的分割によって営業全部が承継されれば，分割会社は新設会社の純粋持株会社となる。

(3) **有限会社の場合** 会社分割は有限会社についても認められている。

4.3 会社分割の手続

会社分割によって分割を行う会社の権利義務が包括移転し，また人的分割においてはA会社の株主がB会社等の株主になるため，株主に重大な影響が生じるし，また会社財産の移転や債務の免責的承継等によって会社債権者の利益にも影響が及ぶ。そこでこれらの者の利益が不当に害されることがないように規定が設けられている。

(1) **分割計画書または分割契約書の作成・承認** (a) 新設分割の場合 分割会社（A会社）は分割計画書を作成し（374条1項），A会社のみの株主総会の特別決議による承認を要する（374条4項）。

(b) 吸収分割の場合 分割会社（A会社）と承継会社（B会社）とで分割契約書を作成し（374条ノ17第1項），双方の株主総会の承認を要する（374条ノ17第4項）。

分割計画書の記載事項（374条2項1号～11号）は，①新設会社の定款規定，②分割に際して新設会社が発行する新株の種類，総数およびその割当，③新設会社の資本および準備金，④分割交付金，⑤新設会社が分割会社から承継する権利義務，⑥分割会社の資本および準備金の減少，⑦分割会社の株式の消却および併合，⑧分割の期日，⑨利益配当等の限度額，⑩新設会社の取締役および監査役，⑪共同設立に関する事項である。分割契約書の記載事項（374条ノ17第

2項1号～11号) は分割計画書にほぼ準じている。

(2) 株主・債権者の保護　①分割計画書または分割契約書の事前事後の開示制度 (374条ノ2・374条ノ11第1項・374条ノ18・374条ノ31第5項), ②反対株主の株式買取請求権 (374条ノ3第1項・374条ノ23第5項), ③分割公告 (374条ノ7第1項・374条ノ31第5項) や④異議申出等の債権者保護手続 (374条ノ4・374条ノ20) などの規定を設けることで, 合併に準じた一連の株主および会社債権者の保護手続を要求している。

(3) 新設会社・承継会社の資本　新設会社および営業承継会社の資本充実の観点から, 新設会社等が承継する純資産額を基準にして資本の額と資本増加限度額が制限される (374条ノ5・374条ノ21)。

(4) 分割の登記と効果　会社分割の登記 (374条ノ8第1項・374条ノ24第1項) によって分割の効力が生じる (374条ノ9・374条ノ25)。分割が効力を生ずると, 新設会社または承継会社は分割計画書または分割契約書の記載にしたがって分割会社の権利義務を包括承継する (374条ノ10・374条ノ26第1項)。この結果, 分割会社の債務についても, 債権者の個別の承諾を得ることなく, 新設会社または承継会社に承継される。

(5) 分割の無効　分割手続等に瑕疵があった場合には分割の日より6カ月内に限って分割無効の訴えを提起することが認められている (374条ノ12第1項・374条ノ28第1項)。なお分割によって新たな法律関係が形成されまた利害関係者の範囲も広がっているので, 分割無効には対世効を認めるとともにその遡及効を制限し, また訴えの提起権者を各会社の株主, 取締役, 清算人, 破産管財人および分割を承認しない債権者に限定しているなど, 合併無効に準じた規定を設けている (374条ノ12第2項以下・374条ノ13・374条ノ14・374条ノ28第2項以下・374条ノ29・374条ノ30)。

4.4 簡易分割

会社分割に際して, 新設会社または承継会社に移転される財産の規模が分割会社の総資産に比べて著しく小さいようなときには, 分割会社の株主の利益に重大な影響を与えるおそれは通常ないので, この場合には簡易な分割手続が利用できる。

(a) 新設分割の場合の要件　①物的分割の場合で, ②分割会社Aから新設

会社Bに承継される財産額が分割会社の総資産の20分の1を超えないことである。①②双方を満たしている場合には，分割会社では株主総会の承認を得ることを要しない（374条ノ6第1項・374条ノ22第1項）。

(b) 吸収分割の場合の要件　分割会社においては新設分割の場合と同じ（374条ノ22）。承継会社においては，承継会社が発行する新株の総数がその会社の発行済株式総数の20分の1を超えない場合で，分割会社またはその株主に支払うべき分割交付金の額が，承継会社の純資産の50分の1を超えない場合には，承継会社の株主総会の承認を必要としない（374条ノ23第1項本文）。

§3　組織変更および会社の解散

1　組織変更

1.1　組織変更の意義

　会社の組織変更とは会社の法人格はそのままで，ある種類の会社から別の種類の会社に形態を変更することをいう。既存の会社を解散して別の種類の新会社を設立する方法でも同一の目的を達成できるが，この場合には清算手続を必要としたり，また免許や許可の再取得を必要とするなど，手続が煩雑となる。商法および有限会社法は物的会社相互間および人的会社相互間での組織変更を認める。

1.2　組織変更の手続

　(1)　株式会社から有限会社への組織変更　株主の利害に重大な影響を与えるので，株主総会において無議決権株主を含む総株主の過半数で発行済株式総数の3分の2以上の賛成により決定される（有64条1項・3項）。なお反対株主には株式買取請求権が認められる（有64条ノ2）。また組織変更を行うためには社債の償還を完了していること（有64条1項但書）および会社に現存する純資産額よりも多い金額をもって変更後の会社の資本としないこと（有64条4項）が要求される。会社は組織変更の決議の日から2週間以内にその決議の内容を公告し，株主および登録質権者には個別に通知をなすことが要求され（有64条ノ3），また組織変更が資本減少を伴う場合には債権者保護手続が必要となる（有68条・100条）。

なお組織変更において，会社に現存する純資産額が資本の額に不足する場合には，組織変更決議時の取締役および株主は連帯して純資産額填補責任を負い，この義務は免除できない（有65条）。

(2) 有限会社から株式会社への組織変更　有限会社から株式会社への組織変更に際しては，発行する株式の発行価額の総額が会社に現存する純資産額を超えないことが要求される（有67条3項）。なお社員総会での特別決議（有67条1項・48条）や社員の持分買取請求権（有67条5項・64条ノ2）など，株式会社から有限会社への組織変更の場合とほぼ同様の手続が要求されている（有64条ノ3・67条2項～5項・68条）。

(3) 組織変更の効力　いずれの組織変更の場合も，手続上は組織変更前の会社については解散の登記を，組織変更後の会社については設立の登記を行うことが必要とされる（有66条・67条5項）。なお組織変更の効力は会社の本店の所在地において組織変更後の会社の設立登記を行うことにより生じると解される。

2　解　散

2.1　解散原因

株式会社では，①定款に規定した存立時期の満了その他の事由が発生したとき（404条1号・94条1号），②株主総会の特別決議によって解散が決定されたとき（404条2号・405条），③合併が行われたとき（404条1号・94条3号），④会社が破産したとき（404条1号・94条5号），⑤解散を命ずる裁判，すなわち裁判所の解散命令（58条1項）および発行済株式の10分の1以上を有する少数株主の解散請求にもとづく解散判決（406条ノ2）がなされたとき（404条1号・94条6号）に，会社は解散する。さらに会社の実体がないにもかかわらず登記簿上でのみ存在するいわゆる休眠会社を整理するためのみなし解散制度があり（406条ノ3第1項），最後の登記から5年間経過した会社が法務大臣の公告に対して営業を廃止していない旨の届出や何らかの登記を行わない場合には解散したものとみなされる。

解散は会社の法人格を消滅させる事由であるが，通常は清算手続の終了によって法人格が消滅する。

2.2 会社の継続

株主総会の解散決議または定款所定の事由の発生によって解散した場合には，会社の消滅前には株主総会の特別決議によって会社を継続することができる（406条）。なお休眠会社のみなし解散も，解散日から3年以内は株主総会の特別決議によって会社を継続することができる（406条ノ3第3項）。

3 清 算

3.1 清算の意義

合併と破産の場合を除き，株式会社が解散したときには，解散した会社の法律関係を整理し財産を処分するための清算手続に入る（417条1項）。株式会社では任意清算は認められず，すべて法定清算の手続による（117条参照）。清算中の会社（清算会社）は解散前の会社と同一の法人格を持ってはいるが，清算の目的の範囲内でのみ存続する（430条1項・116条）。なお清算の遂行に著しい支障をきたすような事情があると認められるときや債務超過の疑いがあるときには特別清算手続による（431条）。

3.2 清算手続

清算手続に入ると，取締役はその地位を失い精算人が清算事務を担当するが，定款または株主総会の決議によって清算人を別に選任した場合を除いて解散前の取締役が清算人になる（417条1項）。なお清算人となる者がいない場合には裁判所が利害関係人の請求によってこれを選任し（417条2項），また会社が解散命令によって解散した場合にも裁判所が選任する（430条・122条）。清算人には通常は取締役に関する規定が準用されている（430条2項）。なお清算人が2名以上いる場合には清算人会および代表清算人を設ける。

清算人は就任後遅滞なく会社の財産状況を調査し，それにもとづく清算貸借対照表および財産目録を作成し，株主総会の承認を得て裁判所に提出しなければならない（419条）。このほか清算人の清算事務には，会社の解散前から継続している業務の完了（現務の完了），債権の取立と債務の弁済，および財産を換価して残余財産を株主に分配することが挙げられる（430条1項・124条1項1号・2号・3号・425条参照）。

なお定時株主総会で貸借対照表および事務報告書の承認を行うが，事前に監査役の監査および監査報告書の作成と清算人への提出が義務づけられるなど，

計算書類の承認決議に準じた手続がとられる（420条）。

　清算事務が終了したときには清算人は遅滞なく決算報告書を作り，株主総会に提出してその承認を求めなければならない（427条1項）。清算が結了した段階で会社は消滅することになるが，公示のために清算結了の登記が必要である（430条1項・134条）。

§4　会社の倒産処理

1　総　　説

　会社が経済的に破綻して支払不能や債務超過に陥り，あるいは銀行取引停止処分の基礎となる手形の不渡を引き起こしたり，多くの債権者に弁済猶予の依頼状を送付するような支払停止の状態（破126条1項・2項・127条1項参照）が一般的には倒産と呼ばれる。このような場合にはすみやかな事後処理を行わないかぎり，個別的な強制執行をはじめとする無秩序な債権取立てにより債権者間に不平等が生じたり，会社再建の機会を失う可能性もあるし，また連鎖倒産にいたる危険性も高い。さらに債務者会社自身が財産の隠匿や詐害行為を画策することも予想される。

　倒産処理制度としては，会社の事業を解体し総財産を換価して総債権者に弁済提供を行う清算型手続と，総債権者に弁済猶予，分割弁済または債務の一部免除などの譲歩を求め，事業継続のなかで債権者に弁済提供を行う再建型手続が，それぞれ独立して規定されている。前者には債務者が法人であるか自然人であるかを問わずに適用される破産と，その適用が通常清算開始後の株式会社に限定される特別清算がある。後者には株式会社に限り適用される会社整理および会社更正のほか，債務者の種別を問わずに適用される和議が設けられていた。しかし強制和議は破産状態にならないと手続に入れず，また和議法上の和議も強制和議の場合と同様に取締役全員の一致をもって会社のみが申立をできるなどの欠点をもっていたので，とくに中小企業などが迅速に再建手続を進められるために和議法を全面的に廃止し，民事再生手続法を新設した。なお会社整理は債権者の少ない中小企業向けの制度であるのに対して，会社更正は大企業向きの制度である。このような制度が用意されているにもかかわらず，実務

上は利害関係者が裁判所の手を借りずに自主的に処理する私的整理（任意整理・内整理）が行われることが多い。

2 清算型処理
2.1 破　　産

(1) 破産宣告　　会社が支払不能（破126条1項），支払停止（126条2項）または債務超過（127条1項）の状態にあるときには，会社債権者および取締役は裁判所に破産宣告の申立ができる（破132条～134条）。破産宣告によって会社は解散する（404条1号・94条5号）が，破産の目的の範囲内で法人格が存続する（破4条）。なお裁判所は破産宣告と同時に破産管財人を選任し（破142条1項），破産宣告の決定の登記を登記所に嘱託する（破119条）。これによって会社財産の管理権限は取締役から破産管財人に移行する（破7条・185条）。

(2) 破産手続　　破産宣告がなされると債権者は個別の取立はなしえず，破産手続を通じてのみ自らの権利を主張できる（破16条）。破産債権についてすでになされた強制執行，仮差押，仮処分または企業担保権の実行手続は破産財団に対してはその効力を失う（破70条1項）。破産管財人は破産財団を構成する会社財産を調査し，財産の価額を評定した後に財産目録および貸借対照表を作成しなければならない（破188条・189条）。この後に会社財産を換価し（破196条・202条），債権者への弁済の財源とする。

破産債権者が確定すると破算管財人は適時に財産を換価して債権額に応じて分配する（破256条）。その後すべての財産を換価して最後の配当を実施し（破272条～274条），債権者集会で計算報告の承認を受け（破281条），裁判所が破産終結の決定を行う（破282条）。破算終結の決定の登記により会社の法人格は完全に消滅する。

2.2 特 別 清 算

(1) 特別清算の開始　　会社が解散して清算手続に入ったときに，清算の遂行に著しい支障をきたす事情がある場合，または債務超過の疑いのある場合には，裁判所は清算人，債権者，監査役または株主の申立によって，または監督官庁の通告にもとづき職権によって，特別清算手続の開始を命じることができる（431条1項・3項・381条2項）。特別清算の開始命令がなされると特別清算開始の登記をしなければならず（433条・382条），また破算および和議の申立や

強制執行，仮差押および仮処分などの実行はできなくなる（433条・383条～385条）。

(2) 特別清算手続　特別清算手続も清算人が実行に当たるが公平で誠実な事務処理を行う義務を負う（434条）ほか，裁判所にも積極的な監督権限が認められている（435条～437条）。さらに債権者集会も監査委員を選任して（444条）清算人を監督させることができる。また清算人が100万円以上の金額に該当する①会社財産の処分，②借財，③訴えの提起，④和解・仲裁契約，⑤権利の放棄を行う場合には，監査委員の同意もしくは債権者集会の決議を必要とされる（445条1項）など，権限にも制限が加えられている。

清算人は監査委員の意見を聴いて作成した財産の換価処分，債権の取扱，弁済方法などに関する協定を債権者集会に申し出ることができる（447条）。協定の成立には，債権者集会の出席債権者の過半数で，総債権額の4分の3以上の賛成（450条1項），および裁判所の認可（450条2項）が必要とされる。清算人はこの協定に従って弁済をなし，手続が完了すると裁判所が終結の決定をし（456条1項・339条），会社は消滅することになる。しかし協定の成立またはその実行の見込みがない場合には，裁判所は職権をもって破産を宣告しなければならない（455条）。

3　再建型処理

3.1　会社整理

(1) 整理の開始　会社整理は株式会社での早期の再建着手の必要から，会社に支払不能または債務超過の疑いがあるときばかりでなく，そのような状態に陥るおそれがあるときにも利用できる。取締役，監査役（小会社を除く，商特25条），6カ月前から引き続き発行済株式総数の100分の3以上を有する株主もしくは資本の10分の1以上にあたる債権額を有する債権者の申立，または監督官庁の通告にもとづき，裁判所が職権をもって整理開始を命じることができる（381条1項・2項）。会社が整理状態に入ると，破産および和議の申立，強制執行，仮差押および仮処分などの実行はできなくなる（383条2項）。

(2) 整理手続　整理手続は原則として取締役が担当するが，裁判所は整理計画の立案のために整理委員を選任することができる（391条・386条1項4号）。この場合に整理委員は整理計画の実行については取締役に協力することになる。

さらに取締役の権限を剥奪して，会社の業務および財産管理のために管理人を選任することもできる（398条1項・2項・386条1項11号）。裁判所はこのほかにも，会社業務の制限および会社財産の保全，会社の業務および財産の検査，株主の名義書換禁止，取締役・監査役の解任，発起人・取締役・監査役の責任免除の禁止または取消および損害賠償請額の査定などの処分行為を行うことができる（386条1項）。

会社再建のための整理計画は，債務の免除，支払および担保権実行の猶予のほか，新株や社債の発行，資本減少，合併などの方法によるが，債権者全員の同意がないかぎり実行できず大企業での実現は難しい。裁判所は整理が終結しまたは必要性が消えたときには申立によって整理終結の決定を行えるが（399条），和議への移行が認められる（401条）ほか，整理の見込みがないときには破産に移行する（402条）。

3.2 民事再生手続

(1) 民事再生法の制定　従来，中小企業等が企業の再建を図ろうとする場合には大部分は和議手続によっていたが，法定の手続開始時期が遅いほか，手続開始申立の際に再建計画案を提出しなければならないとか，和議条件の履行確保の手段が準備されていないなどの多くの問題点を抱えていた。そこで和議手続と同様に個人企業や中小企業にとって利用しやすいように処理手続の基本構造を簡素なものとしつつ，その欠点を全面的に改正し，さらに会社更生手続の利点を採り入れた制度として，平成11年に民事再生法が制定された。民事再生手続とは，会社や個人事業者などの再生債務者が業務の遂行および財産の管理処分を原則として継続しつつ，自らが立案し債権者の法定多数の同意により可決された再生計画にもとづいて，債務者の事業または経済生活の再生を図る制度である。

(2) 再生手続　債務者に破産の原因たる事実の生ずるおそれがあるときまたは債務者が事業の継続の著しい支障をきたすことなく弁済期にある債務を弁済することができないときには，債務者は裁判所に対して再生手続開始の申立を行うことができるが，手続の開始原因（再生21条）があり，申立の棄却事由（同25条）がない場合には，再生手続の開始が決定される（同33条）。再生手続の開始後も取締役の権限は維持されるが，会社債権者のために公平かつ誠実に

権利を行使し，再生手続を遂行する義務を負う（同38条）。なお裁判所は必要に応じて，監督委員による監督，調査委員による調査のほか，管財人の任命（同54条）や保全管理人による管理（同79条）を命ずることができる。再生手続に参加しようとする債権者は再生手続の開始決定に定められた期間内にその債権を届け出なければならず（同94条），再生債権に関する争いを解決するための査定制度も設けられている（同105条）。

再生手続が開始されると再生債権の弁済は原則として再生計画にもとづいてのみ行われることになり（同85条），再生債権による強制執行のほか，破産，整理もしくは特別清算も行うことができない（同39条）。会社は債権届出期間の満了後，裁判所の定める期間内に再生計画案を作成して裁判所に提出しなければならない（同163条）。再生計画は債権者集会での可決および裁判所の認可を得て発効する（同171条・174条・176条）。再生手続は再生計画が認可されたときに原則として終結するが，会社は成立した再生計画を速やかに遂行しなければならない。なお裁判所は再生計画の履行を確実にするために担保の提供を命じたり（同186条），遂行の見込みのない場合には再生計画の取消しや廃止を決定する（同189条・194条）。

3.3 会　社　更　正

(1) 会社更正の開始　　会社が弁済期にある債務を弁済することで，事業の継続に著しい支障が生じるときには会社の申立によって，また会社に破産原因となる事実が生じるおそれがあるときには会社の申立または発行済株式総数の10分の1以上を有する株主もしくは資本の10分の1以上にあたる債権額を有する債権者の申立によって，裁判所は会社更正手続の開始を命じることができる（会更30条1項・2項）。会社更正手続開始と同時に，強制執行，仮処分，担保権の実行や租税債権にもとづく滞納処分などは原則として認められなくなり，他の倒産処理手続も中止または失効する（会更67条・37条参照）。

(2) 会社更正計画の決定と遂行　　裁判所は会社更正手続開始の決定の際に管財人を選任することが必要である（会更46条）が，手続開始後の会社の事業経営および財産の管理処分権は原則として更正管財人に移行する（会更53条）。更正管財人は会社財産の調査，否認権の行使，双務契約の処理などのほか，原則として更正計画案を作成する（会更189条1項・190条参照）。更正計画案には

債権の減額，弁済の繰延べや猶予，減資，新株発行，取締役の変更および事業計画などの会社再生のために必要な事項が記載される（会更211条）。この更正計画案は更正債権者，更正担保権者および株主の各グループから構成される関係人集会において各グループでの法定多数の同意により決定され（会更205条），裁判所に許可されるとその効力を生ずる（会更232条１項・236条）。

　計画が遂行されまたは遂行が確実であると認められるときには，裁判所は管財人の申立または職権によって更正手続終結の決定を行い（会更272条），会社は裁判所の監督から離れることになる。更正計画不認可などにより更正手続が成功しないときには，破産または和議へ移行することがある（会更23条・27条）。

第 III 編

株式会社以外の会社の組織内容

第1章 有限会社

§1 有限会社制度

1 有限会社の起源

　合名会社・合資会社はその起源を中世の商業都市にもつ長い歴史の所産であるが，有限会社の起源はドイツの立法者の創作したもので，1892年ドイツ有限責任会社法によって初めて誕生し，半世紀足らずの間に世界的に立法運動を喚起し，わが国の有限会社もこの制度にならって昭和13年に採用された。イギリス法における株式会社の一種である私会社（private company）に類似している。

2 有限会社法

2.1 有限会社法の改正

　わが国の有限会社法は，昭和13年に制定された独立の単行法である。①昭和25年およびその後の株式会社法の改正に当たっては，これに照応して有限会社法も改正され（昭和26年，37年，41年，49年，56年），②平成2年には大幅な改正がなされ，最低資本金を引き上げ，設立手続について，債権者保護を実質化するため，設立（増資）検査役制度を新設し，資本充実の拡充をはかり，組織変更の規定を整備した。③平成5年には株式会社の代表訴訟制度の改正に関連して有限会社法31条2項の準用条文を整理した。④平成6年には，自己株式取得規整に対応する自己持分に関する規整を改正し，⑤平成9年には合併規整を改正した。

2.2 有限会社法と商法の関係

　有限会社は立法の便宜上単行法とされたが，その結果，有限会社は商法上の会社ではなく，商法会社編の適用を受けない。しかし，実質は商法上の会社と同一であるから，法律上の扱いで両者を区別する理由はない。したがって，有

限会社も,商法を除くのほか(有89条),他の法律の適用については商法上の会社とみなされている。「商法を除くのほか」とは,商法会社法編の規定でないことを意味するから,「商人」「商行為」に関する商法の一般規定は適用される。

§2 有限会社法の諸規定

1 設 立

1.1 設立手続

(1) 株式会社の発起設立に当たる方式だけが認められている(有5条以下)。発起人は存在せず,社員となるべきもの全員が発起人の地位を占める(有6条参照)。定款には,出資1口の金額(5万円を下りえない,有10条)。株式会社と異なり,資本金額が定款の記載事項となっていること,逆に公告の方法は記載事項になっていない。

(2) 出資と責任　出資の払込は銀行または信託会社になし(有12条2項・3項)。現物出資,財産引受などの変態設立事項につき検査役の調査が必要であるが,例外(少額免除,有価証券,不動産)を設けている(有12条ノ2)。設立当時の取締役および社員は現物出資・財産引受に関する財産価価格填補責任(有14条1項)と払込・給付担保責任を負う(有15条。引受担保責任は問題とならない)。これらの義務は免除することができない(有16条)。

1.2 社員の地位

(1) 持分　社員が会社に対して有する地位を「持分」といい,社員はそれぞれの出資口数に応じ持分を有する(有18条)。出資1口の金額は均一で,5万円以上でなければならない(有10条)。持分には,額面株式,無額面株式のような区別はない。また,証券を発行することは許されない(有21条)ので株式のようなものはない。

(2) 社員の数と持分の譲渡　社員の数は総数50人という制限がある(有8条1項)。持分を社員以外の者に譲渡しようとするときは,社員総会の承認が必要である(有19条1項・2項)。この場合,社員は書面で会社に対しその譲渡を承認すべきこと,または,これを承認しないときには他に譲渡の相手方(買受人)を指定するように求めることができる(同条3項)。これに応じて,会

社が相手方を指定したときはその者がその持分について先買権をもつことになる（同条5項）。譲渡は単なる意思表示によって行われる。この点は，株式会社の譲渡制限株式の場合と同様である。

2 有限会社の運営方法と管理

有限会社には，株式会社の場合に似て，社員総会，取締役，監査役の機関がある。

2.1 社員総会

(1) 権限　会社の意思を決定する必要かつ最高機関であることは株式会社と変わらないが，その権限は，230条ノ10のような制限的規定はなく，すべての事項につき決議できること，総会を現実に開催することなく，書面によって決議できる点（有42条1項）で特色がある。

(2) 招集　招集権者は取締役であるが，少数社員も一定の手続をふんで招集できる（有37条1項・3項，商237条2項，3項）。招集手続は株主総会に比べ緩和されている。招集通知は会日の1週間前に発することを要するが（商232条1項対照），この期間は定款で短縮されることができる（有36条），総社員の同意で省略することもできる（有38条）

(3) 議決権　各社員は出資1口につき1個の議決権を有する（有39条）。

(4) 決議方法　通常決議は，定款に別段の定めのない場合に限り，総社員の議決権の過半数を有する社員が出席し，出席社員の議決権の過半数で行う（有38条ノ2）。特別決議は総社員の半数以上で，かつ総社員の議決権4分の3 (75%) 以上を有する者の同意によって決する（有48条1項），社員の頭数も考慮されているのは，有限会社の閉鎖的性質の反映である。株主総会の特別決議よりも厳重である。

(5) 書面による決議　総社員の同意がある場合は，総会の開催を省略し，書面による決議を行うことができる（有42条1項）。この決議は，大公開株式会社の株主に認められている「書面による議決権の行使」（商特21条の3）とは異なる。株式会社では，株主が開催されている総会の中で書面によって投票できるのに対し，有限会社では総会を開かずに書面で議案の可否を決めるものである。

2.2 取締役

(1) 取締役の地位　取締役は業務執行および会社代表機関であるが，株式会社の場合と異なって，取締役会と代表取締役との分化は認められていない。したがって，有限会社では平取締役ないし一般取締役と代表取締役との区別はなく，有限会社の取締役はすべて株式会社の代表取締役のような地位を求めている。

(2) 権限　(a) 業務執行　取締役は業務執行および会社代表の任に当たる必要的機関で，その員数は1人以上でよく（有25条）。取締役が数人いるときは，定款に多人数の多数に別段の定めのないかぎり，過半数によって業務執行の内容を決定する。(有26条)。株式のような取締役会は存在しないので，その決定は会議を開いて行う必要はない。その決定にもとづいて現実的に業務を執行することは，各自単独でこれをすることができる。

(b) 会社代表　各取締役は会社を代表しているのが原則である（有27条1項）。取締役が数人いるときは，業務の現実的執行の場合と同様，各自単独で会社を代表する（同条2項）。ただし，定款および社員総会で代表的取締役もしくは共同代表取締役を選任することができる（同条3項）。

(3) 選任その他　取締役の選任（有32条，商254条1項，有25条ノ2第2項，商256条ノ3など），退任（有32条，商257条1項・258条など），権利・義務および責任（有32条，商254条3項・254条ノ2，有29条・30条・30条ノ2・30条ノ3など）は株式会社の取締役とほぼ同様である。取締役の資格および任期については制限はない。商法254条2項が準用されないので，取締役は社員である旨を定めることができる。

2.3 監査役

(1) 有限会社では監査役は，株式会社と異なり，任意機関である。すなわち，監査役は定款の定めによって置くことが認められている（有33条1項）。

(2) 監査役の権限は商法特例法上の小株式会社（資本金1億円以下にして負債総額200億円未満）におけると同様で会社の会計監査に限られる。

(3) 監査役については，有限会社の取締役に関する規定，株式会社の取締役および監査役に関する規定が多数準用されているが（有34条1項・2項）。その実質は小会社の監査役におけるとほとんど同じである。

3 有限会社の計算

(1) 有限会社の決算および配当は商法特例法上の小会社のそれとほぼ同様である。ただし，定款をもって，各社員に会計の帳簿および書類の閲覧権を認めたときは，計算書類の附属明細書を作る必要がないこと（有44条ノ2第2項），貸借対照表またはその要旨の公告（283条3項）が要求されていないこと（有46条1項），利益配当に関しては，利益の資本組入（293条ノ2），中間配当（293条ノ5），建設利息（291条）の配当が認められていないことなどの点で異なっている。

(2) 監査役をおいていない会社では，監査役の監査は必要でないから，計算書類，附属明細書の監査は有限会社の義務でない。この点で小株式会社異なる。

(3) 社員も会計監査権を有すること（有43条ノ2第2項，商282条2項，有44条ノ2第1項・45条1項）などは株式会社の場合と異ならない。

4 資本調達

4.1 新出資の発行と資本増加

(1) 有限会社では授権資本制度は採られていないが，株式会社の新株発行に対応して，新出資の発行がある。しかし，制度の名称としては，出資の発行と呼ばないで，資本増加という言葉が使われている。

(2) 資本増加と新出資の発行とは同じ内容でない。有限会社の資本増加の方法は3つある。①出資口数の増加（新出資の発行），②出資一口の金額の増加（これは株式会社における額面株式の額面の引き上げに相応する）および③両者の併用の方法である。

有限会社法は①について規定する。②の方法をとるには，社員有限責任の原則（有17条）から，総社員の同意が必要である。

4.2 新出資の発行手続

(1) 社員総会の特別決議　定款変更の一場合である（有47条・48条）。

(2) 新出資の引受　①社員は原則として，新出資を引受ける権利（新出資引受権）を有する（有51条）（新株発行と異なる）。②会社は引受人を公募することはできない（①も②も閉鎖性の現れである）

(3) 出資の履行　設立に関する規定が準用される。①出資の払込・現物出資の給付（有57条・12条1項），②相殺の禁止（有57条，商200条2項。設立につ

いては規定がない）。③現物出資についての検査役の調査（有52条ノ3。財産引受・事後増資には不要）。④引受，払込・給付担保責任（有55条。社員は責任を負わない）。⑤価格填補責任（有54条）。

5 有限会社の基本構造の変更

株式会社の場合と異なり，整理特別清算および更正手続は認められない。

(1) **定款の変更** 株式会社と同様に，社員総会の特別決議を要する（有47条・48条）。人的会社性のため，株式会社の場合より要件が厳格である（343条対照）。

(2) **資本の減少** (a) 株式会社と異なり，有限会社の資本金は定款の記載事項だから（有6条3号）。その減少は定款変更の手続（社員総会の特別決議）によることが必要である（有47条・48条）。会社財産の減少をきたす実質上の減資と減少している会社財産に合わせて定款上の資本額を減少する計算上（名義上）の減資とがある。

(b) 資本減少の方法 (イ)出資1口の金額（持分金額）の引下（これは株式会社における額面株式の額面の引き下げに相応する）。(ロ)出資口数（持分権）の縮小（これは株式会社における株式数の縮小に相応する）。これには，①持分の併合による方法と②持分の消却による方法がある。

(3) **解散および清算** (a) 解散事由は株式会社のそれとほぼ同じである（有69条，商71条ノ2・75条1項）。社員が1人となっても解散しない。株式会社における整理・特別清算休眠会社の整理による解散（406条ノ3）はない。

(b) 株式会社の通常清算手続に準じてなされる（有72条—74条・75条1項）。ただし，株式会社の場合と異なり清算人が清算人会と代表清算人に分化していない。

(4) **合併** (a) 合併の相手会社 有限会社は他の有限会社または株式会社と合併することができる（有59条1項前段）。この場合，合併後の存続会社または新設会社は，有限会社または株式会社でなければならない（同条1項後段）。さらに，株式会社が他の株式会社と有限会社を新設会社とする合併をすることも認められる（有60条1項），株式会社の場合と異なり（有56条1項，商411条対照），合名会社または合資会社とは合併し得ない。図示すれば次のようになる。

① 有と有→有（有59条1項前段）　②株と有→有（有59条1項後段）

③　株と有→株（有59条1項後段）　④有と有→株（有59条1項前段）
　　　④　株と株→有（有60条1項）
　(b)　合併手続　　有限会社法が簡易合併制度（413条ノ3）を利用しなかったことを除いて，株式会社の場合と同様である。
　存続ないし新設される会社が有限会社の場合，合併により社員数が50名を越えてはならない（有8条12号）。
　有限会社が合併するときは，特別決議が必要である（有59条2項）。
　(5)　組織変更　　有限会社は株式会社に組織変更できる。その手続は社員総会の特別決議（有48条）をもって，株式会社への組織変更を決定することを要する（67条1項）。組織変更後の会社の資本金額がその変更前の会社の資本金額より少ない場合に，債権者保護手続の必要なことは，株式会社から有限会社への組織変更の場合と異ならない（有68条，商100条）。

第2章　合名会社・合資会社

§1　人的会社の起源

　人的会社（人的会社については第1章§2　1. 2参照）のうち，無限責任社員によって構成されている会社が「合名会社」であり，「合資会社」は無限責任社員と有限責任社員の二種類の社員がいる会社である。

　(1)　合名会社は，中世ヨーロッパの商業都市において父の事業を子供たちが相続し，共同でその事業を営むところから発達し，後には家族や近親の知人の共同事業にもこの形態が利用されるようになった。会社の商号に社員の名を列記することを要求される（フランス会社法11条）ところから，その意味のフランス語を日本語に訳して，合名会社という名称が生まれたようである。わが国では，第二次世界大戦前は財閥本社（たとえば，三井合名会社）にもこの形態が利用された。現在は約7,000社の合名会社が存在する。

　(2)　合資会社の起源は「匿名組合」にある。10世紀の地中海沿岸のイタリア商港で海上貿易などを行う企業家に資本家が資本を提供し，航海の後に利益の分配をする匿名組合（「コメンダ」）が発生した。そこには事業の才覚はあるが資金のない企業家（営業者）と資産は増やしたいが自ら事業はしたくない，とくに名前を表に出したくない資産家（匿名組合員）とが，出資と利益の分配を約束する匿名組合契約（535条参照）が結ばれることになる。事業は営業者のものであり，匿名組合員の出資は営業者の財産となってしまう（536条1項　匿名組合員はその財産上に何らの権利を有することはなく，民法の組合における共有的持分，合資会社にける社員の持分ごときものは存在しない）。事業は営業者だけで経営し，匿名組合員は関与できない（542条，156条）が，利益があれば契約に従いその分配を受けることができる。後に出資者も共同事業者として表に現れる形態が分化し，これが合資会社の起源となった。

§2 合名会社

1 合名会社の基本的特色

合名会社の基本的な特色は社員全員が直接無限の連帯責任を負っている点にある。このことから，法規定も株式会社におけると異なり社員の個性を重視し，会社財産維持の規制はゆるく，所有と経営とを分離せず社員の変動も自由でない。

2 設立手続と社員の個性の重視

2.1 設 立 手 続

2人以上が同意して定款を作成し，各社員が署名すれば（63条）会社の実体ができ上り（62条），設立登記（64条）によって会社は成立する（57条）。社員はすべて会社の機関である。社員は無限責任を負うので，出資義務が履行されなくても問題ない。

2.2 設立の瑕疵

(1) 設立の無効　設立手続に違法な点（客観的原因）があれば，会社の設立が無効となることは株式会社と同様である。しかし，社員となろうとした者の意思の欠缺（心神喪失，虚偽表示，錯誤など）という主観的瑕疵がある場合，その社員の設立行為が無効となって，その者が社員として加入しないことになるだけでなく，会社設立そのものが無効となる。

(2) 設立の取消　設立に参加した者の無能力または意思表示の瑕疵（詐欺，強迫）や債権者詐害行為（141条）等の設立取消原因がある場合は，会社全体の設立が取り消される。

合名会社の設立の無効および取消権は訴えによってのみ主張でき，時期，効力については株式会社の設立無効の場合とほぼ同じである（136条～142条）

3 社員の責任と会社財産（第Ⅰ編第1章§2, 1.1, 1.2参照）

3.1 無限・連帯・直接責任

合名会社では社員の全員が，会社債務につき直接会社債権者に対して，連帯して，その全財産をもって（人的責任），無限の責任を負う。

(1) 会社財産で会社の債務を完済できないか，または会社財産に対する強制

執行が不効奏名場合は各社員が連帯して直接会社債務を弁済する責任を負う（80条）。

(2) 社員が退職または持分譲渡によって社員資格を失った後も退社登記後2年間はこの責任は存続し（93条），会社設立後加入した社員は，その加入前の会社の債務についても責任を負わされる（82条）。自称社員も社員と同一の責任を負わされる（83条）。

3.2 会社財産維持のゆるい規制

社員が直接連帯無限責任を負う結果，株式会社のように会社債権者保護のために種々の規定を設ける必要がないので，出資や利益配当の規制はゆるやかである。

(1) 出資　　金銭および現物出資のほか，労務出資（たとえば対価として勤務する）や信用出資（たとえば会社のための保証，会社振出の手形に裏書すること，単に社員として無限責任を負担することなど）も認められる（89条参照）。また，株式会社・有限会社のような資本制度も法定されていない。

(2) 利益配当　　株式会社や有限会社のような厳重な規定（290条，有46条）はなく，利益がないのに，社員に会社の財産を分配しても違法ではない。

4 所有と経営の合一

4.1 業務執行と会社代表

全社員が原則として業務を執行し会社を代表する（70条・76条）。企業の所有（支配）と経営とが合一している。ただし，定款でもって，業務執行の権利義務を有しない社員を定めることができ（70条），また，定款または総社員の同意をもって，一部のものだけを業務執行社員にしたり，さらにそのうちの一部を代表社員にすることができる（76条但書）。しかし，業務執行権のない社員も監視権を有している（68条，民673条）。

4.2 業務執行の意思決定と執行

業務執行の意思決定は原則として業務執行社員の過半数で決定するが（68条，民670条1項・2項，ただし商74条参照），執行自体は各社員が単独ですることができる（68条，民670条3項）。

5 社員の変動・持分の譲渡

5.1 社員の変動

合名会社の場合，社員全員が経営に参加し，会社債務について無限責任を負っているので，社員は誰であるかは，他の社員にとっても重要な意味を持っている。そこで，社員の氏名，住所，出資の目的は定款の記載事項とされており（63条3号・5号），新たな社員になるには（入社する）定款の変更を必要とし，総社員の同意がなければならない（72条）。社員は6月前に予告すれば退社することができ（84条），退社した者には持分を計算し，払戻が行われる（68条，民681条・87条・89条）。社員の退社および持分の払戻がなされる点で株式会社と異なっている。

5.2 持分の変動

出資の額が異なれば持分の大きさも異なるが，社員1人の持分は1個である。持分の譲渡には一部の譲渡であっても他の社員の全員の承認がいる（73条）。これも人的会社の特色である。社員は死亡によって退社する（85条3号）が，持分の相続は行われず，相続人は持分の払戻を受けるにとどまり，入社手続を踏まなければ社員になることはできない。

§3 合資会社

合資会社は，一部の社員が有限責任である点を除くと，合名会社と同じであるから，合名会社に関する規定が準用する（147条），組合に関する規定も準用される（68条）。

各社員の責任が有限か無限かは定款に記載し（148条），有限責任が何をどれだけ出資し，どこまで履行済みかを登記を要する（14条1項）。これは，会社と取引する者にとって誰に対しどの程度責任を追及できるかを知ることは重要だからである。有限責任社員の出資は金銭その他の財産に限られ，労務や信用の出資はできない。

有限責任社員が持分を譲渡するには，無限責任社員の承諾があればよい（154条）。持分の譲渡によって定款の変更を伴うときでも同様である（154条）。

事項索引

あ

相対取引 …………………………… 81
預合（あずけあい）……………… 44, 179

い

一人会社（いちにんがいしゃ）…… 12, 33
一括回答 …………………………… 107
違法行為差止請求権 …………… 72, 123
違法配当 …………………………… 165

え

営業譲渡 …………………………… 209
営業報告書 ………………………… 157
営利の目的 ………………………… 10

お

親会社 ……………………………… 9

か

開業準備行為 ……………………… 48
開業費 ……………………………… 151
会計監査役人 ……………………… 138
解散原因 …………………………… 218
会　社
　――の合併 ……………………… 61
　――の機関 ……………………… 25
　――の権利能力 ………………… 14
　――の清算 ……………………… 219
　――の不成立 ………………… 51, 53
　――の不存在 …………………… 53
　――の分割 ……………………… 214
介入権 ……………………………… 118
開発費 ……………………………… 151
外部資金 …………………………… 169

額面株式 …………………………… 57
合併期日 …………………………… 204
合併契約書 ………………………… 202
合併交付金 ………………………… 203
合併手続 …………………………… 202
合併比率 …………………………… 203
合併無効の訴え …………………… 206
株金額の減少 ……………………… 171
株　券 …………………………… 54, 74
　――の善意取得 ………………… 79
　――の善意取得制度 …………… 80
　――の有価証券 ………………… 74
株券発行前の株式譲渡の効力 …… 82
株券発行前の株式譲渡の制限 …… 82
株券不所持制度 …………………… 76
株券保管振替制度 ………………… 80
株　式 …………………………… 8, 54
　――の仮装払込 ………………… 43
　――の質入 ……………………… 95
　――の消却 ……………………… 62
　――の相互保有 ………………… 212
　――の発行価額 ………………… 57
　――の払込 ……………………… 41
　――の引受 ……………………… 41
　――の不可分性 ………………… 55
　――の分割 …………………… 59, 60
　――の併合 ……………………… 61
　――の申込 ……………………… 41
　――の申込証 …………………… 41
　――の割当 ……………………… 41
株式移転 …………………………… 207
株式会社 …………………………… 7
　――の機関 ……………………… 97
株式買取請求権 ……………… 69, 84, 88
株式交換 ……………………… 176, 207

239

株式交換契約書 ……………………… 207
株式債権説 …………………………… 55
株式財団説（論） …………………… 56
株式消却特例法 ……………………… 62
株式譲渡の自由 ……………………… 78
株式数の減少 ………………………… 171
株式相互保有 ………………………… 87
株式配当 ………………………… 61, 165
株式発行事項 ………………………… 37
株　主 ………………………………… 54
　　——の新株引受権 ………………… 183
　　——の募集 ………………………… 40
株主権 ………………………………… 54
株主総会 ……………………………… 99
　　——の招集 ………………………… 100
　　——の無機能化 …………………… 26
株主提案権 ……………………… 70, 103
株主平等の原則 ……………………… 66
株主名簿 ……………………………… 67
株主割当 ………………………… 175, 178
カルテル ……………………………… 4
簡易合併手続 ………………………… 205
簡易株式交換 ………………………… 208
簡易分割 ……………………………… 216
監査報告書 …………………………… 135
監査役 ………………………………… 131
　　——の監査費用 …………………… 133
　　——の義務 ………………………… 134
　　——の権限 ………………………… 134
　　——の資格 ………………………… 132
　　——の終任 ………………………… 132
　　——の責任 ………………………… 134
　　——の選任 ………………………… 132
　　——の独立性 ……………………… 132
　　——の任期 ………………………… 132
　　——の報酬 ………………………… 133
監査役会 ……………………………… 136

き

機関の分化 …………………………… 25
機関の無機能化と経営者支配 ……… 25
企業結合 ……………………………… 200
企業自体の思想 ……………………… 19
企業集中 ……………………………… 4
企業提携 ……………………………… 200
企業の社会的責任論 ………………… 19
議決権の代理行使 …………………… 109
議決権の不統一行使 ………………… 109
議決取消の訴え ……………………… 112
疑似発起人 …………………………… 51
議事録 ………………………………… 107
機能資本家 …………………………… 3
記名株券 ……………………………… 75
吸収合併 ……………………………… 201
吸収分割 ……………………………… 214
給付担保責任 ………………………… 50
競業避止義務 ………………………… 118
強制消却 ……………………………… 62
共同企業 ……………………………… 2
業務・財産の検査権 ………………… 168

く

具体的新株引受権 …………………… 183
繰延資産 ……………………………… 150

け

経営者革命 …………………………… 19
経営者支配 ……………………… 4, 19, 98
経営的機構 …………………………… 25
計算書類 ……………………………… 144
　　——の監査 ………………………… 146
　　——の公告 ………………………… 149
　　——の公示 ………………………… 148
　　——の作成 ………………………… 145
　　——の承認 ………………………… 148

経常損益 …………………………… 156
経理検査権 ………………………… 167
欠格事由 …………………………… 115
原価主義 …………………………… 144
検査役 ……………………………… 141
検査役選任請求権 ………………… 72
原始定款 …………………………… 34
建設利息 …………………………… 167
現物出資 ………………… 36, 44, 179
現物出資不足額塡補責任 ………… 182
権利株 ……………………………… 82
　──の譲渡の効力 ……………… 82
　──の譲渡の制限 ……………… 82

こ

公開会社 …………………………… 8
合資会社 ……………………… 6, 238
公示催告 …………………………… 76
高度企業 …………………………… 3
公募 ……………………… 175, 177
合名会社 ……………………… 6, 236
子会社 ……………………………… 9
個人企業 …………………………… 2
固定資産 ………………… 150, 153
コーポレート・ガバナンス ……… 21
混合的共同企業 …………………… 3
コンツェルン ……………………… 5

さ

再建型手続 ………………………… 220
財産価格塡補責任 ………………… 50
財産引受 ……………………… 36, 45
財産法 ……………………………… 143
財務諸表 …………………………… 146
先買権者 …………………………… 84

し

時価主義 …………………………… 143

自己株式 ………………… 62, 108
　──の質受の規制 ……………… 88
　──の取得 ……………………… 87
自己資本 …………………………… 169
事後設立 …………………………… 45
資産の評価 ………………………… 154
失権手続 …………………………… 42
失権予告付申込催告 ……………… 178
実質株主名簿 ……………………… 81
質問権 ……………………………… 70
指定の請求 ………………………… 85
資本 ……………………… 158, 170
　──の欠損 ……………………… 161
　──の三原則 …………………… 28
　──の評価 ……………………… 153
資本額の算定 ……………………… 159
資本確定の原則 …………………… 28
資本不変の原則 …………………… 28
資本組入 …………………………… 162
資本減少 ………………… 61, 170
　──の効力 ……………………… 173
　──の手続 ……………………… 172
　──の無効 ……………………… 174
　形式上の── …………………… 171
　實質上の── …………………… 171
　名義上の── …………………… 171
資本充実・維持の原則 …………… 28
資本充実責任 ……………………… 50
資本準備金 ………………………… 160
資本多数決 ………………………… 108
資本的機構 ………………………… 26
社員権説 …………………………… 55
社員権否認説 ……………………… 55
社員総会 …………………………… 230
社債 ………………………………… 191
社債管理会社 ……………………… 196
社債券 ……………………………… 195
社債権者集会 ……………………… 197

242　事項索引

社債権者保護 …………………… *196*
社債原簿 ………………………… *195*
社債発行 ………………………… *194*
社　団 …………………………… *11*
授権資本制度 …………………… *56*
出　資 …………………………… *229*
　──の履行 …………………… *179*
取得禁止の例外 ………………… *88*
純粋持株会社 …………………… *207*
準則主義 ……………………… *31, 33*
準備金 …………………………… *160*
　──の使用 …………………… *161*
小会社 …………………………… *8*
　──における監査 …………… *140*
償　還 …………………………… *197*
　償還株式の── ……………… *62*
常勤監査役 ……………………… *136*
証券市場 ………………………… *81*
商事会社 ………………………… *9*
招集通知 ………………………… *102*
少数株主権 …………………… *69, 73*
少数株主による招集 …………… *101*
譲渡担保 ………………………… *96*
承認の請求 ……………………… *84*
商法上の親子会社 ……………… *9*
常務会 …………………………… *114*
除権判決 ………………………… *76*
除権判決制度 …………………… *76*
書面投票 ………………………… *110*
書面による決議 ………………… *228*
所有と経営の分離 …………… *3, 97*
所有と支配の分離 ……………… *4*
新株発行 ………………………… *174*
　──の差止 …………………… *187*
　──の差止請求権 …………… *178*
　──の無効 …………………… *189*
　通常の── …………………… *175*
　特殊の── …………………… *176*

新株発行無効の訴え …………… *190*
新株引受権 ………… *179, 182, 186*
　──の譲渡 …………………… *184*
　第三者の── ………………… *185*
新株引受権証書（券） …… *84, 179, 184*
新株引受権付社債 ……………… *192*
新株引受人 ……………………… *175*
新株引受無効 …………………… *182*
新出資の発行 …………………… *232*
新出資引受権 …………………… *232*
新設合併 ………………………… *201*
新設分割 ………………………… *214*
人的会社 ………………………… *5*
人的共同企業 …………………… *3*
人的責任 ………………………… *5*
人的分割 ………………………… *215*
信用出資 ………………………… *237*

す

ステークホルダー ……………… *20*
ストック・オプション …… *89, 123, 186*
ストック・オプション契約 …… *90*

せ

清　算 …………………………… *219*
清算型手続 ……………………… *220*
整理計画 ………………………… *225*
絶対的記載事項 ………………… *34*
説明義務 ………………………… *106*
設立過程の調査 ………………… *39*
設立過程の調査報告 …………… *43*
設立中の会社 …………………… *46*
設立登記 ………………………… *46*
設立費用 ………………………… *37*
設立無効 ………………………… *52*
設立無効原因 …………………… *52*
善管注意義務 …………………… *117*
選択主義 ………………………… *153*

事項索引　243

そ

総会屋	104
総額引受	177
相互保有株式	108
相対的記載事項	36
創立総会	42
創立費	151
組織変更	217
損益計算書	155
損益法	143

た

大会社	8
第三者に対する責任	121
第三者に対する有利発行	185
第三者割当	175, 178
貸借対照表	149
代表訴訟提起権	72, 124
代表取締役	114, 128
――の解任権	114
――の権限	129
――の終任	128
――の選任	128
――の選任権	114
大量保有報告書	211
抱合せ増資	181
他人資本	169
単位株制度	65, 66
単一持分主義	55
単位未満株式	75
――の買取請求券	66
――の譲渡	66
担　保	191
担保付社債	194

ち

中会社	8

中間配当	165
抽象的新株引受権	183
帳簿閲覧権	71, 167
直接連帯無限責任	237

て

低価主義	153
定款による株式譲渡の制限	83
定款変更	199
定足数	115
転換社債	192
店頭登録株式	81

と

当期損益	156
当期未処分損益	156
倒　産	220
登録質	95
特別清算	221
匿名組合	235
特許会社（チャータード・カンパニー）	30
トラスト	4
取締役	114
――の員数	116
――の解任	116
――の義務	117
――の虚偽記載の責任	122
――の資格	115
――の辞任	116
――の終任	116
――の職務執行停止	117
――の責任	120
――の退職慰労金	123
――の任期	116
――の報酬	122
取締役会	114, 124
――・監査役会の無機能化	26
――の権限	124

──の招集 …………………………… 126
──の引受担保責任 ………………… 181
──の法定決議事項 ………………… 125
取締役等解任請求権………………………73

な

内部資金 ………………………………… 169

に

任意準備金 ……………………………… 161
任意消却 ………………………………… 62
任意的記載事項 ………………………… 37

の

暖　簾 …………………………………… 155

は

配当可能利益 …………………………… 163
端株券 …………………………………… 65
端株原簿 ………………………………… 64
端株制度 ………………………………… 64
端株・単位株 …………………………… 63
端株主 …………………………………… 64
破産管財人 ……………………………… 221
破産宣告 ………………………………… 221
発行市場 ………………………………… 81
払込剰余金 ……………………………… 159
払込担保責任 …………………………… 50
払込取扱銀行 …………………………… 42

ひ

東インド会社 …………………………… 30
引当金 …………………………………… 151
非設権証券性 …………………………… 74
一株株主運動 …………………………… 105
非文言証券 ……………………………… 74
表見代表取締役 ………………………… 130
費用収益対応の原則 …………………… 144

ふ

不公正な新株発行の救済 ……………… 187
附属明細書 ……………………………… 157
──の作成 ……………………………… 145
普通社債 ………………………………… 192
物的会社 ………………………………… 5
物的分割 ………………………………… 215
分割計画書 ……………………………… 215
分割契約書 ……………………………… 215

へ

閉鎖会社 ………………………………… 8
変態設立事項 …………………………… 36

ほ

法人格否認の法理 ……………………… 13
法定準備金 ……………………………… 160
法定清算 ………………………………… 219
保管証明書 ……………………………… 39
募集設立 ………………………………… 40
発起設立 ………………………………… 39
発起人 …………………………………… 33
──の権限 ……………………………… 48
発起人組合 ……………………………… 34

み

見せ金 ……………………………… 44, 179
民事会社 ………………………………… 9
民法43条類推適用肯定説 ……………… 14
民法43条類推適用否定説 ……………… 15

む

無額面株式 ……………………………… 58
無議決権株 ……………………………… 108
無機能資本家 …………………………… 3
無記名株券 ……………………………… 75
無限責任 ………………………………… 5

無償交付……………………………………*61*
無償消却……………………………………*62*

め

名義書換……………………………………*68*
免許主義……………………………………*30*

も

申込証拠金……………………………*42, 179*
持　分…………………………………*6, 229*
持分金額……………………………………*233*
持分権………………………………………*233*
持分資本家……………………………………*3*
持分複数主義………………………………*54*

や

役員派遣……………………………………*211*
八幡製鉄政治献金事件………………………*11*

ゆ

有因証券……………………………………*74*
有価証券……………………………………*74*
有限会社………………………………………*7*
有限会社法の改正…………………………*228*
有限責任………………………………………*5*
有償消却……………………………………*62*
誘導法………………………………………*144*

よ

要式証券……………………………………*74*

り

利益相反取引………………………………*119*
利益共通契約…………………………………*5*
利益準備金…………………………………*160*
利益処分案…………………………………*157*
利益配当……………………………………*162*
利益配当請求権…………………………*69, 164*
略式質…………………………………………*95*
流通市場……………………………………*81*
流動資産…………………………………*150, 153*

る

累積投票……………………………………*115*

れ

連結財務諸表………………………………*211*

ろ

労務出資……………………………………*237*

わ

私会社………………………………………*228*
割当自由の原則…………………………*41, 180*
割当通知……………………………………*179*
ワラント債………………………………*186, 193*

会 社 法

2001年6月15日　第1版第1刷発行

編者　加　藤　勝　郎

発行　不　磨　書　房
〒113-0033　東京都文京区本郷 6-2-9-302
TEL 03-3813-7199／FAX 03-3813-7104

発売　㈱信　山　社
〒113-0033　東京都文京区本郷 6-2-9-102
TEL 03-3818-1019／FAX 03-3818-0344

制作：編集工房 INABA　　　印刷・製本／松澤印刷
©著者, 2001, printed in Japan

ISBN4-7972-9238-5 C3332

――― 導入対話シリーズ ―――

1 　導入対話による民法講義（総則）〔補遺版〕009202-4　■ 2,900円（税別）
　　　大西泰博（早稲田大学）／橋本恭宏（明治大学）／松井宏興（関西学院大学）／三林　宏（立正大学）

2 　導入対話による民法講義（物権法）649212-1　■ 2,900円（税別）
　　　鳥谷部茂（広島大学）／橋本恭宏（明治大学）／松井宏興（関西学院大学）

3 　導入対話による民法講義（債権総論）649213-X　★近刊　予価 2,800円（税別）
　　　今西康人（関西大学）／清水千尋（立正大学）／橋本恭宏（明治大学）／三林　宏（立正大学）

4 　導入対話による刑法講義（総論）009214-8　■ 2,800円（税別）
　　　新倉　修（青山學院大学）／酒井安行（國學院大学）／高橋則夫（早稲田大学）／中空壽雅（関東学園大学）
　　　武藤眞朗（東洋大学）／林美月子（神奈川大学）／只木　誠（獨協大学）

5 　導入対話による刑法講義（各論）649262-8　★近刊　予価 2,800円（税別）
　　　新倉　修（青山學院大学）／酒井安行（國學院大学）／大塚裕史（岡山大学）／中空壽雅（関東学園大学）
　　　関哲夫（国士舘大学）／信太秀一（流通経済大学）／武藤眞朗（東洋大学）／宮崎英生
　　　勝亦藤彦（海上保安大学校）／北川佳世子（海上保安大学校）／石井徹哉（拓殖大学）

6 　導入対話による商法講義（総則・商行為法）009215-6　■ 2,800円（税別）
　　　中島史雄（金沢大学）／末永敏和（大阪大学）／西尾幸夫（龍谷大学）
　　　伊勢田道仁（金沢大学）／黒田清彦（南山大学）／武知政芳（専修大学）

7 　導入対話による国際法講義　009216-4　392頁　■ 3,200円（税別）
　　　廣部和也（成蹊大学）／荒木教夫（白鴎大学）共著

8 　導入対話による医事法講義　009269-5　■ 2,700円（税別）
　　　佐藤　司（亜細亜大学）／田中圭二（香川大学）／池田良彦（東海大学文明研究所）
　　　佐瀬一男（創価大学）／転法輪慎治（順天堂医療短大）／佐々木みさ（前大蔵省印刷局病院）

以下、続々刊行予定

9 　導入対話による刑事政策講義　649218-0
　　　土井政和（九州大学）／赤池一将（高岡法科大学）／石塚伸一（龍谷大学）／葛野壽之（立命館大学）

10　導入対話による憲法講義　649219-9　　　　向井久了（帝京大学）ほか

11　導入対話による民法講義(債権各論)649260-1 橋本恭宏（明治大学）／大西泰博（早稲田大学）

12　導入対話による民法講義(親族・相続法)649261-X 橋本恭宏（明治大学）／松井宏興（関西学院大学）ほか

13　導入対話による商法講義（会社法）649263-6　　中島史雄（金沢大学）ほか

14　導入対話による商法講義（手形・小切手法）649264-4　中島史雄（金沢大学）ほか

15　導入対話による商法講義（保険・海商法）649265-2　中島史雄（金沢大学）ほか

16　導入対話による民事訴訟法講義 649266-0 椎橋邦雄（山梨学院大学）／豊田博昭（広島修道大学）
　　　福永清貴（名古屋経済大学）／高木敬一（愛知学院大学）／猪股孝史（桐蔭横浜大学）

17　導入対話による破産法講義 649267-9　　　　佐藤鉄男（同志社大学）ほか

18　導入対話によるジェンダー法学講義（仮称）649268-7
　　　浅倉むつ子（都立大学）／相澤美智子（都立大学）／山崎久民（弁理士）／林瑞枝（駿河台大学）
　　　戒能民江（お茶の水女子大学）／阿部浩己（神奈川大学）／武田万里子（錦城大学）
　　　宮園久栄（中央大学）／堀口悦子（明治大学）／橋本恭宏（明治大学）

19　導入対話による独占禁止法講義　649217-2
　　　金子　晃（会計検査院長）／田村次朗（慶應義塾大学）／鈴木恭蔵（東海大学）
　　　石岡克俊（慶應義塾大学産業研究所）／山口由紀子（国民生活センター）ほか

発行：不磨書房／発売：信山社

会　社　法

加藤勝郎 編

補　遺

Ⅰ　商法等の一部を改正する等の法律
　　（平成13年6月29日公布，同10月1日施行）

Ⅱ　商法等の一部を改正する法律案
　　（平成13年11月6日成立，14年4月1日施行）

Ⅲ　商法及び株式会社の監査等に関する商法の特例に関する法律の
　　一部を改正する法律
　　（平成13年12月12日公布，14年4月1日施行）

Ⅳ　株式会社の監査等に関する商法の特例に関する法律の一部改正
　　（平成14年5月29日公布，15年4月1日施行）

不磨書房

会社法改正の概要

　会社法は平成9年以来の法改正により，企業組織再編成の法整備が一応終了したので，新しい時代の要請に適合した会社法制を整備すべく，平成13年，14年に法改正が行なわれた。
　I　平成13年には，①6月に議員立法により，企業の資金調達手段の改善の観点から金庫株等の自己株式取得の規制緩和，額面株式制度の廃止，株式分割の自由化，単元株制度の創設，減資差益を資本準備金としない取扱いの許容等の改正がなされ，②また11月には，会社の資金の円滑な調達・新規企業の育成に資するため，新株発行規制の緩和，種類株式の多様化，新株予約権制度の創設等株式制度の見直しと，高度情報化社会の到来に対応して会社関係書類の電磁化を認める法制が整備された。③続いて12月には，企業統治の実効性確保のため，議員成立法により，取締役の対会社責任の軽減，その代わりとしての監査役の任期の伸長・社外監査役の増員等による監査役制度の強化，株主代表訴訟制度の合理化が図られ，これら改正に伴い計算書類規則が商法施行規則として制定された。II　平成14年には，委員会等設置会社・執行役制度の導入，株主総会の特別法議定足数の緩和・招集手続の簡素化等企業統治の実効性確保の観点から機関関係規定の改正，企業活動の国際化への対応のため，連結計算書類制度の導入・計算関係規定の省令委任等計算関係規定の改正，これに加えて，株券失効や所在不明主の株券売却制度の創設等株式関係規定の改正がなされた。

I　「商法等の一部を改正する等の法律」

(平成13年6月29日公布，同10月1日施行)
1　自己株式取得の原則自由化（金庫株解禁）
(1)　一般からの買受の場合は定時株主総会の普通決議（210条1項）が必要。
(2)　特定株主からの買受は特別決議（同条2項・5項）が必要。
　　※　自己株式の取得は実質的には会社財産の払戻であり，利益処分的性質を有しているので，定時総会決議が必要となる。
(3)　取得価額総額規制（財源規制）

自己株式の取得価額の総額→貸借対照表上の純資産額より，商法290条1項各号の金額および当該定時総会において利益より配当しもしくは支払うものと定められたか，または資本に組み入れた額の合計額を控除した額を超えることはできない（同3項）。

　　※　自己株式の取得は，会社債権者に先立ち，株主に会社財産を払い戻すので，資本維持の原則から，配当可能利益の範囲内でしかなしえないものとされる。

◎　当該定時総会において，資本準備金または利益準備金の減少が決議された場合（289条2項）または減資が決議された場合（375条1項）には，結果として，これらの減少額は自己株式の取得財源となる配当可能利益に加えられることになる（210条4項）。

(4)　自己株式の取得制限

取締役は，当該営業年度の期末に資本の欠損（純資産＜資本＋法定準備金）が生ずるおそれのある場合には，定時総会の授権があっても，自己株式を買い受けることを禁止される（210条ノ2第1項）。

(5)　取締役の差額賠償責任

営業年度の期末に貸借対照表上の純資産額が商法290条1項各号所定の控除額の合計額を下回った場合（資本の欠損の場合），当該営業年度中に自己株式を買い受けた取締役は，その差額（欠損額）につき，もし当該営業年度中に買い受けた自己株式の取得価額の総額よりその株式中すでに処分した株式の価額の総額を控除した残額が，その差額より少ないときはこの残額につき，取締役は填補責任を負う（210条ノ2第2項）。

　　※　欠損額の方が取得価額の総額より大きいときは，その差額は，自己株式の取得によって生じた欠損にあたらないから。

(6)　自己株式の処理・消却

会社は，原則として取締役会決議により（211条1項），また，譲渡制限株式については総会の特別決議（同2項）により，自己株式を処分できる。

会社は取締役会の決議により保有する自己株式を消却できる（212条1項）。

(7)　子会社からの自己株式の買受

会社は取締役会決議をもって子会社が有する自己株式を買い受けることができる（211条ノ3第1項）。この場合の取得価額の総額は，中間配当限度額より既

分配額を控除した額の範囲内とされる（同条3項）。

2　株式単位の大きさに関する規制の見直し

(1)　額面株式の廃止（166条1項4号6号2項等の改正・削除）

◎　既発行済みの額面株式は，無額面株式として扱われる。会社は，取締役会決議により，改正法施行前に発行されている額面株式を無効とし，新株券を発行することができる（附則20条）。

(2)　株式の発行価額の規制の廃止（168条ノ3削除）

(3)　株式の併合

会社は，総会の特別決議で，株式を併合できる（214条1項，旧214条1項削除）。

(4)　株式の分割

会社は，取締役会決議で株式を分割できる（218条1項，旧218条2項削除）。

(5)　端数の処理，端株制度

端数については原則として金銭処理され，例外として端株原簿に記載される端株については，端株として処理される（220条1項）。

端株券の発行はない。端株主は常に会社に対して端株の買取を請求できる（220条ノ6第1項）。

端株主は，商法に別段の定めある場合を除き，旧商法上の単位未満株主と同様の権利（利益・利息・中間配当請求権，株式の消却・併合・分割または会社の株式交換・株式移転・分割・合併による金銭または株式の引受権，株式転換請求権，新株発行における新株引受権，転換社債引受権，新株引受権付社債引受権など）を有する（220条ノ3第1項）。

(6)　単位株制度の廃止

(7)　単元株制度の創設

会社は，定款により一定数の株式をもって1単元株とすることができる。1単元の株式の数は，1000株および発行済株式総数の200分の1にあたる数を超えることができない（221条1項）。1単元1議決権であり（241条1項但書），単元未満株主には会社に対する買取請求権が認められる（221条6項・220条ノ6）。

　　　※　①株価の低い会社にとっては，相当の費用を要する株式併合を行う代わりに，これと同様の効果を実現する手段となり，②株価の高い会社にとっては，株式分割をしながら，分割割合の株式を1単元とすることで，株主管理費用を従来と同

額に抑えることができる。
(8) 抱合せ増資制度（280条ノ9ノ2）の全面廃止
3 法定準備金の減少手続
会社は，資本準備金の額と合わせて資本の4分の1に達するまで，毎決算期に利益準備金を積み立てればよい（288条）。減資差益の資本準備金への積立ては不要（旧商288条ノ2第1項4号削除）。

会社は，総会決議により，資本準備金と利益準備金の合計額より資本の4分の1に相当する額を控除した額を限度として，資本準備金または利益準備金を減少させることができる（289条2項）。
4 その他
(1) 「総株主の議決権」に対する割合

従来は，「発行済株式総数」に対する割合をもって定められていた各種の規定（定足数・議決数，少数株主権の要件など）は，「総株主の議決権」に対する割合をもって定められるにいたった。

(2) 新株発行手続の改善

会社が，市場価格のある株式を公正な価額で発行する場合には，株主総会で具体的な発行価額を決定する必要はなく，その決定方法を定めればたりることになった（280条ノ2第5項）。

II 「商法等の一部を改正する法律案」

（平成13年11月6日成立，平成14年4月1日施行）
1 会社が発行する株式の総数に関する制限の廃止
株式の譲渡につき取締役会の承認を要する旨の定款の定めがある株式会社（「譲渡制限会社」）においては，会社の設立に際して発行する株式の総数は会社が発行する株式の総数の4分の1を下回ることをえないという制限，および，会社の発行する株式の総数は発行済株式総数の4倍を越えて増加できないという制限は廃止する（166条4項・347条関係）。
2 新株の有利発行決議の有効期間
新株の有利発行の株主総会決議は，決議の日から1年内に払込をなすべき新株について効力を有する（280条ノ2第4項関係）。

3 譲渡制限会社における新株発行

(1) 発行決議の有効期間

譲渡制限会社において株主割当以外の方法で新株を発行する場合に必要とされる株主総会決議は，決議の日から1年内に払込をすべき新株発行（決議後最初に発行されるものに限られない）について，その効力を有する（280条ノ5ノ2第2項・280条ノ2第4項関係）。

(2) 取締役会決議

譲渡制限会社において株主割当以外の方法で新株を発行するときは，取締役会において，新株の割当を受ける者ならびにこれに対して割り当てる株式の種類・数を決議しなければならない（280条ノ2第1項9号関係）。

4 種類株式

(1) 議決権制限株式

株式会社は，議決権を行使することのできる事項につき，内容の異なる数種の株式を発行することができる（222条1項関係）。

完全無議決権株，議決権制限株式，議決権復活条項

(2) 議決権制限株式の発行限度

議決権を行使することができる事項につき制限のある種類の株式の総数は，発行済株式の総数の2分の1を超えることができない（222条5項・6項関係）。

(3) 種類株式の定款の記載事項

利益の配当に関して内容の異なる種類の株式の内容の内，配当すべき額については，定款でその上限額その他算定の基準の要綱を定めたときは，定款をもって280条ノ2第1項の株主総会または取締役会でこれを決定できる旨を定めることができる（222条3項関係）。

(4) 種類株主総会の開催

株式会社が数種の株式を発行するときは，定款をもって，法令または定款の定めにより，株主総会または取締役会において決議すべき事項の全部または一部につき，その決議のほか，ある種類の株主の総会の普通決議を要するものと定めることができる（222条7項関係）。

5 株式の転換

(1) 転換予約権付株式

(i) 用語の変更　「転換株式」という用語を「転換予約権付株式」と改める（222条ノ3関係）。

　※　株主の請求により転換される種類の株式と強制転換条項付株式とを区別するため。

(ii) 株主名簿閉鎖期間中の転換請求と議決権　転換予約権付株式の株主は，株主名簿閉鎖期間中であっても，転換請求ができ，株主名簿閉鎖期間中に転換の請求があったときは，その議決権についてはその期間の満了のときに転換があったものとみなす（222条ノ6第2項関係）。

(iii) 転換請求と利益等配当請求権　利益または利息の配当については，定款または取締役会決議をもって，転換請求時の属する営業年度またはその前営業年度の終りにおいて転換請求があったものとみなすことができる（222条ノ6第1項）。

(2) 強制転換条項付株式

(i) 強制転換条項の定め　株式会社が数種の株式を発行するときは，定款をもって，定款所定の事由が発生したときは会社がその発行したある種類の株式を他の種類の株式に転換できる旨を定めることができるものとし，この場合には，定款をもって，転換により発行すべき株式の内容および転換の条件を定めなければならない（222条ノ8関係）。

　※　実務の取扱（例，当初利益配当優先株式を発行し，資金を調達し，一定期間経過後に普通株式に一斉転換して，配当負担を軽減する）を法律上の制度とする。

(ii) 強制転換手続　強制転換の手続については，株式併合の場合に準ずる（222条ノ9関係）。

　※　取締役会の決議で決定。

6 新株予約権

(1) 新株予約権の意義

　新株予約権とは，これを有する者が，株式会社に対してこれを行使したとき，会社が新株予約権者に対し新株を発行し，またはこれにかえて会社の有する自己株式を移転する義務を負うものをいう（280条ノ19第1項関係）。

※　新株発行契約締結の予約の完結権
(2) 発行決議
　(i) 新株予約権の発行　　会社は，新株予約権を発行できる（280条ノ20第1項関係）。
　(ii) 発行決議　　会社が新株予約権を発行する場合には，取締役会が以下の事項を決定する。ただし，定款をもって株主総会がこれを決する旨定めたときは，この限りでない。
① その決議に基づき発行する新株予約権の目的となる株式の種類および数
② 複数の新株予約権に分割して発行するときは，発行する新株予約権の総
③ 各新株予約権の発行価額および払込期日（無償で発行する場合は，その旨および発行する日）
④ 各新株予約権の行使に際して払い込むべき金額
⑤ 新株予約権を行使することのできる期間
⑥ 新株予約権の行使の条件
⑦ 会社が新株予約権を消却することができる事由および消却により新株予約権者が受けるべき金銭その他の消却の条件
⑧ 新株予約権の譲渡につき取締役会の承認を要するものとするときは，その旨
⑨ 新株予約権者の請求あるときに限り新株予約権証券を発行すべきものとするときは，その旨
⑩ 新株予約権の行使によって新株を発行する場合におけるその新株の発行価額中資本に組み入れない額
⑪ ⑩の場合における利益または利息の配当について商法280条ノ37（新株予約権の権利行使）の規定による払込みをしたときの属する営業年度またはその前営業年度の終りにおいて新株の発行があったものとみなすものとするときは，その旨
⑫ 会社に対して行使することによりその会社の発行する新株予約権の割当を受けることとなる権利（以下「新株予約権の引受権」という）を株主に与えるときは，その旨ならびに新株予約権の引受権の目的となる新株予約権の数およびその新株予約権の発行の条件

⑬　株主以外の者に対して特に有利な条件で新株予約権を発行するときは，その旨ならびに新株予約権の割当を受ける者およびこれに対して割り当てる新株予約権の数およびその新株予約権の発行の条件
⑭　⑧に掲げる事項の定めがある場合において，株主以外の者に対して新株予約権を発行するときは，新株予約権の割当を受ける者およびこれに対して割り当てる新株予約権の数（280条ノ20第2項関係）
　(iii)　新株予約権の行使による新株の発行価額　新株予約権の行使により新株を発行する場合においては，各新株予約権の発行価額および2の④に掲げる額（各新株予約権の行使に際して払込みをすべき金額）との合計額の1株あたりの額をその新株1株の発行価額とみなす（280条ノ20第4項関係）。
(3)　有利発行
　(i)　有利発行の決議　株主以外の者に対して特に有利な条件をもって新株予約権を発行するには，定款にこれに関する定めがあるときであっても，その新株予約権についての(2)の(ii)の①，②および④から⑧までに掲げる事項ならびに各新株予約権の最低発行価額（無償で発行するときは，その旨）につき，株主総会の特別決議があることを要する。この場合，取締役は，株主総会において，株主以外の者に対して特に有利な条件をもって新株予約権を発行することを必要とする理由を開示しなければならない（280条ノ21第1項関係）。
　(ii)　有利発行の決議の有効期間　(i)の決議は，新株予約権で決議の日から1年以内に発行価額の払込み（無償で発行する場合には，発行）をすべきものについてのみ，その効力を有する（280条ノ21第2項関係）。
(4)　譲渡制限会社における株主の新株予約権の引受権
　譲渡制限会社においては，株主は，新株予約権の引受権を有する。ただし，株主以外の者に対して新株予約権を発行すべきことならびにその新株予約権の目的である株式の種類および数につき株主総会の特別決議があるときは，この限りでない（280条ノ27第1項関係）。
(5)　新株予約権証券の発行
　会社は，(2)の(ii)の⑨の事項の定めがあるときはその定めに従い，その定めが

ないときは新株予約権の払込期日（無償で発行するときは，発行の日）後遅滞なく，新株予約権証券を発行しなければならない（280条ノ30第1項関係）。

(6) 新株予約権原簿

新株予約権原簿には，新株予約権者の氏名および住所，その有する新株予約権の数ならびに新株予約権の取得の年月日を記載しなければならない（280条ノ31第2項1号関係）

(7) 新株予約権の譲渡方法

新株予約権を譲渡するには，新株予約権証券を交付しなければならない（280条ノ34第1項関係）。

新株予約権の移転は，取得者の氏名および住所を新株予約権原簿に記載しなければ，その移転を会社に対抗できない（280条ノ35関係）。

◎ 新株予約権証券→新株予約権を表章する無記名式の要式有価証券

(8) 新株予約権の登記

(9) 譲渡制限の定めがある場合の特例

　(i) 譲渡承認の請求　新株予約権の譲渡承認の申出をするには，会社に対して，譲渡の相手方および譲渡しようとする新株予約権の数を記載した書面を提出しなければならない（280条ノ33関係）。

(10) 新株予約権の消却

会社は，(2)(ii)の決議において新株予約権を消却することができるとして定めた事由が発生したときに限り，取締役会の決議により，新株予約権を消却できる（280条ノ36関係）。

(11) 新株予約権の権利行使

新株予約権を行使する者は，請求書に新株予約権証券を添付して会社に提出し，かつ，(2)(ii)④所掲額の全額を払い込まなければならない（280条ノ37関係）。

7　新株予約権付社債

(1) 転換社債

新株予約権を付した社債（以下「新株予約権付社債」）であって，新株予約権の分離譲渡ができず，社債の発行価額と新株予約権の行使に際して払い込むべき金額を同額としたうえで，新株予約権を行使するときは，必ず社債が償還されて，社債の償還額が新株予約権の行使に際して払い込むべき金額の払込みに

当てられるものとして，規定を整備する。
  (2) 新株引受権付社債
  分離型の新株引受権付社債は，会社が社債と新株予約権とを同時に募集し，両者を同時に割り当てるものであるので，社債の規定と新株予約権の規定が同時に適用されるものと位置づけ，格別の規定は置かないものとする。非分離型の新株引受権付社債は，「新株予約権付社債」であって，新株予約権を分離して譲渡することができないものとして，規定を整備する（341条ノ2以下）。
 8 株式交換・移転の場合の新株予約権の処理
  完全親会社となる会社は，完全子会社の発行する新株予約権に係わる義務を承継することができる（352条3項関係）。
 9 会社関係書類の電子化等
  (1) 株式会社または特定の者（株主，社債権者等）に対して書面による請求・通知，書面の提出等をすべき場合に関する手当て
   (i) 電磁的方法による情報の提供とみなし規定　株主等は，書面による請求等に代えて，政令で定めるところにより，会社等の承諾を得て，その書面に記載すべき情報を電磁的方法（電子情報処理組織を使用する方法その他の情報通信の技術を利用する方法であって法務省令で定めるものをいう）により提供することができる。この場合，当該株主等は，書面による当該請求等をしたものとみなす（130条3項・204条ノ2第2項6項・222条ノ5第3項・259条3項関係）。
   (ii) その他
    ① (i)の規定により株主から会社に対して請求等がなされた場合における会社の承諾　株主が会社から受ける株主総会の招集通知について電磁的方法によることの承諾をした者である場合には，会社は，当該承諾に係わる株主総会の会日（例，平成14年6月末）の属する営業年度の決算期に関する定時総会（例，平成15年6月末）の終結にいたるまでの間は，正当の事由がなければ，その株主から受ける請求等について電磁的方法によることの承諾をすることを拒むことはできない（204条ノ2第3項関係）。
    ② 署名が要求される場合　(i)の電磁的方法が行われる場合において

当該方法により作られる電磁的記録に記録された情報には，その作成者等は，署名に代わる措置であって法務省令で定めるものをしなければならない（33条ノ2第2項・222条ノ5第4項関係）。
- (iii) 備置きが要求される場合　取締役は，(i)の電磁的方法が行われる場合において，当該方法により作られる電磁的記録を本店に備え置かなければならない（239条6項関係）。
(2) 書面を作成すべき場合（特定の者への移転がされない場合）に関する手当て
- (i) 電磁的記録の作成とみなし規定　会社等は，書面に記載すべき情報を記録した電磁的記録（電子的方式，磁気的方式その他人の知覚によっては認識することができない方式で作られる記録であって，電子計算機による情報処理の用に供されるものとして法務省令で定めるものをいう）の作成をもって，当該書面の作成に代えることができるものとする。この場合において，その電磁的記録は，当該書面とみなす（281条3項・33条ノ2第1項関係）
- (ii) その他
  - ①　署名が要求される場合　(i)の電磁的記録に記載された情報には，その作成者等は，署名に代わる措置であって法務省令で定めるものをしなければならない（33条ノ2第2項関係）
  - ②　備置きが要求される場合　取締役等は，(i)の電磁的記録を本店等に備え置かなければならない。（263条1項・244条5項・283条1項関係）
(3) 書面の閲覧または謄抄本の交付請求をすることができる場合に関する手当て
- (i) 電磁的記録に記載された情報の内容の閲覧等　株主等は，以下の請求をすることができるものとする。ただし，②または④の請求をするには，会社の定めた費用を支払わなければならない。
  - ①　書面の閲覧の請求
  - ②　書面の謄本または抄本の交付の請求
  - ③　書面の作成に代えて電磁的記録の作成がされているときは，当該電磁的記録に記録された情報の内容を法務省令で定める方法により表示

したものの閲覧の請求
④ ③の電磁的記録に記載された情報の内容を記載した書面の交付の請求（263条2項・283条2項・339条6項・354条3項・374条ノ2第3項・374条ノ11第3項・408条ノ2第3項関係）
(4) 株主総会における議決権の行使に関する手当て
(i) 書面による議決権の行使（239条ノ2関係）
① 会社は，取締役会の決議をもって，株主総会に出席しない株主が書面をもって議決権を行使することができる旨を定めることができる。
② 書面による議決権の行使は，議決権行使書面に必要な事項を記載し，これを総会の会日の前日までに①の会社に提出して行う。

参考書類の送付，議決権行使書面の送付，出席株主数への算入等について，株式会社の監査等に関する法律の規定に倣い，所要の規定整備を行う。
(ii) 電磁的方法による議決権の行使（239条ノ3関係）
① 会社は，取締役会の決議をもって，株主総会に出席しない株主が電磁的方法により議決権を行使することができる旨を定めることができる。
② 電磁的方法による議決権の行使は，政令で定めるところにより，会社の承諾を得て，(i)の②の書面に記載すべき事項を記録した電磁的記録に必要な事項を記録し，これを総会の会日の前日までに電磁的方法により①の会社に提供して行うものとする。当該会社の承諾については，(1)(ii)の規定を準用する。

10 計算書類の公開

株式会社は，取締役会の決議をもって，貸借対照表またはその要旨の公告に代えて，貸借対照表に記載されまたは記録された情報を，電磁的方法であって法務省令に定めるものにより，株主総会の承認を得た後遅滞なく，その承認の日から5年間，不特定 多数の者がその提供を受けることができる状態に置く措置をとることができる（商283条4項但書および5項関係）。

Ⅲ 商法及び株式会社の監査等に関する商法の特例に関する法律の一部を改正する法律

(平成13年12月12日公布，平成14年4月1日施行)

1 監査役の権限強化

(1) 監査役の任期を4年に伸長（273条）。

(2) 監査役の取締役会出席義務の明文化（260条ノ3）。

(3) 監査役の半数以上は社外監査役とする（商特58条）。
会社又は子会社の取締役・支配人・その他使用人でなかった者。

(4) 監査役選任に関する監査役会の同意権・提案権を認めた（商特18条3項）。
　① 監査役選任を総会の目的とする請求
　② 監査役選任の議題提出の請求

(5) 辞任監査役の総会での意見陳述権（275条ノ3ノ2）。

(6) 監査役会における全員一致決議事項の拡張
　① 株主総会に提出する取締役の賠償免除議案（266条9項）
　② 株主総会に提出する取締役の賠償免除規定を定款に定める議案（266条13項）
　③ 定款に基づき取締役会へ提出する賠償免除議案（266条13項）
　④ 株主総会に提出する社外取締役の賠償免除規定を定款に定める議案（266条21項）
　⑤ 代表訴訟において取締役側に会社が補助参加を申し出る場合（268条8項）

2 株主代表訴訟における取締役等の賠償額の軽減（266条）

(1) 善意・軽過失の場合の軽減措置。
　① 株主総会で個別決議＜特別決議＞（商特18条7項）。
　② 株主総会で軽減条項を定款に規定し以降取締役会決議で軽減可能（同条12項）。
　　但し総株主の議決権の3％以上所有の株主が異議を述べれば無効（同条15項）
　③ ①②規定の総会議案及び総会決議後の取締役会への軽減議案の提出

には監査役全員の同意が必要（同条13項）
④　株主総会で社外取締役の軽減条項を定款に規定（同条19項）
⑤　代表取締役の最低賠償責任限度額を年収額の6年分とした（同条17項）
⑥　取締役の最低賠償責任限度額を年収額の4年分とする（同条7項）
⑦　社外取締役及び監査役の最低賠償責任限度額を年収額の2年分とする（同条18項・商280条）

3　株主代表訴訟制度の充実

(1)　株主代表訴訟に於ける監査役の考慮期間を60日に延長（267条3項）
(2)　株主代表訴訟に於ける和解の明文化（268条）
(3)　株主代表訴訟に於ける補助参加（268条8項）
　　但し，会社が取締役側に補助参加する申し出には監査役全員の同意必要。
(4)　株主から監査役への提訴請求仕方の多様化を認めた（275条ノ4）
　　電磁的方法で提訴請求も可能
(5)　監査役の準用規定の追加（280条）
　①　社外取締役の賠償最低限度額の規定を監査役に準用
　②　賠償免除決議後に退職慰労金を支払う時総会決議を要す。
　③　賠償免除決議のあった時新株予約権証券があれば会社へ預託
　④　賠償免除を定款に定め以降は取締役会で決議　等
(6)　罰則の強化（商特30条1項）
　①　下記の場合には取締役，監査役，会計監査人等を対象として500万円以下の過料（但し刑を科す時はこの限りに非ず）
　　　ⅰ　監査役会の決議にもかかわらず，会計監査人の選任，不再任，解任、監査役の選任を会議の目的にしない場合（同1項1の2号）
　　　ⅱ　監査役会の決議にもかかわらず，会計監査人の選任議案、監査役の選任議案を総会に提出しない場合（同1項1の3号）
　②　社外監査役を半数以上選任しない場合（同11項）

Ⅳ 株式会社の監査等に関する商法の特例に関する法律の一部会改正

(平成14年5月29日公布,平成15年4月1日施行)

1 重要財産委員会制度
(1) 設置可能の条件(商特1条の3)
  ① 大会社または「みなし大会社」
  ② 取締役10名以上(内5名以上の社外取締役を要す)の会社
  ③ 同委員会は3名以上の取締役で構成される。
  ④ 同委員は取締役会で選任される。
  ⑤ 同委員会の取締役会からの委任事項は商法260条2項1号・2号
(2) 取締役会への報告義務(商特1条の4)
  重要財産委員会が指名する重要財産委員は重要財産委員会の決議内容を遅滞なく取締役会へ報告しなければならない。
(3) 重要財産委員会の登記(商特1条の5)
  重要財産委員会を置いた時は本店所在地及び支店所在地にそれぞれ二週間及び三週間以内に次の事項を登記しなければならない。
  ① 重要財産委員会を置く旨
  ② 重要財産委の指名

2 みなし大会社 (商特2条2項・1条の2)
(1) 資本金1億円超の株式会社(商特1条の2第1項を除く)
  定款をもって大会社の特例の適用をうけることができる。
  (商特2条ないし商特19条,ただし連結関係規定は除く)

3 大会社の連結計算書類の作成等
(1) 大会社の取締役は決算期における連結計算書類を作成しなければならない。(商特19条の2・1条の2第4項)
(2) 当該連結計算書類は取締役会の承認をへて監査役及び会計監査人の監査を受け定時総会に報告しなければならない。(商特19条の2)
  3. 監査役は連結計算書類に関し必要ある時は連結子会社に会計報告を求め、業務及び財産の状況を調査できる。(商特19条の3)

4 委員会等設置会社

(1) 委員会等設置会社となる諸条件
  ① 大会社又は「みなし大会社」（商特1条の2第3項）
  ② 次の3つの委員会と執行役を設置する（商特2条の5）
   ・指名委員会（3名以上の取締役，内過半数が社外取締役）
   ・監査委員会（同上）
   ・報酬委員会（同上）
   ・1名又は数人の執行役
  ③ 委員会等設置会社には監査役を置くことができない。（商特21条の5）
  ④ 取締役会決議で委員を決める（商特21条の8）
  ⑤ 取締役の任期は1年。原則として業務執行はできない。ただし，別段の定めは除く。（商特21条の6）

(2) 取締役会の権限（商特21条の7）
  ① 取締役会は次の事項その他委員会等設置会社の業務を決定し，取締役及び執行役の職務執行を監督する。
   ・経営の基本方針
   ・監査委員会の職務遂行に必要な法務省令で定める事項
   ・執行役の職務分掌，指揮命令等
  ② 取締役会は次の事項を除き執行役に業務決定を委任できる。
   ・上記①の事項
   ・委員会を組織する取締役の決定
   ・代表執行役の決定（この代表執行役というのが，従来型の代表取締役に代わる立場のものである。）
   ・執行役の選任及び解任
   ・株主総会提出議案の内容決定
   ・商法293条の5の定款に基づく金銭の分配　等々

(3) 委員会の権限等
  ① 指名委員会の権限（商特21条の8）
    株主総会に提出する取締役の選任及び解任に関する議案の内容決定する権限を有す。

② 監査委員会の権限等（商特21条の8）
　・取締役、執行役の職務執行の監査
　・会計監査人の選任，解任、不再任
　・監査委員は会社又は子会社の執行役，支配人，その他使用人，子会社の業務を執行する取締役を兼務出来ない
　・代表訴訟等の訴えに関しては監査委員が会社を代表する。（商特21条の10第7項）
③ 報酬委員会の権限等（商特21条の8）
　・取締役及び執行役の個人別報酬内容を決定する権限を有する。この場合その方針を決定する。（商特21条の8・21条の11）
　・次の場合には各事項を決定しなければならない。（商特21条の11）
　(i) 確定金額
　(ii) 不確定金額（業績連動型報酬等を定める場合に利用）
　(iii) 金銭以外

(4) 執行役の権限等
　① 執行役の権限（商特21条の12）
　　・取締役会決議により委任を受けた事項の決定
　　・委員会等設置会社の業務の執行
　② 執行役の選任等（商特21条の13）
　　・執行役は取締役会において選任する。
　　・執行役の任期は1年（同3項）
　　・取締役は執行役を兼務できる。（同5項）
　　・執行役は取締役会の決議でいつでも解任できる。（同6項）
　③ 取締役会に対する報告義務（商特21条の14）
　　・執行役は3か月に1回以上取締役会において職務の執行状況を報告しなければならない。
　④ 代表執行役（商特21条の15）
　　・取締役会の決議をもって代表執行役を定めなければならない。

5 取締役及び執行役の損害賠償責任

(1) 取締役及び執行役の会社に対する損害賠償

① 取締役及び執行役が任務懈怠により会社に損害を与えた場合には賠償義務を負う。(商特21条の17)

② 賠償額は総株主の同意がなければ免除できない。(同2項)

③ 競業避止義務違反の場合委員会等設置会社の取締役及び執行役の損害賠償については商法264条を準用する。(同3項)

④ 損害賠償免除規定(266条7項)は委員会等設置会社の取締役及び執行役の損害賠償に準用する。(同条4項~6項)

⑤ 違法な利益配当又は中間配当を行った場合委員会等設置会社の取締役及び執行役は損害賠償の義務を負う。(商特21条の18)

⑥ 財産上の利益供与についても委員会等設置会社の取締役及び執行役は損害賠償の義務を負う。(商特21条の20)

⑦ 利益相反取引等(265条)に違反して取引を行った場合委員会等設置会社の取締役及び執行役は損害賠償の義務を負う。(商特21条の21)

(2) 取締役及び執行役の第三者に対する損害賠償

① 悪意又は重過失により第三者に損害を与えた場合には委員会等設置会社の取締役及び執行役は損害賠償の義務を負う。(商特21条の22)

② 監査委員会の監査報告書における虚偽の記載等により第三者に損害を与えた場合も同様とする。(265条2項)

6 株主代表訴訟の準用規定

株主代表訴訟については本法の準用規定を設ける。(商特21条の25)

7 計算書類等の作成・提出

(1) 計算書類の作成

① 執行役は次のもの及び附属明細書を毎決算期に取締役会の承認を受けなければならない。(商特21条の26)

・貸借対照表

・損益計算書

・営業報告書

・利益処分案

② 上記①の書類は取締役会の承認の前に会計監査人及び監査委員会の監査を受けなければならない。(同条4項)
③ 上記①の書類（利益処分案等を除く）の記載方法等は法務省令に従う。(同条5項，商281条5項準用)
(2) 計算書類の提出
① 執行役は商特例法21条の26第1項各号の書類を総会の8週間前に監査委員会及び会計監査人に提出しなければならない。(商特21条の27)
② 執行役は上記の提出から3週間以内に附属明細書を監査委員会及び会計監査人に提出しなければならない。(同条2項)
③ 電磁的方法による提出の規定（同条3項・4項）

8 監査報告書

(1) 会計監査人の監査報告書

会計監査人は計算書類を受領した日から4週間以内に監査報告書を監査委員会及び執行役に提出しなければならない。(商特21条の28)

(2) 監査委員会の監査報告書

会計監査人の監査報告書を受領してから1週間以内に監査報告書を作成し執行役に提出しその謄本を会計監査人に提出しなければならない。(商特21条の29)

9 定時総会の計算書類取扱

(1) 計算書類の定時総会における報告
① 貸借対照表，損益計算書，利益処分案（損失処理案）につい会計監査人の適正意見及び監査委員会の付記がない場合には定時総会の承認を得たものとみなす。したがって定時総会における報告事項となる。(商特21条の31)
② 委員会等設置会社においては，利益の処分として取締役及び執行役に対する金銭の分配はできない。(同条2項)
③ 商特例法16条2項〜4項の公告等の規定は商法283条1項の総会の承認を得（承認を得たものとみなす場合を除く）又は報告した場合に準用する。(同条3項)

10 登記事項

委員会等設置会社は次の事項を登記しなければならない。

・委員会等設置会社である旨
・取締役が商特21条の8第4項の社外取締役の時はその旨
・指名委員会，監査委員会，報酬委員会の取締役氏名
・執行役の氏名
・代表執行役の氏名及び住所
・共同代表の執行役を定めた時はその規定

加藤勝郎　編著
9238　会　社　法

信山社　発売